Seine & Oise
N° 403
1890

AF499629

COURS

D'HISTOIRE NATURELLE

BOTANIQUE

A LA MÊME LIBRAIRIE

OUVRAGES DE M. DE MONTMAHOU

ÉLÉMENTS D'HISTOIRE NATURELLE

Physiologie. 1 vol. in-18 jésus, 6e édit. avec 47 fig., cart. .... 1 fr. 70

Zoologie. 1 vol. in-18 jésus, 5e édit. avec 261 fig., cart.. 2 fr. 50

Botanique. 1 vol. in-18 jésus, 7e édit, avec 207 fig., cart.. 2 fr. 50

Notions de botanique à l'usage des demoiselles. Ouvrage orné de 223 figures intercalées dans le texte.......... 2 fr. 50

La Vie et les Mœurs des insectes. Extraits des *Mémoires de Réaumur*. 1 vol. in-12, orné de fig., br............ 2 fr.

Ouvrage adopté pour toutes les bibliothèques scolaires de France.

Petites cartes géologiques de la France.............. 0 fr. 25

Carte géologique en relief de la France, dressée par C. Kleinhans, sous la direction de M. de Montmahou... 6 fr. 50

7035-92. — Corbeil. Imprimerie Crété.

COURS COMPLET
D'ENSEIGNEMENT SECONDAIRE SPÉCIAL

COURS D'HISTOIRE NATURELLE

RÉDIGÉ

Conformément aux programmes officiels du 10 août 1886

PAR MM.

C. DE MONTMAHOU
Inspecteur général
de l'enseignement primaire.

H. BEAUREGARD
Aide-naturaliste
au Muséum d'histoire naturelle.

DEUXIÈME ANNÉE

BOTANIQUE

DEUXIÈME ÉDITION

PARIS
LIBRAIRIE CH. DELAGRAVE
15, RUE SOUFFLOT, 15

1890

HISTOIRE NATURELLE

PROGRAMME

2e ANNÉE

Une heure par semaine.

Botanique. — Notions sur les parties essentielles de la plante : racine, tige, feuilles, bourgeons. — Idée sommaire de la nutrition.

La fleur. — Idée sommaire de la fécondation.

Le fruit : diverses espèces de fruits.

Structure de la graine : notions sur la germination.

Les plantes dicotylédones : caractères généraux. — Principales familles.

Les gymnospermes. — Les cryptogames. (On ne s'arrêtera qu'aux familles les plus importantes ou les plus remarquables par leur organisation et par les espèces utiles ou nuisibles qu'elles contiennent.)

BOTANIQUE

CHAPITRE PREMIER

NOTIONS SUR LES PARTIES ESSENTIELLES DE LA PLANTE

La Botanique est la science qui a pour objet l'étude des plantes.

Les plantes sont des êtres vivants et possèdent dès lors des organes qui remplissent des fonctions déterminées. Nous aurons donc, pour la Botanique comme pour la Zoologie, à faire de l'*anatomie*, c'est-à-dire à étudier la structure des organes, et de la *physiologie*, c'est-à-dire à examiner comment ces organes fonctionnent et quel rôle ils jouent dans la vie de l'individu.

D'une manière générale, chez les plantes, ce sont les organes d'ordre végétatif qui prennent le plus d'importance, en même temps que ceux qui concourent à la propagation de l'espèce. Quant aux organes de la vie de relation, ils occupent un rang très secondaire et n'atteignent un certain développement que chez un nombre très limité de végétaux.

Nous étudierons successivement les organes de la vie végétative et les organes de la reproduction. Les premiers sont représentés par les trois parties du végétal connues sous les noms de *racine*, *tige* et *feuilles*; les seconds, par les *fleurs* et les *fruits*.

La racine et la tige forment l'axe du végétal; les feuilles

et les fleurs constituent les appendices. Dès le début de la jeune plante, alors qu'elle est encore contenue dans ses enveloppes, qui sont comme ses langes, alors qu'elle est encore à l'état de graine prête à germer, cette division en *axe* et *appendices* se manifeste déjà.

La très jeune plante ou *plantule* comprend un axe où l'on distingue une petite racine (*radicule*) et une petite tige (*tigelle*), et des appendices réduits à une ou deux feuilles (*cotylédons*), qu'accompagne un bourgeon ou *gemmule*.

La figure ci-contre montre ces diverses parties. Dans cet exemple, les cotylédons très épais ont été séparés l'un de l'autre; un seul est figuré. Ces organes sont plus ou moins charnus suivant les espèces et toujours incolores tant qu'ils restent enfermés dans les enveloppes de la graine. Après la germination, ils perdent de leur épaisseur, s'étendent en surface et prennent la couleur verte commune à toutes les feuilles.

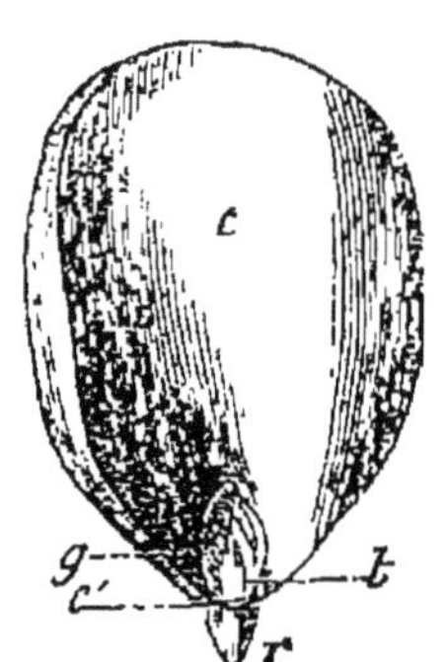

Fig. 1. — Amande ouverte,

c, cotylédon. — r, radicule. — t, tigelle. - c', collet. — g, gemmule.

Le nombre des cotylédons, variable suivant les plantes que l'on observe, a permis de diviser celles-ci en trois grands groupes ou embranchements, qu'il nous est nécessaire, dès maintenant, de faire connaître d'une manière sommaire.

Ces trois embranchements sont :

1° Les *Dicotylédones*, chez lesquels la jeune plante possède deux cotylédons. Exemples : la Rose, la Violette, la Renoncule, le Chêne, l'Orme, le Frêne, etc.

2° Les *Monocotylédones*, chez lesquels la jeune plante n'a qu'un seul cotylédon. Exemples : le Blé, l'Orge, le Lis, les Palmiers, etc.

3° Les *Acotylédones*, chez lesquels il n'y a pas de graine proprement dite et par suite pas de cotylédon. Exemples : les Champignons, les Mousses, les Fougères, etc.

RACINE

La Racine est la partie de l'axe qui ne porte ni feuilles ni fleurs.

Cette définition est la seule qu'il soit possible de donner. On ne peut se contenter de dire que c'est la partie de l'axe qui est enfouie dans le sol, car certaines tiges sont souterraines aussi. Ex. : l'Iris, la Pomme de terre ; d'autre part, certaines racines sont aériennes. Ex. : la Vanille.

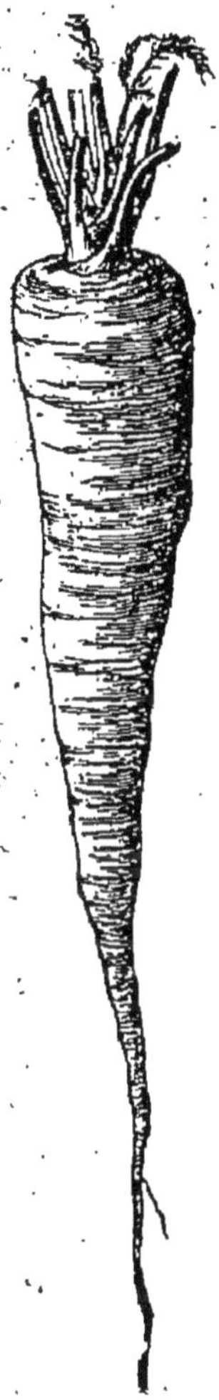

La racine, qui généralement est opposée en direction à la tige, se compose d'un *corps* ou partie centrale portant à sa surface des *radicelles* ou fibrilles, dont l'ensemble constitue le *chevelu*. Le plan de séparation de la racine et de la tige porte le nom de *collet*.

Les racines qui possèdent un corps ou *pivot*

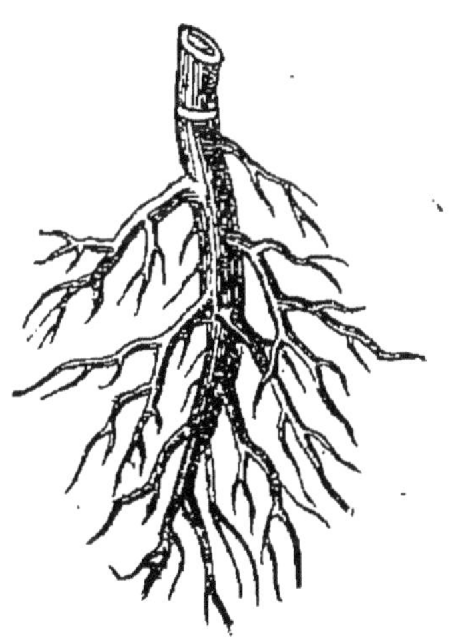

Fig. 2.
Racine pivotante de la Carotte.

Fig. 3.
Racine rameuse d'un jeune Orme.

Fig. 4.
Racine fibreuse du Paturin.

sont dites racines *pivotantes* (Carotte). Suivant la forme du corps, on les distingue en racines cylindriques, napiformes, fusiformes, noueuses, annelées ; elles peuvent être *rameuses*, quand le corps se divise en rameaux. Ex. : le Chêne. Il arrive fréquemment, et surtout chez les plantes Monocotylédones (Blé, Orge, Palmiers, etc.), que le *corps* ne se développe pas. Il est alors remplacé par un faisceau de racines de nouvelle formation. La disposition en faisceau de ces racines leur a fait donner le nom de racines *fasciculées.* Les éléments qui composent le faisceau sont ordinairement grêles et portent de fines radicelles qui constituent un chevelu plus ou moins délié. Mais il peut arriver que les divisions s'épaississent considérablement et deviennent charnues.

Des racines accidentelles ou racines *adventives* sont susceptibles de se développer sur les points de la tige qui se trouvent en contact avec la terre humide. C'est ce que l'on remarque très bien sur les plantes qui émettent à fleur du sol des prolongements ou *coulants*, les Fraisiers, par exemple.

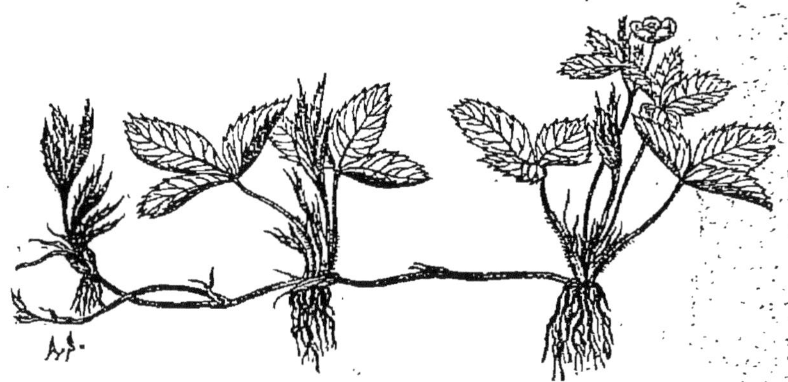

Fig 5. — Coulants de Fraisier.

Dans certains cas, il peut se développer des racines adventives aériennes. Nous avons déjà cité la Vanille ; nous pourrions citer à peu près toutes les plantes de la famille des Orchidées, à laquelle appartient la Vanille.

Ailleurs, dans les plantes grimpantes, comme le Lierre, de petites racines adventives se développent sur toute l'étendue de la tige et servent à la fixer aux corps contre lesquels elle s'appuie. Ces petites racines, vu leur usage, ont reçu plus particulièrement le nom de *crampons*.

Citons, enfin, les *suçoirs* ou racines adventives de certaines plantes parasites comme la Cuscute, qui s'implantent dans le tissu de la plante-support et en absorbent les sucs.

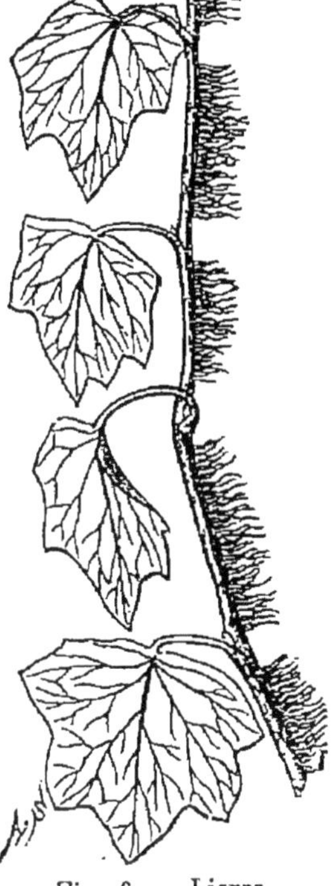

Fig. 6. — Lierre.

Relativement à leur durée, les racines présentent des différences très notables. Les unes sont *annuelles* et leur existence, comme celle de la plante, ne se prolonge pas au delà d'une année. D'autres sont *bisannuelles ;* la plante dont elles font partie dure deux ans et ne fructifie que dans le courant de la seconde année. Enfin, les racines *ligneuses*, qui sont celles de nos arbres et de nos arbrisseaux, persistent concurremment avec la tige et s'accroissent comme elle.

Les racines s'allongent par un point très voisin de leur extrémité, qu'on appelle *point végétatif*. Ce point végétatif est formé d'un tissu jeune, en voie de division continuelle, qui produit les tissus nouveaux. Sa délicatesse exige qu'il soit protégé contre une destruction préjudiciable au développement de la racine. A cet effet, il est recouvert par une sorte de calotte d'un tissu résistant, qui forme l'extrémité même de la racine, et qui reçoit le nom de *coiffe* ou *pilorhize.*

Il existe un point végétatif protégé par une coiffe, non seulement à l'extrémité du corps de la racine, mais encore à l'extrémité de toutes les radicelles ou ramifications du corps.

On comprend, dès lors, que si l'on coupe l'extrémité d'une racine, on arrête son développement en longueur ; mais la portion restante peut se ramifier et produire des racines secondaires qui s'étendent au loin. C'est le moyen dont on use pour transformer une racine pivotante en racine rameuse.

Tous les points végétatifs, aussi bien celui du corps que ceux des radicelles, ont leur surface couverte de longs poils, appelés *poils radicaux*, lesquels jouent un rôle considérable dans la nutrition du végétal, car c'est uniquement par ces poils que se fait l'absorption des sucs renfermés dans le sol et dont se nourrit la plante. On conçoit, par suite, tout le soin qu'on doit apporter, lorsqu'on transplante, à ne point blesser les extrémités des radicelles ou celles du corps, puisqu'elles constituent les parties vitales de la plante.

De même, lorsqu'on achète des plantes, doit-on se préoccuper avant tout de l'état des extrémités des radicelles, qui doivent être blanches et gorgées de sucs, et non jaunes et fanées. On n'oubliera pas que le corps de la racine n'absorbe en aucune façon par sa surface, et qu'il ne sert qu'à porter plus ou moins profondément dans le sol les radicelles dont il est couvert, principalement vers son extrémité ou sur ses ramifications.

CHAPITRE II

TIGE

La Tige est la partie de l'axe qui porte les feuilles et les fleurs. On a donné le nom d'*acaules* à certaines espèces de Plantain, de Gentiane, etc. dont la tige très courte semble faire défaut complètement. Il suffit d'observer que ces plantes ont des feuilles pour en conclure qu'elles doivent avoir une tige, tige réduite, à la vérité, au plan d'insertion des feuilles. Le plus souvent aérienne, la tige peut être parfois souterraine (Iris, Chiendent, Sceau de Salomon, etc.); on l'appelle alors *rhizome*.

Les tiges aériennes sont généralement droites ou *ascendantes;* elles peuvent être couchées ou *rampantes*, et s'étalent alors à la surface du sol comme la Renouée; à ce groupe appartiennent aussi les *stolons* ou rameaux rampant sur le sol qu'émettent les Fraisiers.

Beaucoup de tiges, vu leur grande longueur comparée à leur minime diamètre, ont besoin, pour s'élever, de s'appuyer sur les plantes voisines ou sur les supports qui sont à leur proximité. On les dit *grimpantes* lorsque, comme le Lierre, elles s'accrochent aux surfaces contre lesquelles elles rampent, au moyen de crampons. Certaines s'enroulent en serpentant autour des objets qui leur servent de tuteurs, et s'élèvent ainsi sans le secours de vrilles ou de crampons ; on les dit tiges *volubiles*. Le meilleur exemple nous en est fourni par le Liseron ou Volubilis ; mais beaucoup d'autres plantes, comme le Houblon, le Haricot, le Chèvrefeuille, etc., s'enroulent de la même façon.

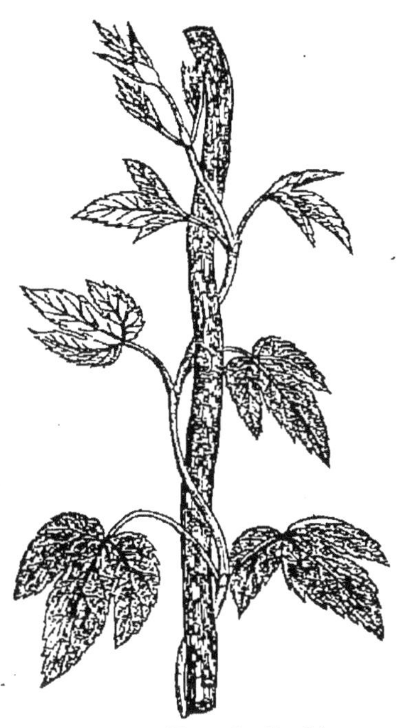

Fig. 7. — Tige de Houblon.

Les tiges souterraines ou rhizomes rampent généralement au-dessous de la surface du sol, parallèlement à cette surface. Ce qui les distingue facilement des racines véritables, c'est qu'elles portent des bourgeons sur leur face supérieure ; en outre, elles donnent naissance à de nombreuses racines adventives. Parmi les bourgeons qui se produisent sur les tiges souterraines, les uns développent les parties aériennes de la plante, les autres produisent l'accroissement du rhizome même.

Quand il existe un bourgeon de cette nature à l'extrémité du rhizome, celui-ci s'allonge indéfiniment. (Ex. le Chiendent.) Lorsque, au contraire (Sceau de Salomon), c'est un bourgeon floral, c'est-à-dire donnant naissance à une fleur, qui termine le rhizome, celui-ci s'accroît par des bourgeons latéraux qui donnent des rameaux terminés eux-mêmes par des fleurs.

A mesure que les rhizomes s'allongent ou se ramifient,

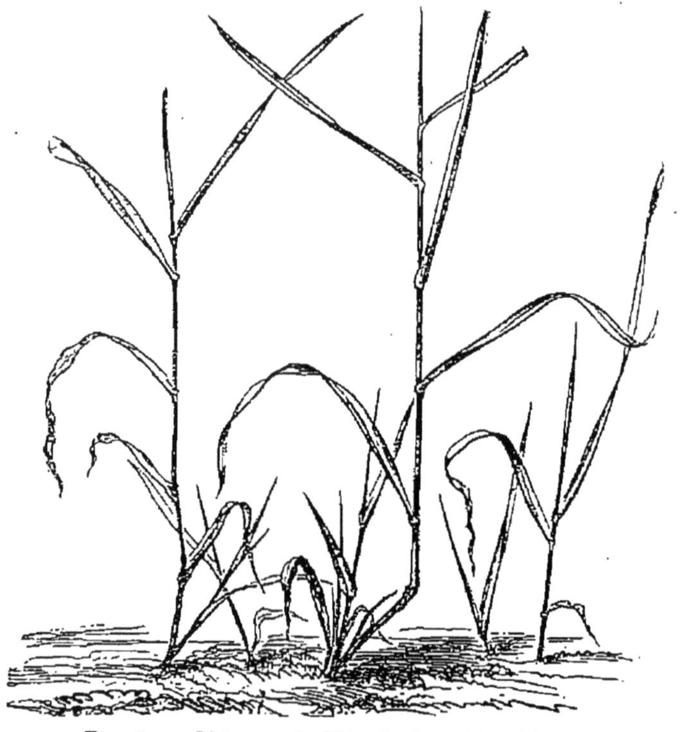

Fig. 8. — Rhizome de Chiendent, partie aérienne.

les parties anciennes cessent peu à peu de vivre. Il est à remarquer cependant que les parties aériennes, rameaux et feuilles, produites par les rhizomes se détruisent chaque année après la floraison, tandis que les parties souterraines peuvent se succéder et persister pendant fort longtemps. Tout le monde connaît la ténacité avec laquelle le Chiendent se maintient dans le sol et l'envahit. Il en est de même des rhizomes d'un grand nombre de Monocotylédones. On a pu utiliser cette propriété pour fixer des terrains mouvants, en les immobilisant, pour ainsi dire, au moyen de certaines plantes dont les rhizomes entrelacés et enchevêtrés constituent une sorte de charpente souterraine. C'est ainsi que les solides rhizomes du Carex des sables ont servi à fixer les digues des plaines basses de la Hollande. Il en a été de même du Psamma des sables pour les dunes de la région des Landes, concurremment avec le Pin maritime.

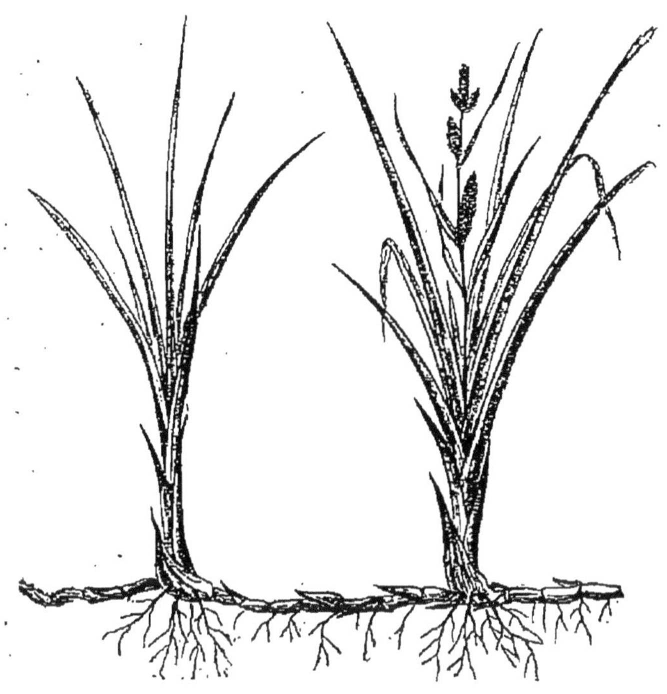

Fig. 9. — Rhizome de Carex.

Parmi les rhizomes, il en est qui, par places, deviennent charnus, s'épaississent et forment des masses volumineuses connues sous le nom de *tubercules*. Telle est l'origine de la Pomme de terre. Les *yeux* que l'on observe sur ce tubercule ne sont autre chose que des bourgeons qui, placés dans des conditions favorables, développent des feuilles et des axes aériens. Chacun des tubercules de cette plante est donc un rameau ou une portion de rameau, dont la structure s'est modifiée sous l'influence d'une existence souterraine, et dont les tissus sont comme gorgés de substance féculente.

A côté des tubercules formés aux dépens des tiges souterraines, on peut placer, en ayant soin de ne pas les confondre, ceux qui sont dus spécialement au développement du parenchyme des racines, les tubercules des Carottes,

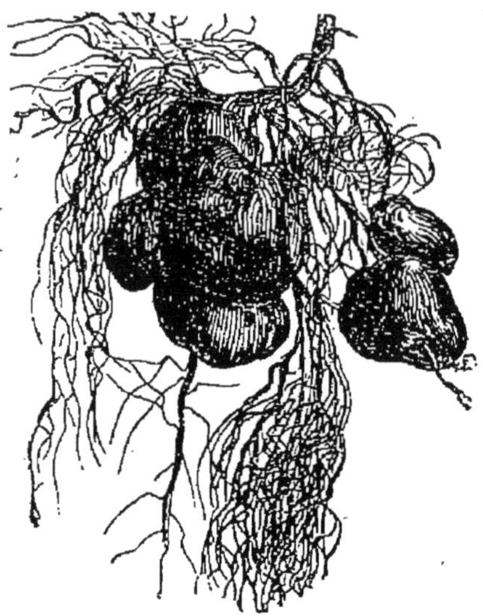
Fig. 10. — Tige de Pomme de terre (partie souterraine).

Fig. 11. — Racine de Dahlia.

des Raves, des Dahlia, par exemple, et ceux qui proviennent, comme les Betteraves, d'une transformation collective des tissus de la tige et de la racine.

On peut classer parmi les tiges souterraines les bulbes

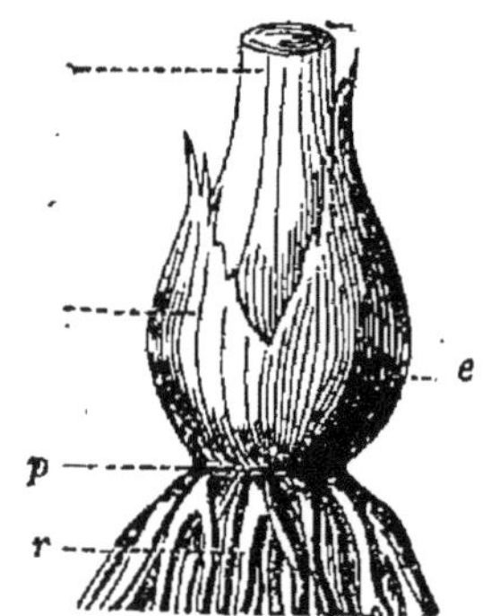

Fig. 12. — Bulbe tuniquée du Poireau.

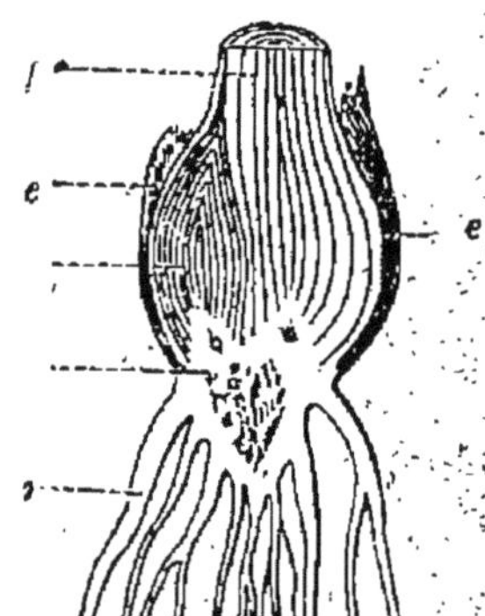

Fig. 13. — Coupe verticale de la même.

f, feuilles coupées. — *p*, plateau. — *r*, racines. — *e*, *e*, écailles qui forment la tunique. — *b*, bourgeon latéral ou *caïeu*.

ou oignons du Poireau, du Lis, du Safran, etc. (fig. 12,

13 et 14). Ces bulbes, formées par une sorte de bourgeon plus ou moins volumineux, sont terminées inférieurement par un plateau de faible épaisseur, lequel représente une tige rudimentaire et porte les racines. Quant au bourgeon même, il est composé tantôt de tuniques distinctes, comme dans le Poireau, tantôt d'écailles, comme dans le Lis, tantôt d'une masse pleine et solide, comme dans le Safran. Les tuniques du Poireau, les écailles du Lis sont des feuilles plus ou moins modifiées, et l'on trouve autour de l'oignon tuberculeux du Safran des enveloppes minces et sèches qui n'ont point une autre origine.

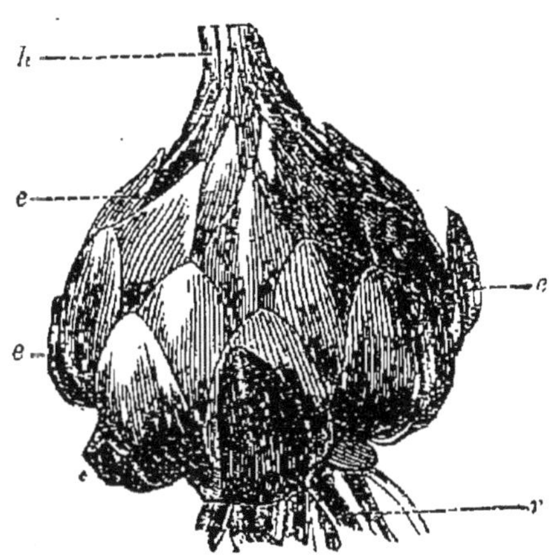

Fig. 14. — Bulbe écailleuse du Lis blanc. *h*, hampe florale coupée. — *r*, racines. — *e*, *e*, écailles.

Ramifications. — La plupart des tiges, en s'élevant au-dessus du sol, produisent des ramifications. Lorsque ces divisions atteignent un certain volume, dans nos arbres forestiers par exemple, elles reçoivent le nom de *branches*. Celles-ci se subdivisent à leur tour en *rameaux*, qui portent des divisions plus petites ou *ramuscules*, se ramifiant elles-mêmes en *ramilles*. La disposition des ramifications varie avec les espèces et détermine ce qu'on nomme le *port* de la plante.

On réserve en général le nom d'*arbres* aux tiges élevées, dont les branches prennent naissance à une certaine hauteur au-dessus du sol, et laissent sans ramifications une portion de la tige qui forme plus particulièrement le *tronc*.

Les *arbustes* ou *arbrisseaux* (Lilas) sont encore de consistance dure, comme les arbres, mais leurs branches prennent naissance plus ou moins près du niveau même du sol. Enfin, les *sous-arbrisseaux* sont des plantes de consistance moins dure et fort peu élevées. Ex. : le Romarin.

D'après leur consistance, on divise les tiges en tiges *herbacées*, qui sont molles et généralement de couleur verte, et en tiges *ligneuses*, qui sont dures, résistantes, et dont la couleur verte est cachée par un revêtement plus ou moins épais et rugueux.

Certaines tiges remarquables par l'épaisseur de leurs

Fig. 15. — Cactus.

tissus mous constituent le groupe des plantes dites *grasses*, comme les Cactus, lesquelles sont généralement dépourvues de feuilles, ces appendices étant remplacés par des épines qui hérissent la surface de la tige.

Il ne faudrait pas croire toutefois que les *épines* et les

aiguillons que l'on observe à la surface de certaines tiges sont toujours des feuilles modifiées. Les *épines* (Rosiers) sont des prolongements de l'enveloppe la plus extérieure de la tige : aussi les détache-t-on facilement d'un coup d'ongle; les *aiguillons*, au contraire, sont des formations plus complètes, représentant tantôt des rameaux modifiés (Ajonc, Prunier épineux), tantôt des feuilles transformées (Epine-vinette, etc.).

Fig. 16. — Épines du Rosier.

A propos des racines, il a déjà été question de la durée de la vie chez les végétaux; l'étude des tiges nous fournit l'occasion d'y revenir avec plus de détails.

Les plantes *annuelles* naissent, fructifient et meurent dans le cours d'une année. On les désigne abréviativement, dans les ouvrages de botanique ou d'horticulture, par le signe astronomique ☉ qui indique le soleil, ou bien par le signe ①. Comme exemples de plantes annuelles, on peut citer le Lin, le Chanvre, la Marguerite des champs, le Coquelicot, les diverses Céréales.

Les plantes *bisannuelles* ne produisent, la première année, qu'un commencement de tige et des feuilles. La seconde année, la tige s'allonge, les fleurs et les fruits paraissent; après quoi la plante meurt. On désigne les végétaux bisannuels par le signe ♂ consacré à Mars, dont la révolution autour du soleil dure deux ans, ou bien par le signe ②. On peut citer comme exemples de plantes bisannuelles le Chardon, la Carotte, le Persil, la Betterave.

Les plantes *vivaces* prolongent leur existence pendant plusieurs années et sont susceptibles de fleurir plusieurs fois; elles se répartissent en deux catégories. Les unes, désignées sous le nom de plantes *ligneuses*, conservent intégralement leur axe extérieur pendant toute la durée de leur végétation, et leur tige, au bout d'un certain temps, se compose en majeure partie d'éléments ligneux. Le signe ♄, représentatif de Saturne, est consacré à cette classe de végétaux, de laquelle font partie nos arbrisseaux et nos arbres. Certaines espèces, désignées sous le nom de plantes *herbacées-vivaces*, perdent, en général, leur portion extérieure immédiatement après chaque fructification et conservent seulement leur racine et la base souterraine de leur tige. Chaque année, cette base donne naissance à un rameau florifère et fructifère, que sa nature herbacée rapproche des tiges annuelles. Les Phlox, les Guimauves, les Nénuphars peuvent être cités comme exemples de cette catégorie de plantes vivaces, ordinairement indiquées par le signe ♃, qui représente la planète Jupiter.

Composition des tiges. — Chez les arbres de nos climats, on distingue du premier coup d'œil dans la tige : une moelle, une zone ligneuse, une zone corticale. Cette distinction est facile sur les tiges ligneuses à grosse moelle, telles que celles du Sureau, du Marronnier, du Noyer, et sur les tiges herbacées un peu charnues, surtout au moment de l'accroissement, alors que l'écorce se sépare facilement du bois qu'elle recouvre.

Nous ne pouvons entrer ici dans les détails de structure qui caractérisent chacune de ces parties. Il nous suffira de dire que l'écorce, par l'intermédiaire de ses couches externes, joue un rôle protecteur vis-à-vis des autres portions de la tige. Les tissus qui la forment offrent, en effet, aux agents extérieurs une grande résistance. Parmi ces tissus, il en est un, connu sous le nom de *suber* ou *liège*, qui prend parfois (Chêne-liège) un grand développement et doit à son élasticité et à son imperméabilité d'être utilisé dans nos usages domestiques.

Accroissement en épaisseur. — Entre l'écorce et le bois, il existe une zone d'un tissu générateur qui, chaque année, produit, à sa face externe, de l'écorce et, à sa face interne, du bois nouveau qui vient s'ajouter à celui qui existait déjà et le repousse vers la moelle. Ainsi, chaque année, la plante s'accroît en épaisseur. Lorsque la tige a une longue durée, cet accroissement peut prendre des proportions considérables. Il est inutile, pour le prouver, d'aller chercher des exemples extraordinaires; tout le monde sait quel diamètre atteignent certains arbres séculaires de nos forêts.

Mais, à mesure que le vieux bois est ainsi refoulé vers l'axe de la tige, il se tasse, se durcit, se colore; la moelle, étouffée pour ainsi dire, finit par disparaître complètement; aussi n'en trouve-t-on plus vestige dans la plupart des arbres arrivés à un certain développement. Que l'on examine, par exemple, la tranche d'une bûche de Chêne ou de Hêtre, on n'y verra point de moelle; toute la coupe est occupée par le bois et l'écorce. Sur cette coupe, on remarque que le bois est très nettement subdivisé en zones concentriques, plus serrées et plus colorées dans la partie centrale, plus espacées, plus claires et moins dures dans la partie périphérique. Ces zones correspondent aux couches d'accroissement développées chaque année. Leur nombre, en règle générale, indiquera donc l'âge de l'arbre. Six zones concentriques apparentes, par exemple, apprendront que l'arbre était âgé de six ans.

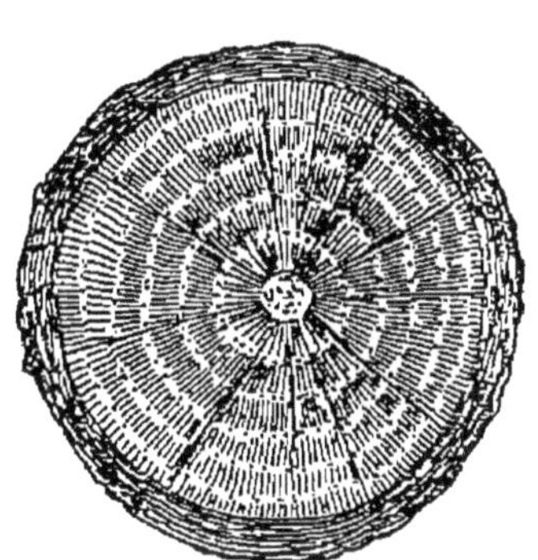

Fig. 17.
Coupe transversale d'une tige ligneuse. La moelle très réduite est figurée par la partie centrale plus blanche.

Outre ces zones concentriques, on observe, sur la même coupe, des lignes rayonnantes qui partent du centre et s'étendent plus ou moins complètement jusqu'à la périphérie. Ces lignes, dites *rayons médullaires*, sont formées par des tissus mous, et unissent la moelle aux tissus de même nature de l'écorce.

Enfin, on remarque encore sur la section d'un grand nombre de tiges ligneuses, que le bois dans la partie centrale est beaucoup plus dur et plus coloré que le bois de la partie périphérique. Ce bois dur a reçu le nom de *duramen* ou *vieux bois*, tandis qu'on réserve le nom d'*aubier* au jeune bois plus tendre et moins coloré. Pour les usages industriels du bois, il est extrêmement important de distinguer entre ces deux régions du bois, qui sont loin d'avoir la même valeur. C'est le vieux bois ou *cœur du bois* qui, par sa dureté et ses teintes plus vives, réunit les meilleures conditions pour l'ébénisterie et la menuiserie.

Notons que certaines tiges dites à *bois blanc*, comme le Peuplier et le Saule, restent toujours tendres et peu colorées, le vieux bois ne devenant jamais parfait. D'autres bois enfin, tels que ceux des Conifères (Pins, Sapins, etc.), doivent à leur structure spéciale de rester toujours blancs et peu durs, bien que susceptibles d'être employés à de nombreux usages.

Accroissement en longueur. — L'accroissement des tiges en longueur se produit par leur extrémité, pourvue à cet effet d'un point *végétatif*. Nous en reparlerons en étudiant les bourgeons.

CHAPITRE III

FEUILLES. — BOURGEONS

FEUILLES.

Les feuilles, comme nous l'avons dit, sont des appendices de l'axe, et sont portées par la tige exclusivement. Toutes les plantes ne portent pas de feuilles; la Cuscute, par exemple, en est privée ; d'autres, comme l'Orobanche, n'ont que des écailles. Cependant, chez la plupart des végétaux, on trouve des feuilles ; chez un grand nombre, on les compte par milliers. Les feuilles présentent, dans leur forme, leur structure, leurs dimensions, la variété la plus infinie. Leurs caractères, assez généralement constants pour chaque espèce, se modifient quelquefois d'une manière très sensible, suivant la place qu'elles occupent sur la tige. Ainsi, dans les plantes herbacées, les feuilles voisines de la racine diffèrent habituellement de celles du sommet. D'un autre côté, les feuilles qui précèdent immédiatement les fleurs se transforment souvent et deviennent ce qu'on nomme des *bractées*. Une modification plus considérable encore est celle que subissent un certain nombre de feuilles, dans diverses espèces, pour constituer soit des *vrilles* soit des *piquants*. Ex. : Vigne, Épine-vinette.

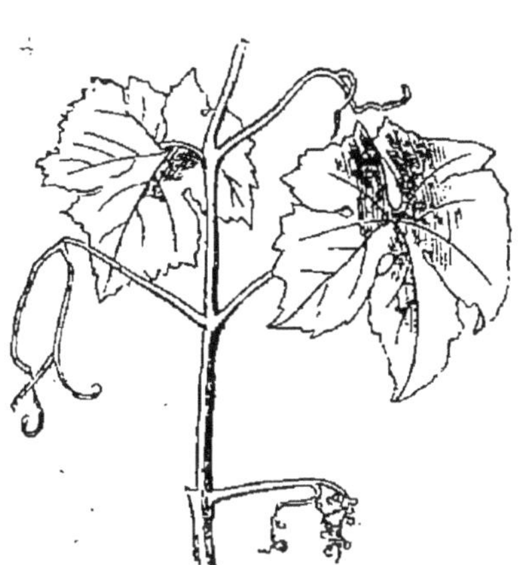
Fig. 18. — Rameau de Vigne avec ses vrilles.

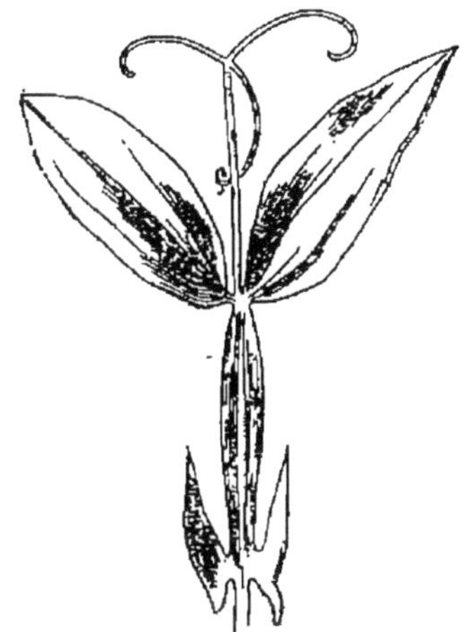
Fig. 19. — Feuille de Gesse avec ses vrilles.

Les feuilles se composent essentiellement de trois parties, désignées sous les noms de *gaine*, *pétiole* et *limbe*.

Gaîne. — La gaîne est la partie qui s'attache immédiatement à la tige. Elle peut faire défaut, et le pétiole s'insère alors directement sur celle-ci. Mais il arrive aussi que la gaîne prend un grand développement et mérite alors véritablement son nom. Dans les Graminées, par exemple, (Blé, Orge, etc.) la gaîne forme une sorte d'étui fendu longitudinalement, et qui enveloppe toute la longueur d'un entre-nœud du chaume. Chez les Cypéracées (*Carex*, etc.), cette gaîne, également développée, n'est pas fendue. Les feuilles pourvues d'une longue gaîne sont dites *engainantes*. Ailleurs, comme chez beaucoup de Polygonées (Rhubarbe), la gaîne s'étale à la base du pétiole en une sorte de large collerette qui embrasse la tige. Le plus souvent, au contraire, elle est réduite à une petite lame étalée de la base du pétiole.

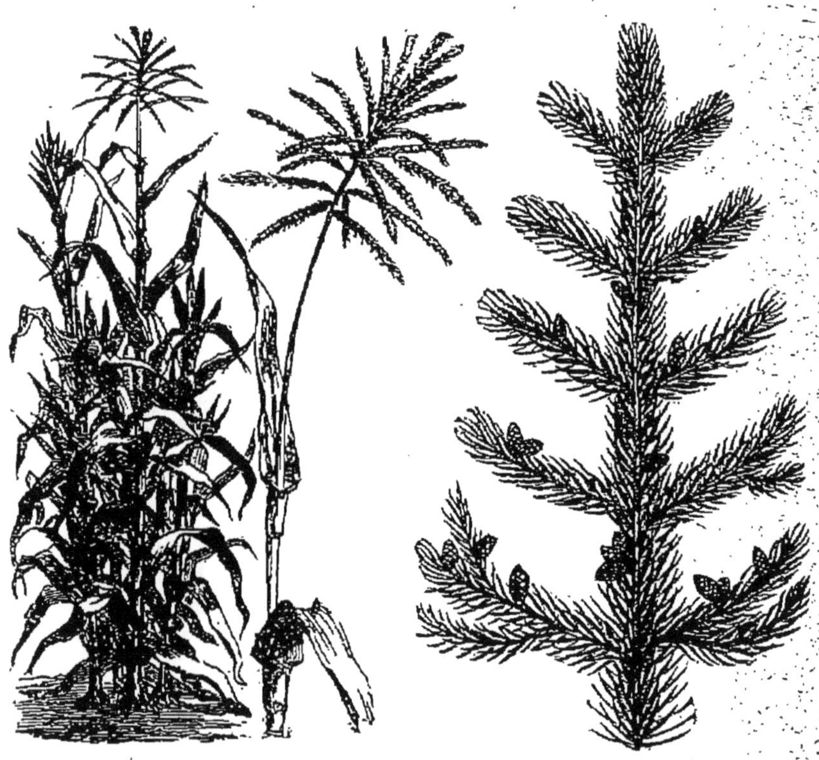

Fig. 20. — Feuille engainante du Maïs.

Fig. 21. — Sapin commun.

Pétiole. — Le pétiole est ce qu'on appelle vulgairement la queue de la feuille. Certaines feuilles sont dépourvues de pétiole, et leur limbe s'insère directement sur la tige; on les nomme feuilles *sessiles*. D'autres fois, la feuille semble se composer uniquement d'un pétiole. Les fibres, au lieu de s'étaler comme d'ordinaire à leur extrémité, restent réunies et forment une sorte d'aiguille; c'est ce que l'on observe dans le Pin, le Mélèze.

Le pétiole a généralement la forme d'une gouttière peu excavée, et dont la face concave est tournée en haut. Il supporte le *limbe* et s'y continue, comme nous allons le dire; souvent, il porte vers sa base des *stipules*, sortes de petites dilatations foliacées.

Limbe. — Le limbe est la partie élargie et aplatie de la feuille. Il peut faire défaut. Dans le Lathyrus, par exemple, il est remplacé par une vrille que porte le pétiole. Parfois aussi, quand il manque, le pétiole lui-même s'étale et prend une apparence foliacée; on le désigne alors sous le nom de *phyllode*. Somme toute, dans la grande majorité des cas, les feuilles sont pourvues d'un limbe et celui-ci possède une charpente solide, formée par une trame plus ou moins serrée de petites ramifications qu'on appelle *nervures*.

Fig. 22. — Feuille d'Orme.

Parmi les nervures, il en est ordinairement une qui occupe le milieu du limbe et continue la direction du pétiole; on lui donne le nom de *nervure médiane* ou *nervure primaire*. C'est comme la poutre maîtresse de toute la charpente. De cette nervure médiane, partent des nervures secondaires, qui se divisent elles-mêmes. Les dernières ramifications, très grêles et minces, s'unissent entre elles et constituent un réseau très délicat, dont on peut se faire une idée en examinant des feuilles mortes qui ont longtemps macéré dans l'eau. Elles sont alors réduites à leur charpente, et cette charpente ressemble à une fine dentelle soutenue par quelques nervures plus volumineuses.

La disposition des nervures varie considérablement. Les feuilles sont *penninerves* lorsqu'il existe une nervure médiane, portant des nervures secondaires, réparties de chaque côté, à la façon des barbes d'une plume. (Ex. l'Orme, fig. 22.) Elles sont *palminerves* ou *digitinerves* lorsque le pétiole se divise immédiatement en plusieurs nervures primaires, qui s'étalent en partant d'un point commun; la feuille ressemble plus ou moins à la patte palmée d'un canard. (Ex. le Sycomore, l'Aconit, etc.).

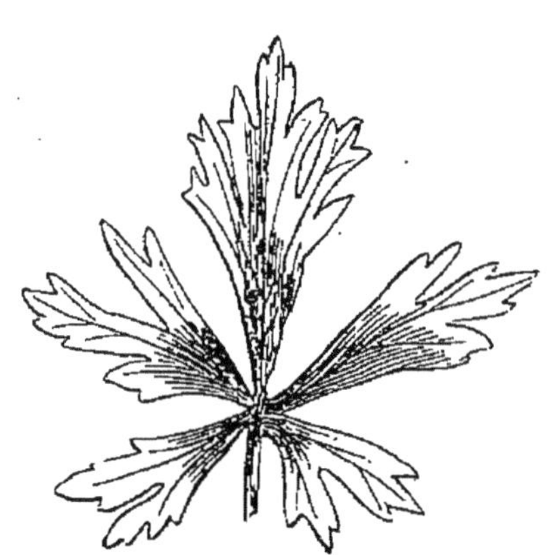

Fig, 23. — Feuille digitinerve de l'Aconit.

Fig. 24. — Feuille palminerve du Sycomore.

Quand le pétiole arrive non pas au bord du limbe, comme dans les deux cas précédents, mais au centre de ce limbe, les nervures s'irradient en partant du point central. On réserve le nom de feuilles *peltinerves* à celles qui offrent ce mode de division des nervures. (Ex. la Capucine, l'Écuelle d'eau).

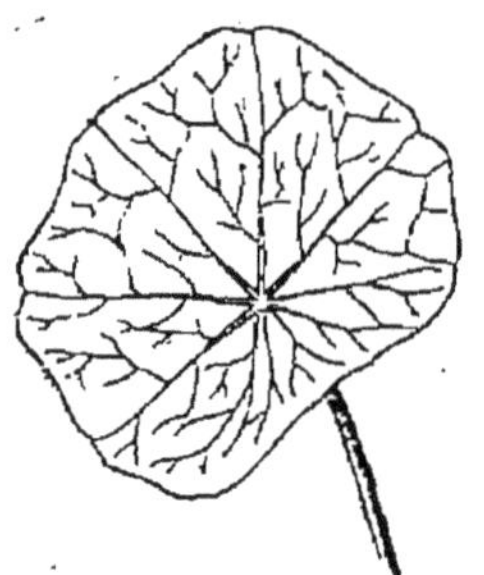

Fig. 25. — Feuille peltée de l'Écuelle d'eau.

Lorsque le bord des feuilles ne porte aucune découpure, aucune solution de continuité, on les appelle *entières*. Plus souvent, les bords portent des découpures plus ou moins profondes. Lorsque ces découpures sont très fines, très multipliées, on dit que les feuilles sont *découpées en dents de scie*. Lorsqu'elles sont peu aiguës et assez espacées, les feuilles sont dites *crénelées*. Il arrive fréquemment qu'une feuille, soit entière, soit découpée en dents de scie ou crénelée, se trouve partagée par des échancrures en plusieurs lobes; suivant le nombre des lobes, on dit alors qu'elle est *bilobée*, *trilobée*, etc.

Souvent, enfin, les échancrures qui donnent naissance aux lobes pénètrent profondément et se rapprochent sensiblement de la nervure médiane. Dans ce cas, la feuille est *bifide*, *trifide*, etc., ou *bipartite*, *tripartite*, etc.

Dans une feuille bifide ou trifide, bipartite ou tripartite, l'échancrure, tout en se rapprochant de la nervure médiane, ne l'atteint pas cependant, et la feuille conserve toujours l'aspect d'une feuille unique. Aussi bien que la feuille entière, que la feuille découpée en dents de scie ou crénelée, elle est ce qu'on appelle une feuille *simple*.

Il arrive frequemment que, les divisions se prolongeant jusqu'à la nervure médiane, le limbe se trouve subdivisé en nombreux petits limbes secondaires ou *folioles*, qui ont chacun pour nervure principale une des nervures secondaires et qui sont portés sur la nervure médiane comme sur un rameau. Ces feuilles sont dites *feuilles composées* Il en existe de plusieurs sortes, ce que l'on comprend facilement si l'on se reporte à ce que nous avons dit du mode de distribution des nervures dans les feuilles simples.

Fig. 26. — Feuille composée du Robinier faux Acacia.

C'est ainsi qu'aux feuilles simples *penninerves* correspondent des feuilles composées *pennées*, dans lesquelles la nervure primaire supporte des folioles disposées comme les barbes d'une plume. Le Robinia pseudo-Acacia montre fort bien cette disposition ; ce qui représente, dans cet arbre, un rameau chargé de petites feuilles, n'est en réalité qu'une feuille composée ; chacune des nervures secondaires fournit un court pétiole portant une *foliole*.

Dans cet exemple, la feuille composée pennée se termine par une foliole impaire; on dit qu'elle est pennée avec *impaire*. Chez les Acacias vrais, les feuilles sont pennées *sans impaire*. Les feuilles de ces derniers arbres nous fournissent des exemples de composition plus compliquée. Il arrive, en effet que les nervures secondaires deviennent elles-mêmes le support de petites folioles ayant pour nervure principale les nervures tertiaires. On dit alors que ces feuilles sont *bipennées ;* il en existe aussi de *tripennées*, dans lesquelles ce sont les nervures quaternaires qui sont les nervures principales des folioles.

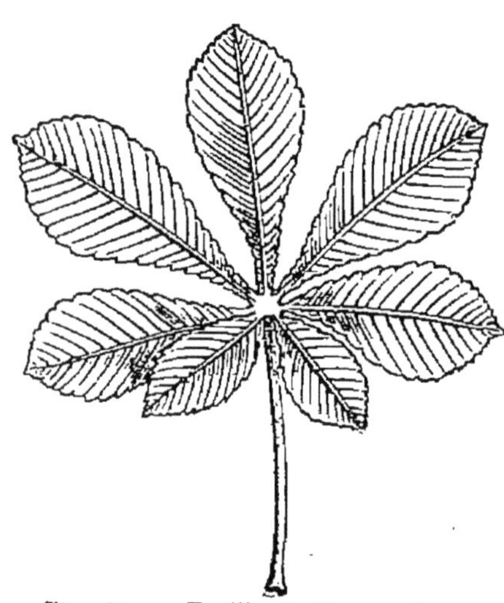

Fig. 27. — Feuille de Marronnier.

Aux feuilles simples digitinerves et palminervès correspondent des feuilles composées *digitées* et *palmées*. La feuille du Marronnier d'Inde en donne un excellent exemple.

Enfin, aux feuilles simples peltinerves répondent des feuilles composées *peltées*.

Nous n'avons parlé jusqu'ici que de la charpente du limbe. Celle-ci supporte un tissu mou, coloré en vert le plus souvent, qui en remplit toutes les mailles. Ce tissu nommé *mésophylle* est couvert, à sa face supérieure comme à sa face inférieure, par une enveloppe mince dite *épiderme*. L'épiderme inférieur est percé de petits orifices ou *stomates* qui mettent en communication l'intérieur du limbe avec l'air extérieur. Ces épidermes, comme celui de la tige, peuvent porter des poils plus ou moins longs, laineux ou durs.

Insertion des feuilles. — Un caractère important pour l'étude des plantes est fourni par le mode d'insertion des feuilles sur la tige. On les sépare, à ce point de vue, en deux groupes : les feuilles *opposées* et les feuilles *alternes*.

On appelle *feuilles opposées* celles qui s'insèrent deux par deux, ou même souvent en plus grand nombre, à la

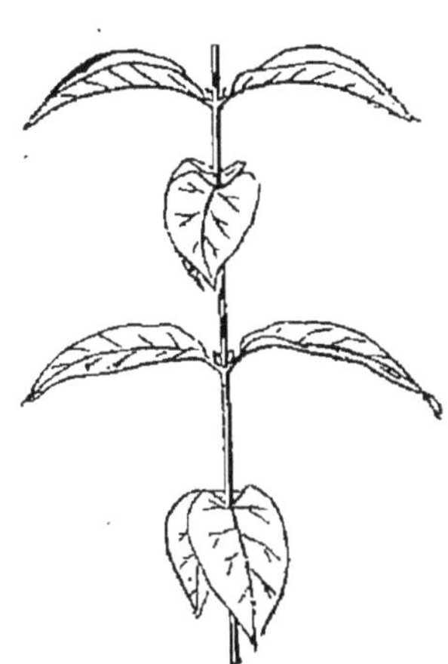

Fig. 28. — Feuilles opposées du Phlox.

Fig. 29. — Feuilles verticillées par trois du Laurier rose.

même hauteur sur la tige. Le point de la tige où s'insère une feuille est un *nœud*, et l'on nomme *entre-nœud* l'espace qui s'étend entre deux insertions. (Ex. le Phlox, la Menthe, la Mélisse.)

Lorsqu'elles se trouvent groupées en certain nombre autour d'un même point de la tige, les feuilles opposées sont dites *verticillées*.

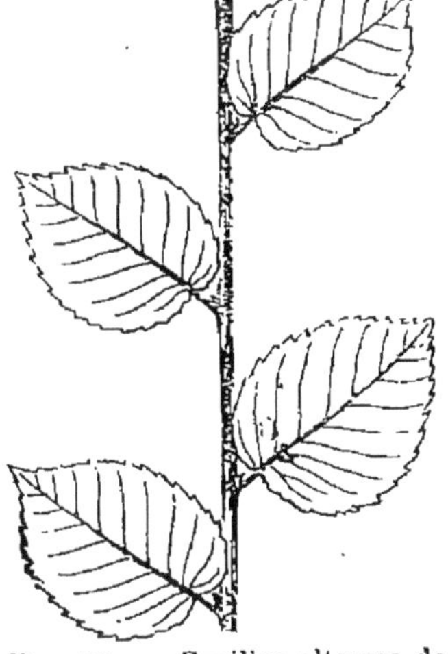

Fig 30. — Feuilles alternes de l'Orme.

On appelle *feuilles alternes* celles dont le mode d'insertion sur la tige est tel qu'il ne s'en trouve jamais plus d'une à chaque nœud. On avait cru pendant longtemps qu'aucune loi ne présidait à l'arrangement des feuilles alternes. Il est constaté aujourd'hui que ces feuilles sont disposées le long de la tige suivant un ordre parfaitement déterminé pour chaque espèce.

BOURGEONS.

Nous avons vu plus haut que l'allongement des tiges s'effectue par l'intermédiaire d'un bourgeon terminal. Leur ramification s'opère également au moyen de bourgeons.

Un bourgeon n'est autre chose qu'une petite saillie de tissu jeune, dont les éléments sont en état continuel de division et, par suite, de multiplication. Ces petites saillies, désignées sous le nom de *points végétatifs*, se montrent au printemps, et reçoivent des agriculteurs le nom d'*yeux*. Elles produisent bientôt de petites feuilles, dont les premières années, se transformant en organes de protection, tantôt deviennent des écailles (Peuplier, Marronnier, etc.), et peuvent même sécréter une matière résineuse, imperméable à l'eau et qui protège efficacement le point végétatif contre l'humidité; tantôt se couvrent intérieurement de longs poils, qui forment une bourre épaisse, susceptible de protéger le point végétatif contre les froids rigoureux. A mesure que le bourgeon se développe, il produit des feuilles qui restent serrées contre lui (voir fig. 31) jusqu'au moment où, croissant rapidement en longueur, il se débarrasse de ses langes protecteurs pour donner le *scion* ou nouvelle pousse de l'année.

Fig. 31. Coupe d'un bourgeon.

Indépendamment des bourgeons qui restent toute une année stationnaires, certains arbres fruitiers en portent d'autres, que l'on appelle *prompts-bourgeons*, et qui, dès leur apparition, se développent et produisent des feuilles et des branches; ces bourgeons n'ont point à redouter l'intempérie de l'hiver; ils sont dépourvus d'écailles.

Les bourgeons situés à l'extrémité des tiges continuent directement l'axe primitif; on les appelle *bourgeons terminaux*. Ceux qui se montrent sur les côtés de la tige, à l'aisselle des feuilles, ont reçu le nom de *bourgeons axillaires*; ils produisent les branches. Beaucoup de plantes n'ont que des bourgeons terminaux; leur tige non ramifiée figure une sorte de colonne; tel est le *stipe* des palmiers. Chez la plupart des arbres de nos pays, on trouve les deux espèces de bourgeons, et par conséquent une tige ramifiée. Lorsque le bourgeon terminal d'une tige a été coupé, la tige périt, si c'est une tige à colonne. Pour les tiges ramifiées, il n'en résulte qu'un arrêt de l'accroissement en hauteur.

Parmi les bourgeons *normaux*, c'est-à-dire parmi ceux qui se développent régulièrement, soit à l'extrémité des branches, soit à l'aisselle des feuilles, on distingue deux catégories : les *bourgeons à bois* et les *bourgeons à fruits*.

Les premiers sont pointus et ne renferment que des feuilles; ils s'allongent de manière à former des branches dont les nœuds sont très espacés.

Les seconds sont plus arrondis et contiennent à la fois des feuilles et des fleurs ; ils s'allongent ordinairement peu, et leurs feuilles, qui sont en très petit nombre, se trouvent toujours très rapprochées les unes des autres.

Dans les arbres fruitiers, on désigne sous le nom de *gourmands* les branches que produisent les bourgeons à bois, sous le nom de *bourses* celles que produisent les bourgeons à fleurs.

Les bourgeons formés sur les tiges souterraines ont un développement analogue; seulement, les branches qui en résultent sont ordinairement pâles et charnues. On peut en citer comme exemple les bourgeons comestibles de l'asperge. On appelle *drageons* les bourgeons adventifs qui naissent sur les racines traçantes des Acacias, des Peupliers, etc.

Les horticulteurs suppriment une certaine quantité de bourgeons sur les arbres à fruits, pour que la nourriture absorbée par la tige principale ne se répartisse qu'entre un petit nombre de branches, qui deviennent alors plus vigoureuses et plus productives : c'est ce qu'on appelle *ébourgeonner* lorsque l'opération se fait au printemps et qu'elle porte sur des bourgeons déjà en marche, *éborgner* lorsque l'opération se fait à l'automne et qu'elle porte sur des bourgeons encore à l'état embryonnaire, à l'état d'*yeux*.

On appelle *caïeux* (V. fig. 13) de petits bourgeons qui, dans les bulbes, naissent à l'aisselle des écailles. L'Ail nous en offre un exemple. Ce sont ces caïeux et non les graines que les jardiniers emploient pour multiplier la plante.

CHAPITRE IV

IDÉE DE LA NUTRITION

La racine, la tige et les feuilles sont, comme nous l'avons dit, les organes de nutrition du végétal. Nous passerons brièvement en revue les fonctions que remplissent ces organes.

Absorption. — La terre rend un double service aux plantes : elle les aide à se soutenir dans l'air, en donnant un point d'appui à leurs racines; elle leur fournit la plus grande partie des éléments nécessaires à leur alimentation. Ces éléments sont absorbés par les racines, et l'expérience a démontré que les matières naturellement liquides et celles qui se dissolvent dans les liquides que le sol renferme pouvaient seules être introduites dans l'organisation des végétaux. A quelque état de division que l'on réduise les corps solides non solubles, les racines se refusent à leur absorption.

Il ne faudrait pas croire que toute la surface des racines est susceptible d'absorber ainsi les sucs du sol. Ce rôle est réservé, comme nous l'avons indiqué déjà, aux parties très jeunes et très délicates, formées d'éléments à parois très minces, que nous avons désignées sous le nom de *points végétatifs*, plus particulièrement aux *poils radicaux* qui les recouvrent.

Exhalation. — La plupart des végétaux ont leur tige et les organes dépendant de la tige, c'est-à-dire les branches, les feuilles, les fleurs, plongés dans l'atmosphère. On a constaté par l'expérimentation qu'il se produisait d'une manière constante, particulièrement sous l'influence de la lumière, à la surface des feuilles, une évaporation très considérable, dont le résultat était pour la plante la perte d'une grande quantité de vapeur d'eau. L'humidité de l'atmosphère ralentit l'évaporation; il en est de même du froid et de l'obscurité; la sécheresse, au contraire, l'active, de même que la lumière et la chaleur, de même que l'agitation de l'air ambiant. Le végétal tire du sol, par ses racines, tous les éléments liquides qui doivent remplacer dans ses tissus l'eau soustraite par l'évaporation.

L'exhalation joue un grand rôle dans la vie des plantes. En effet, il n'existe qu'une faible proportion d'éléments nutritifs dans les liquides pompés dans le sol par les racines et qui s'élèvent de proche en proche tout le long de la tige, soit par voie de capillarité, soit par une sorte d'imbibition. Ces éléments sont rapidement incorporés par les tissus; il devient alors nécessaire que l'eau qui en forme le résidu soit éliminée avec une rapidité non moins grande, et qu'elle soit remplacée par d'autres liquides, venant également des racines et en pleine possession de toutes leurs matières solubles et absorbables.

Circulation de la sève. — Nous avons vu tout à l'heure que les éléments nutritifs contenus dans le sol n'étaient absorbés par les racines qu'à l'état de dissolution. L'exhalation est une des causes de l'ascension de ce liquide, que nous pouvons dès maintenant désigner sous le nom de *sève ascendante*. Il est ainsi transporté jusqu'aux parties supérieures de la tige.

Chez les végétaux annuels, la sève rencontre dans toute la partie ligneuse des tissus également propres à faciliter son ascension. Chez les plantes vivaces, chez les arbres particulièrement, les portions centrales du bois sont devenues à peu près imperméables. La sève s'élève alors par les couches les plus nouvelles de l'aubier, et ses rapports avec le cœur du bois ne peuvent guère s'établir que par l'entremise des rayons médullaires.

Dans chaque branche qui naît de la tige, un courant

séveux suit également la partie ligneuse; dans chaque feuille, un courant de même nature gagne le limbe par l'intermédiaire du pétiole et des nervures, et se distribue dans le mésophylle. L'exhalation et divers phénomènes dont nous reparlerons, phénomènes qui s'opèrent dans le mésophylle, modifient très profondément la nature de la sève.

Déjà, dans sa route à travers les tissus du végétal, le liquide brut fourni par le sol avait éprouvé de considérables modifications. Il n'avait pu traverser des multitudes d'éléments remplis de matière organisée sans perdre en partie ses caractères primitifs. En même temps il emportait avec lui une foule de produits formés à ses dépens dans les tissus de la moelle, des rayons médullaires et du bois. De là les propriétés nouvelles que présente la sève. A ce sujet, nous ne pouvons passer sous silence les sèves sucrées de certains arbres tels que le Bouleau, l'Érable, le Palmier, etc.

La sève du Bouleau est très abondante au printemps, avant la sortie des feuilles. Elle constitue un liquide légèrement acide et sucré, d'un goût agréable, que l'on obtient soit en incisant verticalement le tronc de l'arbre, soit en coupant l'extrémité des branches. Les habitants des pays du Nord en tirent un sirop qui peut remplacer le sucre dans les usages domestiques; certaines espèces américaines fournissent même un sucre véritable. Avec la sève du Bouleau, on fabrique, en Suède, un vinaigre passable et un vin pétillant et mousseux.

Chez un grand nombre d'Érables, la sève ascendante est sucrée; mais l'espèce la plus importante sous ce rapport est l'Érable à sucre (*Acer saccharinum*), grand arbre de 18 à 20 mètres d'élévation, très commun dans la partie nord des États-Unis et surtout au Canada. On obtient la sève en perçant dans le tronc, avec une tarière, des trous qui ne pénètrent que dans les couches les plus extérieures de l'aubier. Ce liquide est clair, limpide et d'un goût fort agréable. On le traite comme le jus de canne, et l'on en obtient un sucre tout à fait analogue.

Presque toutes les espèces de Palmiers possèdent une sève sucrée, susceptible de fournir une liqueur vineuse et du sucre. Les Dattiers, les Cocotiers, les Sagoutiers sont exploités à ce point de vue dans les régions intertropicales.

La sève, modifiée dans sa nature, continue sa marche, mais dans une direction contraire, et, suivant cette fois l'écorce au lieu du bois, elle devient ce qu'on appelle la sève *descendante* ou sève *élaborée.* C'est aux dépens de cet élément commun que se constituent les différents principes des végétaux, principes essentiellement variables suivant les espèces et suivant les organes. Au premier rang, il convient de placer les *sucs propres* ou *latex,* plus particulièrement distincts, chez certaines espèces, par leur coloration et leur abondance et qui se rencontrent presque exclusivement dans l'écorce. Plus ou moins âcres et brûlants dans les Euphorbiacées, les Papavéracées, les Apocynées, ils sont amers dans les Chicoracées, résineux dans les Pins, les Mélèzes.

Les diverses espèces de gommes, de matières sucrées et féculentes sont dues à un travail dont la sève descendante fournit les matériaux. Le caoutchouc, la gutta-percha, l'opium, sont des latex qui reconnaissent la même origine.

On peut ranger dans la même catégorie mille produits divers, ayant des lieux d'origine mieux caractérisés, formés dans de véritables glandes et présentant l'analogie la plus complète avec les sécrétions animales. Telles sont les liqueurs mielleuses concentrées dans les nectaires des fleurs; les matières âcres que contiennent les poils, dans beaucoup d'espèces; les huiles essentielles qui se fabriquent incessamment dans les pétales, les feuilles, l'écorce de beaucoup d'autres.

Nutrition. — Malgré ce que nous avons dit de l'importance des racines au point de vue de l'alimentation de la plante, il ne serait pas exact de considérer ces organes comme exclusivement chargés de pourvoir à l'alimentation. Les feuilles sont également des agents nutritifs;

elles interviennent de la manière la plus utile pour compléter l'action des racines relativement à l'absorption des gaz tels que l'acide carbonique et l'ammoniaque. Un certain nombre d'espèces, qui vivent en dehors du sol et absolument isolées, ne peuvent prendre que dans l'atmosphère, et par l'intermédiaire des feuilles, les matières gazeuses dont elles ont besoin pour la constitution de leurs tissus. En observant ce qui se passe dans les végétaux relativement à l'acide carbonique, on constate que, sous l'influence de la lumière, ce gaz est absorbé par les feuilles et autres parties vertes avec une très grande activité. En même temps, par la surface de ces organes, se produit presque toujours une exhalation plus ou moins considérable d'oxygène. Cet oxygène représente le résidu de la décomposition de l'acide carbonique, dont le carbone a été fixé dans les tissus.

L'absorption et la décomposition de l'acide carbonique ne se produisent que sous l'influence de la lumière. Un végétal relégué dans l'obscurité cesse d'absorber de l'acide carbonique, et, par conséquent, cesse presque complètement de se nourrir; il maigrit et s'étiole, comme un animal réduit à l'inanition.

Respiration. — A côté du phénomène essentiel dont les feuilles sont le siège sous l'influence de la lumière, et qui a pour effet l'absorption de l'acide carbonique contenu dans l'atmosphère, nous devons, chez les plantes, en constater un autre beaucoup moins localisé et tout à fait comparable à la respiration des animaux. Les êtres organisés vivants sont soumis à la nécessité d'échanger continuellement l'acide carbonique formé dans leurs tissus, par le jeu même de la vie, contre de l'oxygène emprunté aux milieux ambiants. Cette nécessité pèse sur les végétaux tout aussi bien que sur les animaux, et l'échange s'opère, chez les uns comme chez les autres, par toutes les surfaces en contact plus ou moins direct avec l'extérieur. Chez les plantes, bien que la tige, les fleurs, les fruits soient le siège bien constaté d'un échange continu avec l'atmosphère, les feuilles, par leur nombre, par l'étendue de leur surface relativement à leur volume, par la structure de leurs tissus et la perméabilité de leur épiderme, constituent des organes respiratoires d'une très grande perfection.

Les végétaux comme les animaux forment donc continuellement de l'acide carbonique qu'ils exhalent d'une manière non moins continue. Le jour aussi bien que la nuit, ce phénomène de respiration se produit, et si longtemps on en a méconnu l'existence pendant le jour, c'est qu'on avait été induit en erreur par le phénomène de nutrition décrit plus haut, la grande quantité d'oxygène produite par la décomposition de l'acide carbonique (phénomène nutritif) faisant négliger la quantité plus minime d'acide carbonique produite par la respiration.

CHAPITRE V

FLEUR. — INFLORESCENCE

Les *bourgeons floraux*, au lieu de produire une nouvelle pousse couverte de feuilles, produisent une *fleur*. Les fleurs doivent être considérées comme formées d'un axe généralement très réduit, sur lequel les feuilles restent par conséquent rapprochées, en se modifiant plus ou moins profondément pour constituer les diverses parties de l'organe. Le bourgeon floral ne diffère donc pas dans sa composition des bourgeons ordinaires, et l'on ne doit pas perdre de vue que la fleur qui naît de ce bourgeon ne représente qu'un état particulier d'une jeune pousse modifiée pour servir à la perpétuation de l'espèce.

On appelle *inflorescence* le mode de disposition des fleurs sur l'axe commun qui les supporte. Si l'on met à part les fleurs *solitaires*, c'est-à-dire isolées les unes des autres et séparées par des feuilles en plus ou moins grand nombre, comme dans la Pervenche, par exemple, on distingue encore deux catégories d'inflorescences.

1° Dans le premier groupe, le rameau est terminé par un bourgeon floral; son extrémité portera donc une fleur, et dès lors ne pourra s'allonger. Les autres fleurs seront également portées à l'extrémité de rameaux secondaires provenant de bourgeons latéraux. Dans ce cas, on dit qu'il y a inflorescence *définie* ou *déterminée*.

2° Dans le second groupe, le rameau est terminé par un bourgeon, et les fleurs se développent sur ce rameau à mesure qu'il s'allonge. On dit alors que l'inflorescence est *indéfinie* ou *indéterminée*, car le rameau s'allonge indéfiniment, et les fleurs qu'il peut porter sont également en nombre indéfini. Dans ce cas, l'épanouissement des fleurs commence par les rameaux les plus inférieurs et les plus extérieurs ; on dit par suite que l'inflorescence est *centripète*. Le premier mode, au contraire, est dit *centrifuge*, parce que l'épanouissement débute par les rameaux les plus proches de l'axe central et gagne peu à peu les rameaux les plus extérieurs.

Inflorescences indéfinies. — Parmi les inflorescences indéfinies on peut citer la *grappe*, le *thyrse*, l'*épi*, le *panicule*, le *chaton*, le *spadice*, le *corymbe*, l'*ombelle*, le *capitule* et le *sycone*.

Fig. 32 — Grappe de l'Épine-vinette.

Toutes ces inflorescences se caractérisent très facilement si l'on prend la *grappe* comme point de départ. La *grappe* se compose d'un axe ou *rachis* allongé et portant des fleurs pédonculées, disposées régulièrement de chaque côté. Ex. : le Groseillier, le Muguet, l'Épine-vinette.

La grappe peut être *composée*, c'est-à-dire que sur le rachis peuvent naître des axes secondaires qui portent des fleurs. A ce groupe appartient le *thyrse*, inflorescence caractérisée en outre par ce fait que les axes secondaires moyens sont plus allongés que les supérieurs et que les inférieurs; cette inflorescence figure deux cônes réunis par leur base. Ex. : le Lilas.

Épi. — Revenons à la grappe simple et supposons les fleurs insérées directement sur le rachis sans l'intermédiaire d'un pédicelle, par conséquent *sessiles* sur ce rachis : nous aurons l'inflorescence désignée sous le nom d'*épi*. Ce cas d'*épi simple* est relativement peu fréquent; on en trouve des exemples dans le Plantain et dans la Rose trémière.

On entend par *épis composés* des inflorescences dans lesquelles le rachis porte des axes secondaires sur lesquels sont disposées les fleurs sessiles. L'épi du Blé en est le type. Sur le rachis allongé, on peut voir insérés de petits épis ou *épillets* de trois ou quatre fleurs, très serrées les unes contre les autres.

Fig. 33. Épi du Blé.

Fig. 34. — Panicule de l'Avoine.

Parmi les épis composés nous citerons encore les *panicules*. Dans le *panicule*, les épillets sont portés sur des axes secondaires très allongés, au lieu d'être portés, comme dans le Blé, sur des axes secondaires très courts. L'Avoine nous en fournit un bon exemple; on voit, dans ce mode d'inflorescence, des épillets de deux fleurs, portés à l'extrémité de longs axes secondaires et quelquefois même tertiaires.

Parmi les épis *simples*, il en est qui, au lieu de porter des fleurs complètes, portent des fleurs unisexuées. Deux cas peuvent alors se présenter, qui donnent lieu soit à un *chaton*, soit à un *spadice*.

Chaton. — Dans le *chaton*, les fleurs mâles et les fleurs femelles sont portées sur des axes séparés ; elles sont sessiles sur le rachis. Le Coudrier en fournit un excellent exemple. Les chatons mâles forment ces inflorescences en épis allongés, jaunâtres, qui se désarticulent et tombent après la floraison ; les chatons femelles, composés d'un petit nombre de fleurs, deviennent ces groupes de trois ou quatre noisettes qu'on cueille à maturité. Le saule, le Bambou, le Châtaignier, etc. ont également des inflorescences en chaton.

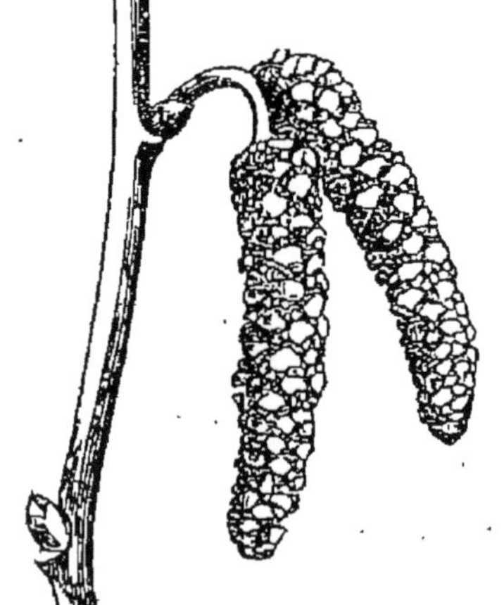

Fig. 35. — Chaton du Noisetier.

Spadice. — Quant au *spadice*, c'est un épi simple portant des fleurs unisexuées, mais dans lequel les fleurs mâles et les fleurs femelles, séparées en deux groupes, sont portées sur le même rachis. Le tout est enveloppé d'une grande bractée appelée *spathe*. Ex. l'Arum, ou Pied-de-Veau. On nomme *régime* le spadice ramifié des Palmiers, des Bananiers, etc.

Corymbe. — Le *corymbe* diffère de la grappe en ce que le rachis est plus court et que tous les pédoncules floraux s'allongent pour amener les fleurs sensiblement au même niveau. Le corymbe est simple lorsque les pédicelles s'attachent immédiatement sur le pédoncule central. Exemples : le Poirier, le Cerisier de Sainte-Lucie. Le corymbe est composé lorsque ce sont des axes tertiaires qui forment les pédicelles. Exemples : la Mille-Feuille, l'Alizier des bois.

Ombelle. — Dans l'*ombelle*, les ramifications partent toutes du même point, le rachis étant fort court et réduit à ce point d'insertion. Les pédoncules s'al-

Fig. 36. — Spadice de l'*Arum maculatum* et coupe du même. — 1. Fleurs pistillées — 2. Fleurs staminées, — *sp.* spathe. — *a*, axe floral.

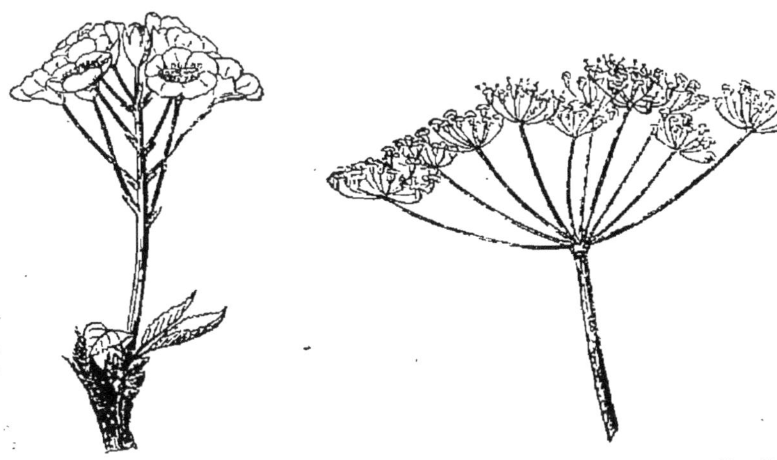

Fig. 37.— Corymbe simple du Cérisier de Sainte-Lucie.

Fig. 38. — Ombelle composée de la Carotte.

longent de manière à porter les fleurs à un même niveau, et s'écartent comme les rayons d'un parasol.

L'ombelle est simple lorsqu'elle est formée d'un seul ordre de rayons. Exemples : la Primevère, l'Ail, l'Oignon. Elle est composée lorsque chaque rayon primitif porte à son sommet de petites ombelles ou *ombellules*. Exemples : toutes les plantes de la famille des Ombellifères, telles que la Carotte, le Fenouil, etc. Les ombelles et les ombellules sont généralement entourées à leur base d'une collerette de petites feuilles modifiées, désignée sous le nom d'*involucre* dans les ombelles, et sous celui d'*involucelle* dans les ombellules.

Capitule. — Si, partant encore de la grappe, nous supposons, comme dans l'ombelle, une modification qui amène le rachis à n'être plus qu'un plan plus ou moins large sur lequel les fleurs, au lieu d'être pédonculées comme dans l'ombelle, sont *sessiles*, nous aurons une nouvelle inflorescence qui prend le nom de *capitule*

Les fleurs ainsi groupées en grand nombre sur ce rachis plan semblent ne constituer qu'une seule fleur, qu'on nommait autre-

Fig. 39. — Capitule.

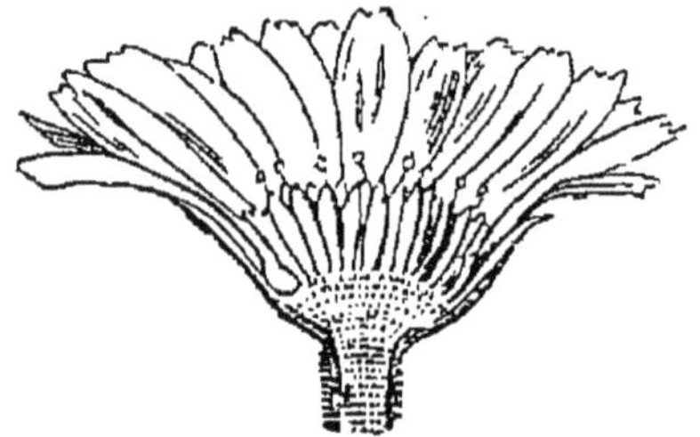

Fig. 40. — Coupe du capitule.

fois *fleur composée*. C'est en réalité une inflorescence, qu'on peut encore considérer comme un épi dont le rachis serait extrêmemement court. Nous citerons comme exemples la Marguerite, la Chrysanthème, le Soleil, le Sèneçon et, en général, toutes les plantes de la famille des Composées.

Autour du rachis, à la base de l'inflorescence, se trouve un involucre analogue à celui des ombelles. Ce sont les feuilles de cet involucre que l'on mange dans l'artichaut; le fond de l'artichaut est le réceptacle, et le foin est la réunion des fleurs encore enfermées dans l'involucre commun.

Sycône. — Dans le *sycône*, ou inflorescence du figuier, le pédoncule s'est creusé et replié intérieurement, de manière à former une cavité dans laquelle sont logées les fleurs, et dans laquelle se développeront plus tard les fruits.

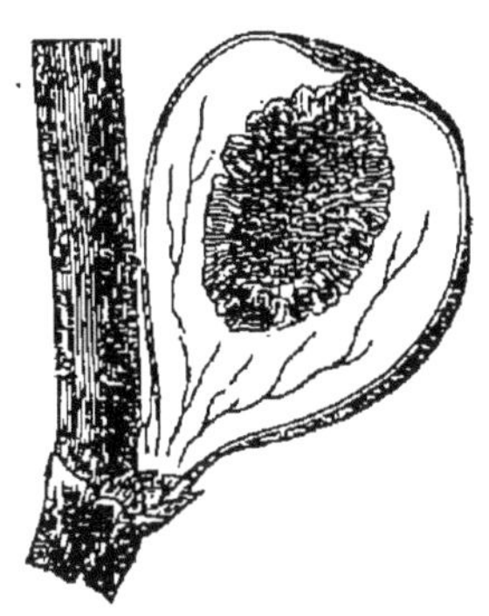
Fig. 41. — Sycône du Figuier (fruit ouvert).

Inflorescences définies. — Les inflorescences définies reçoivent le nom collectif de *cymes*. On distingue deux groupes de cymes : les cymes *bipares* et les cymes *unipares*, ces dernières comprenant les cymes *scorpioïdes* et les cymes *hélicoïdes*. Nous mentionnerons encore les cymes *contractées* (*fascicule* et *glomérule*).

Les cymes *bipares* sont *dichotomes* lorsque l'axe principal porte avant la fleur qui le termine deux axes secondaires, également terminés par une fleur et donnant naissance latéralement à deux axes tertiaires; exemples : la Petite Centaurée, le Céraiste.

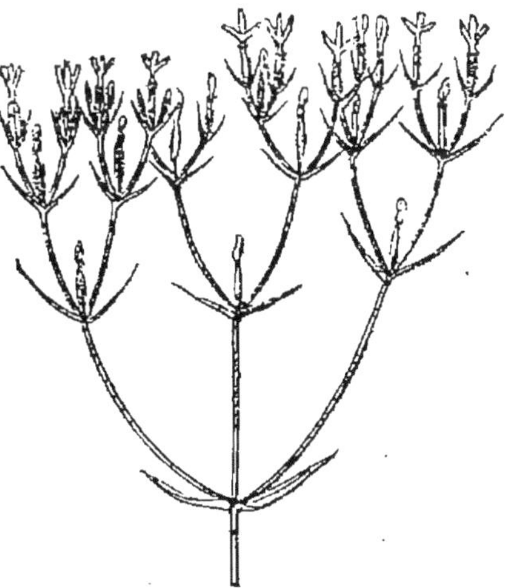
Fig. 42. — Cyme dichotome de la Petite Centaurée.

Dans les cymes bipares *trichotomes*, les axes secondaires et tertiaires se produisent par verticilles de trois. Ex. : les Euphorbiacées.

Dans les cymes *unipares*, le développement des axes secondaires ne s'effectue que d'un seul côté de l'axe primaire. Si ce développement se fait toujours du même côté, il en résulte un enroulement de l'inflorescence qui prend une forme assez analogue à une crosse ou à la queue d'un scorpion, d'où le nom d'inflorescence *scorpioïde.*

Dans certains cas, les axes secondaires se développent alternativement à droite et à gauche de l'axe principal. On rencontre alors toutes les fleurs sur une hélice ou ligne spirale menée autour de l'axe, d'où le nom d'inflorescence *hélicoïde*. Ex. : la Némophile.

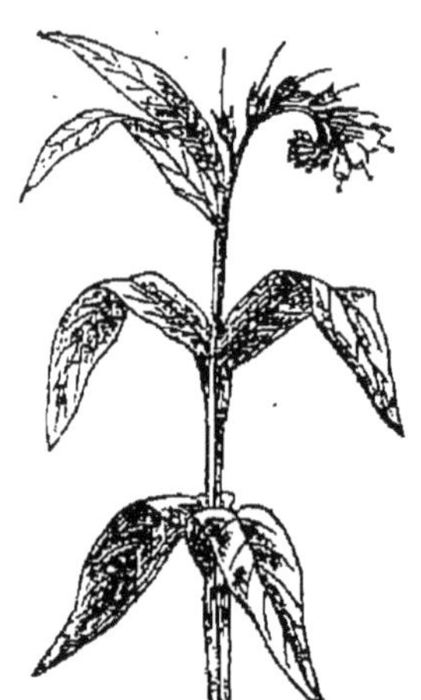

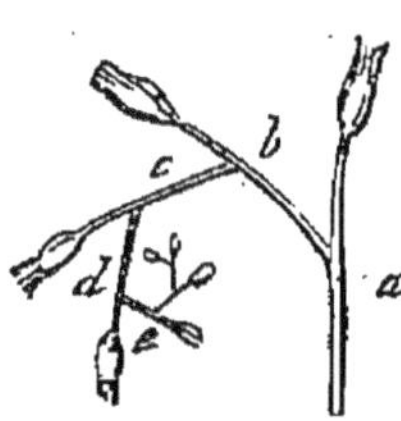

Fig. 43. — Cyme scorpioïde de la Grande Consoude.

a, axe primaire. — b, axe secondaire. — c, axe tertiaire, etc.

Dans les cymes *contractées*, les axes sont très courts et les fleurs très rapprochées; tel est le *fascicule* de l'Œillet des chartreux. Si les axes deviennent tellement courts que les fleurs sont sessiles, l'inflorescence prend le nom de *glomérule*. Les exemples en sont rares (Cardopatium).

On appelle *inflorescences mixtes* certaines inflorescences dont les caractères sont assez indécis pour qu'il soit difficile de les faire entrer dans une des catégories dont il vient d'être question; on peut citer comme exemple la Campanule.

CHAPITRE VI

ÉLÉMENTS DE LA FLEUR.

La fleur provient, avons-nous dit, d'un bourgeon; elle est formée d'un axe très court, sur lequel les feuilles restent rapprochées; ces feuilles, en se modifiant soit dans leur coloration, soit dans leur forme, constituent les diverses parties dont se compose la fleur.

Dans une fleur *complète*, on compte quatre groupes ou verticilles de feuilles modifiées. Les deux verticilles externes forment par leur ensemble le *périanthe ;* le premier verticille, qui est le plus extérieur, reçoit le nom de *calice*, le second, celui de *corolle*. Les troisième et quatrième verticilles portent respectivement les noms d'*androcée* et de *gynécée*.

La portion de l'axe floral sur laquelle s'insèrent ces diverses parties est le *réceptacle*, généralement porté par un *pédoncule*. Enfin, des feuilles florales ou *bractées* accompagnent souvent la fleur.

Fig. 45. — Hampe de la Jacinthe

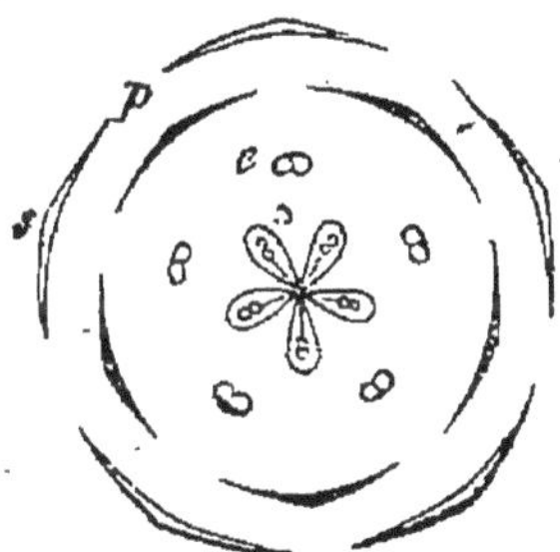

Fig. 44. — Diagramme d'une fleur régulière pentamère.

s, sépales. — *p*, pétales. — *e*, étamines. *o*, ovaires.

Pédoncule. — Le pédoncule, ou queue de la fleur, est le produit de l'allongement de l'axe au-dessous du bourgeon floral. Lorsque le pédoncule fait défaut, la fleur est dite *sessile ;* elle s'insère alors sur la tige sans intermédiaire.

Le pédoncule est tantôt nu, tantôt garni de bractées. Dans les inflorescences composées, les bractées du pédoncule portent à leur aisselle des pédoncules du second ordre ou *pédicelles*, à l'extrémité desquels sont placées les fleurs. On appelle *hampe* le pédoncule très allongé qui, chez les plantes bulbeuses, porte soit une fleur unique (hampe de la Tulipe), soit une inflorescence entière (hampe de la Jacinthe, du Plantain, etc.).

Bractées. — On appelle *bractées* des feuilles plus ou moins modifiées sous le rapport de la forme, des dimensions, de la couleur, que l'on rencontre sur le pédoncule, au voisinage de la fleur, dans un grand nombre d'espèces. Souvent ces feuilles sont d'un vert qui diffère de celui des feuilles ordinaires; certaines sont tachetées ; d'autres présentent des nuances très vives, celles du Mélampyre des champs, par exemple, et celles de la Sauge éclatante. Dans la Fritillaire impériale, dans l'Ananas, les bractées figurent, par leur réunion au sommet de l'inflorescence, une sorte de couronne ou de chevelure. Dans d'autres espèces, telles que la plupart des Mauves, elles sont réduites à l'état de petites écailles et forment à la base de chaque fleur un second calice ou *calicule.* Chez les plantes à ombelle et celles à capitule, les bractées sont disposées comme une collerette à la base de l'inflorescence ; c'est ce que nous avons appelé l'*involucre.* On considère comme une réunion de bractées l'enveloppe épineuse de la Châtaigne, l'enveloppe foliacée de la Noisette, la cupule du gland de Chêne. Ce sont encore des bractées qui constituent le cône ligneux des Pins, des Sapins et des autres arbres verts. Dans le spadice, la *spathe*, cette grande feuille allongée en forme de cornet, tantôt verte, tantôt différemment nuancée qui enveloppe toute l'inflorescence, n'est pas autre chose qu'une bractée. Les *glumes* sèches et pointues des Graminées sont également des bractées.

Réceptacle. — Le réceptacle est, nous l'avons dit, la portion raccourcie et évasée de l'axe sur laquelle reposent immédiatement les diverses parties de la fleur.

Le réceptacle varie considérablement dans sa forme et son développement. Il est convexe dans les Renoncules, allongé et conique dans le Myosurus minimus. Il est concave, au contraire, dans le Rosier, et se creuse en forme de bouteille. Ailleurs, il est à peu près plan.

Le réceptacle porte, dans un grand nombre d'espèces,

certains organes glanduleux, de forme très variable, sécrétant une matière sucrée, le *nectar*, et désignés sous le nom de *nectaires*. Chez les Crucifères, la Giroflée, par exemple, le réceptacle porte quatre de ces glandes, et, chez la plupart des Labiées, il en existe autour et au-dessous du pistil. Des appareils destinés à la sécrétion

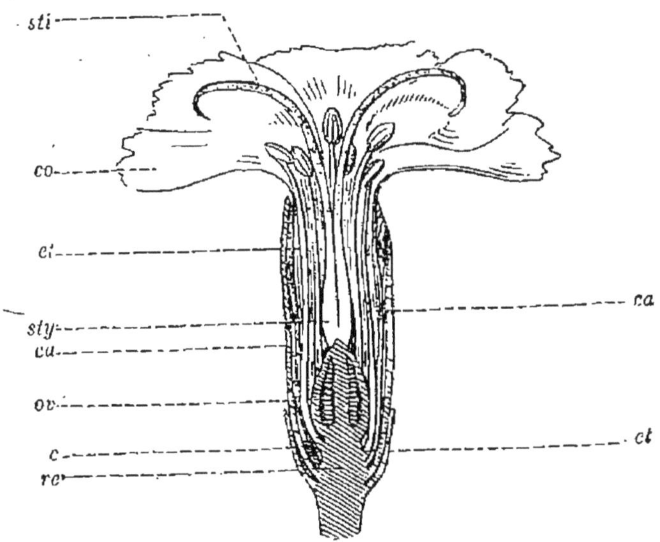

Fig. 46. — Coupe verticale d'une fleur d'Œillet.

re, réceptacle. — *c*, calicule. — *ca*, calice. — *co*, corolle. — *et*, étamines. — *ov*, ovaire contenant les ovules. — *sty*, styles. — *sti*, stigmate.

d'une matière analogue peuvent se développer, dans la fleur, autre part que sur le réceptacle; on en trouve, chez certaines plantes, à la base des pétales, et, chez d'autres, à la partie supérieure de ces mêmes organes; les Rutacées portent des nectaires au sommet des étamines. En dehors des nectaires proprement dits, la surface des pétales, dans un grand nombre d'espèces, sécrète une matière sucrée.

Périanthe. — Le périanthe ou enveloppe florale comprend les deux verticilles externes de la fleur, c'est à dire le *calice* et la *corolle*. La forme, la couleur même des pièces qui composent ces verticilles s'éloignent parfois assez peu de la forme et de la couleur des feuilles. On peut en conclure, comme nous l'avons déjà fait remarquer, que ces pièces dérivent de feuilles plus ou moins modifiées. Le calice et la corolle se distinguent l'un de l'autre le plus souvent par des caractères bien tranchés, les pièces de la corolle étant toujours plus profondément modifiées dans leur forme et dans leur couleur que les pièces du calice. Cependant certaines espèces, comme le Lis, la Tulipe, ont leurs deux enveloppes colorées; d'autres, comme l'Oseille, les ont toutes deux verdâtres.

Dans un grand nombre de plantes, le périanthe est simple, c'est-à-dire formé d'un seul verticille, lequel est tantôt vert, comme dans les Chénopodées, tantôt coloré, comme dans les Anémones. Il serait quelquefois assez embarrassant de décider si cette enveloppe unique doit être considérée comme une corolle ou comme un calice. On a préféré, avec raison, lui donner le nom de *périanthe pétaloïde* ou *sépaloïde*, suivant que sa nature la rapproche de la corolle ou du calice.

D'un autre côté, le périanthe présente quelquefois plus de deux verticilles; c'est tantôt le calice qui est double, tantôt la corolle; dans ce dernier cas, le nombre des pièces constituant la corolle s'est le plus souvent accru aux dépens du verticille suivant, c'est-à-dire aux dépens des pièces de l'androcée. L'horticulture obtient des fleurs *doubles* en choisissant des espèces chez lesquelles les pièces de l'androcée sont nombreuses, les Rosiers, par exemple, et en amenant ces pièces à se transformer en pétales. Certaines fleurs sont dépourvues de périanthe; on les désigne sous le nom de fleurs *nues* ou *apérianthées*.

Calice. — Le *calice* constitue l'enveloppe extérieure de la fleur. Il la recouvre lorsqu'elle est à l'état de bouton, et la protège contre les influences du dehors. La fleur épanouie, le calice tombe immédiatement, dans certaines espèces, le Coquelicot, par exemple; il est ce qu'on appelle *caduc*. Plus généralement, il persiste avec la corolle jusqu'après la fécondation (calice *persistant*); souvent même il survit à la chute de la corolle et dure autant que le fruit, à la formation duquel il contribue (calice *accrescent*).

On nomme *sépales* les différentes pièces qui composent le calice. Le calice est dit *polysépale*, *dialysépale* ou *polyphylle*, lorsque les sépales sont complètement indépendants et séparés des uns des autres. Le calice est *monosépale*, *gamosépale* ou *monophylle*, lorsque les sépales sont

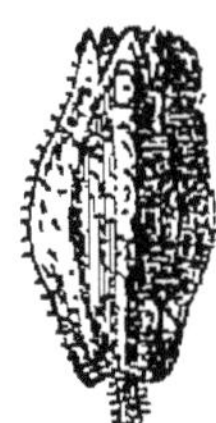

Fig. 47. — Calice monosépale du Silène pendant.

Fig. 48. — Calice polysépale du Lin vivace.

soudés bord à bord sur une étendue plus ou moins considérable. Dans le cas de soudure des sépales, on appelle *limbe* la portion supérieure généralement évasée du calice ; *tube*, la portion rétrécie qui va se fixer au réceptacle ; *gorge*, le point de jonction du tube et du limbe. Le calice peut être monosépale avec une corolle polypétale ; il en est ainsi pour les Œillets. De même, le nombre des sépales n'est pas nécessairement égal à celui des pétales ; les Balsamines, par exemple, ont cinq pétales, et trois sépales seulement. Cette observation pourrait être répétée pour tous les verticilles de la fleur ; en effet, le nombre des étamines et des pistils est loin d'être toujours en rapport avec celui des pétales et des sépales.

Le calice est *régulier* lorsque tous les sépales sont semblables pour la forme et les dimensions. Lorsqu'il n'en est pas ainsi, le calice est *irrégulier ;* exemples : la Capucine, l'Aconit napel, où le calice est éperonné.

Le nombre des sépales qui composent le calice varie suivant les espèces. On en trouve deux dans le Pavot, trois dans la Balsamine, quatre dans le Chou, cinq dans les Renoncules, six dans l'Épine-vinette. Dans les calices monosépales, on peut souvent reconnaître au nombre des divisions le nombre primitif des sépales.

Le calice est ordinairement de couleur verte. Cependant il est rouge dans le Fuchsia et le Grenadier, jaune dans la Capucine. Sa forme, qui rappelle en général l'idée d'un ensemble de petites feuilles, est également susceptible de modifications parfois très profondes; c'est ainsi que, dans les Valerianées et les Composées, ses lobes se réduisent à un faisceau de fines soies ou de paillettes formant ce qu'on appelle une *aigrette.*

Corolle. — La corolle constitue l'enveloppe intérieure de la fleur; elle se compose, comme le calice, d'un certain nombre de feuilles modifiées, mais dont le tissu est beaucoup plus délicat que celui des sépales, dont les nervures sont moins saillantes, et dont la couleur est rarement verte. Les éléments de la corolle ou *pétales* peuvent être complètement libres et indépendants, ou bien soudés entre eux sur une étendue plus ou moins considérable, et la corolle est dite, par suite, soit *polypétale* ou *dialypétale,* soit *monopétale,* ou *gamopétale.* La corolle monopétale présente, comme le calice monosépale, un *limbe,* un *tube* et une *gorge.* Dans chacune des pièces de la corolle polypétale, on distingue assez généralement une partie supérieure, élargie, nommée *lame,* et une inférieure, rétrécie, nommée *onglet.* L'onglet se trouve très long dans les pétales de l'Œillet, très court dans ceux de la Rose.

La corolle, comme le calice, peut être régulière ou irrégulière. Ce caractère, joint à celui que fournit la réunion des pétales, sert à grouper

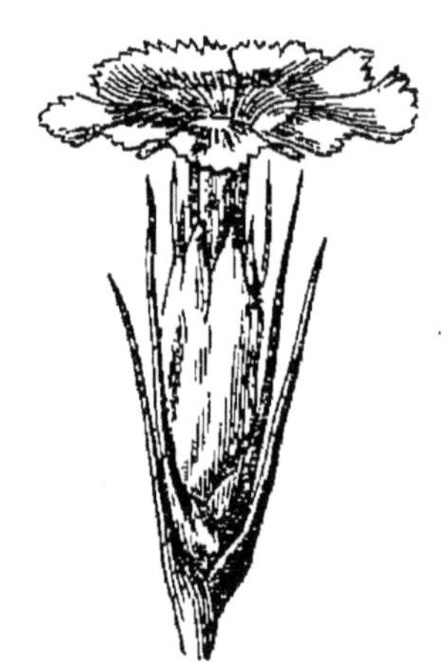

Fig. 49. — Corolle rosacée.

Fig. 50. — Corolle caryophyllée.

méthodiquement les corolles. Nous donnerons un aperçu de cette classification.

I. Corolles polypétales régulières. — 1° *Corolles rosacées :* de trois à six pétales, sans onglet distinct, et formant une rosace. Exemples : le Rosier, le Pêcher.

2° *Corolles caryophyllées :* cinq pétales, munis d'un onglet très allongé, avec un limbe réfléchi sur l'onglet et ordinairement déchiqueté sur le bord. Exemple : l'Œillet.

3° *Corolles crucifères :* quatre pétales, opposés deux à deux en forme de croix et présentant généralement un onglet développé. Exemple : la Giroflée, le Colza.

II. Corolles polypétales irrégulières. — 1° *Corolles papilionacées :* cinq pétales, de dimensions différentes. Le supérieur, ordinairement plus grand et relevé, se nomme l'*étendard ;* les deux latéraux forment les *ailes ;* les deux inférieurs, tantôt libres, tantôt soudés ensemble par un de leurs bords, portent le nom de *carène.* Exemples : le Pois, le Haricot, le Robinier.

Fig. 51. — Corolle papilionacée.

2° *Corolles anomales :* corolles dont les pétales bien distincts présentent des différences de formes et d'arrangement autres que celles dont il vient d'être question. Exemples : la Pensée, la Violette, l'Aconit, le Pied d'alouette, la Balsamine, la Capucine.

III. Corolles monopétales régulières. — 1° *Corolles tubulées :* tube long, continué par un limbe presque aussi rétréci. Exemples : la Grande Consoude, les fleurs centrales d'un grand nombre de Composées, telles que le Soleil, la Pâquerette.

2° *Corolles campanulées* (en forme de cloche) : corolles s'évasant progressivement depuis la base du tube jusqu'au sommet du limbe, de manière à rappeler la forme d'une cloche. Exemple : la Campanule.

3° *Corolles urcéolées* (en forme d'outre) : tube renflé à son milieu, rétréci à la base et à la gorge ; limbe presque nul. Exemples : plusieurs espèces de Bruyères.

4° *Corolles hypocratériformes* (en soucoupe) : limbe renversé à angle droit, au-dessus d'un tube cylindrique. Exemples : le Jasmin, le Lilas, la Primevère.

6° *Corolles rotacées* (en forme de roue) : tube court et cylindrique ; limbe étalant

Fig. 52. — Corolle monopétale tubulée de la Grande Consoude.

Fig. 53. — Corolle monopétale urcéolée de la Bruyère cendrée.

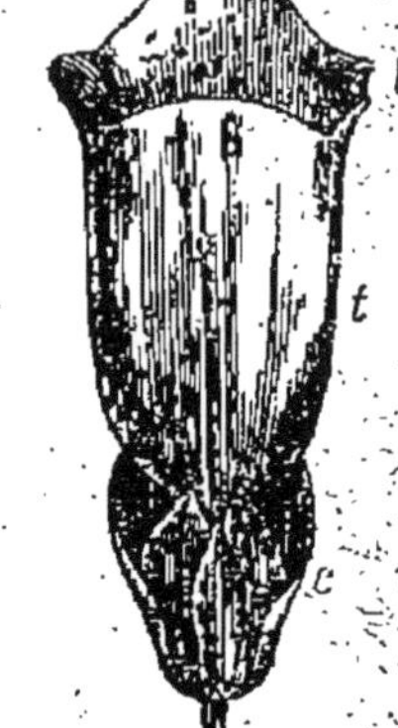

Fig. 54. — Corolle de digitale.

c, calice. — *t*, tube de la corolle. — *l*, limbe de la corolle. — *s*, stigmate ou extrémité du pistil.

ses divisions comme les rayons d'une roue. Exemples : le Myosotis, la Bourrache.

7° *Corolles étoilées* : tube également très court ; divisions du limbe étalées, mais très aiguës et très allongées. Exemple : le Caille-Lait.

8° *Corolles digitaliformes* : corolles figurant l'extrémité d'un doigt de gant ou un dé à coudre. Exemple : la Digitale.

Fig. 55. Corolle ligulée.

Fig. 56. Corolle labiée.

Fig. 57. Corolle personée

IV. Corolles monopétales irrégulières : — 1° *Corolles*

ligulées : tube fendu d'un côté, de telle sorte que la corolle devient une languette dentelée à sa partie supérieure. Exemples : les fleurs de la circonférence dans l'inflorescence du Soleil et de la Pâquerette.

2° *Corolles labiées :* tube de dimension variable ; limbe partagé en deux lobes représentant des sortes de lèvres. Exemples : la Menthe, la Sauge, l'Ortie blanche.

3° *Corolles personées :* limbe à deux lèvres, dont l'inférieure, en se rapprochant de la supérieure, donne à la corolle l'aspect d'un museau fermé. Exemples : le Muflier, la Linaire.

CHAPITRE VII

FLEUR (*suite*). — ORGANES REPRODUCTEURS

Les deux verticilles internes, c'est-à-dire l'*androcée* et le *gynécée*, sont, dans la fleur, les véritables organes de reproduction. Les pièces qui les composent revêtent des formes qui ne permettent, en général, que très difficilement d'y retrouver le produit de feuilles modifiées. Cependant elles doivent être encore considérées comme telles. Nous savons que, par la culture, on peut transformer les pièces de l'androcée (étamines), voire même celles du gynécée (pistils), en pétales. C'est leur faire faire un pas en arrière dans leur développement, les ramener à une forme plus proche de celle des feuilles. D'autre part, dans plusieurs espèces, le Nénuphar, par exemple, certaines pièces de l'androcée se rapprochent naturellement par leur forme de celle des pétales.

Lorsque les deux verticilles reproducteurs existent, la fleur est dite *hermaphrodite* ; mais, nous avons vu le périanthe ou l'un des verticilles qui le forment manquer parfois, et il en est de même pour les deux verticilles reproducteurs. Lorsque ces deux verticilles font défaut, la fleur incapable de reproduire la plante, n'est plus qu'un organe sans utilité, tout au plus un objet de satisfaction pour nos yeux. Les fleurs *stériles* sont surtout des produits de l'horticulture, qui développe le périanthe avec ses brillantes couleurs aux dépens des organes de reproduction. Lorsqu'il manque seulement l'un des deux verticilles centraux, la fleur est dite *unisexuée*. Si c'est l'androcée qui

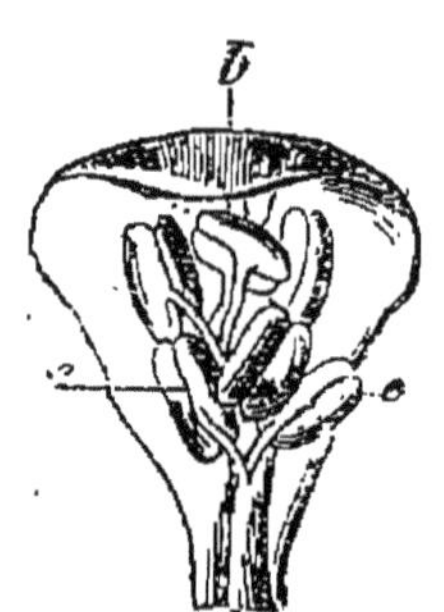

Fig. 58. — Fleur unisexuée staminée du Noisetier.

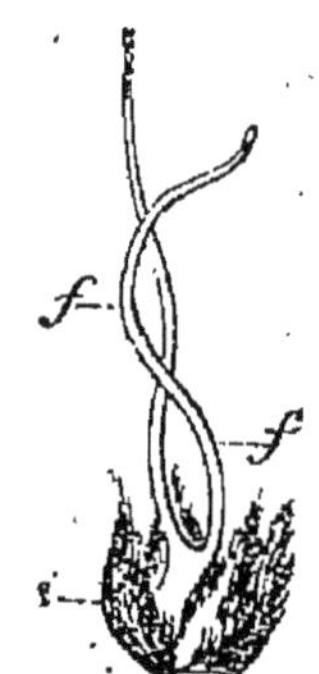

Fig. 59. — Fleur unisexuée pistillée du Noisetier.

bractée écailleuse. — *ee*, étamines. — *i*, involucre, formé de bractées velues. — *f*, styles qui surmontent l'ovaire.

manque, la fleur est dite *femelle;* si, au contraire, c'est le gynécée qui fait défaut, la fleur est dite *mâle*.

On appelle plantes *diclines* les plantes dont les fleurs sont unisexuées, et, parmi les plantes diclines, on distingue celles qui sont *monoïques*, c'est-à-dire chez lesquelles les deux espèces de fleurs sont réunies sur la même tige, et celles qui sont *dioïques*, c'est-à-dire chez lesquelles les fleurs staminées et pistillées sont placées sur des tiges différentes. Dans certaines espèces, on trouve réunies sur la même tige des fleurs hermaphrodites et des fleurs unisexuées.

Androcée. — L'androcée ou troisième verticille floral est composé de pièces qui portent le nom d'*étamines*. Ces pièces correspondent aux sépales et aux pétales des deux verticilles précédents, et, bien que très différentes de forme, se comportent le plus souvent comme eux. Les étamines présentent une partie cylindrique plus ou moins allongée, que l'on nomme *filet* supportant un renflement désigné sous le nom d'*anthère*. Un prolongement du filet se voit le plus souvent entre les parties droite et gauche de l'anthère; c'est le *connectif*.

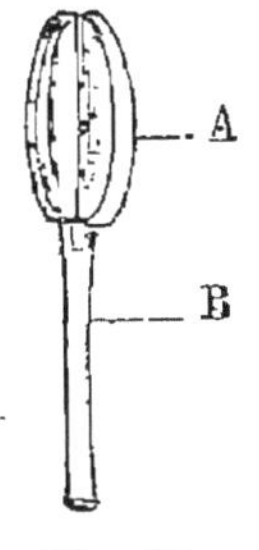

Fig. 60. Étamine d'une Renoncule. A, anthère. — B, filet.

Filet. — Le filet est une tige pleine, ordinairement cylindrique, mais qui peut s'aplatir. Il répond à l'onglet des pétales; comme lui, il peut être extrêmement réduit, parfois même il manque complètement. Dans ce dernier cas, l'étamine est dite *sessile*.

Anthère; pollen. — L'anthère est la partie réellement essentielle de l'étamine. Elle consiste en une sorte de petit sac, divisé ordinairement en deux loges par le connectif. Ces loges peuvent être subdivisées chacune en deux logettes par une cloison transversale. Elles sont remplies, à maturité, d'une fine poussière colorée en jaune, rouge, violet, etc. et qui a reçu le nom de *pollen*. Cette poussière,

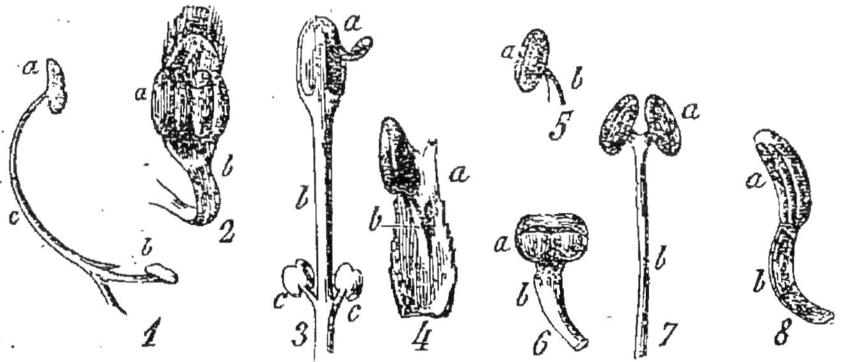

Fig. 61. — Formes diverses d'étamines.

1, de la Sauge; *a*, loge fertile de l'anthère; *b*, loge stérile; *c*, connectif. — 2, de la Pervenche; *a*, anthère; *b*, filet. — 3, du Laurier; *a*, loge de l'anthère ouverte; *b*, filet; *cc*, étamines avortées. — 4. de la Bourrache; *a*, anthère; *b*, filet. — 5, du Nerprun; *a*, anthère; *b*, filet. — 6, de l'Alchimille, mêmes lettres. — 7, du Tilleul, *id.* — 8, du Nénuphar jaune, *id.*

examinée au microscope, se présente comme une réunion de petites vessies de forme très variable, sphériques, ovoïdes, cubiques, etc., dont la paroi est formée de deux membranes (*intine* et *exine*), et dont la cavité est remplie d'un liquide mucilagineux appelé *fovilla*. Dans ce liquide nagent de fines granulations. La paroi externe (exine) des grains de pollen est percée de trous ou *pores*, dont nous verrons plus tard le rôle important.

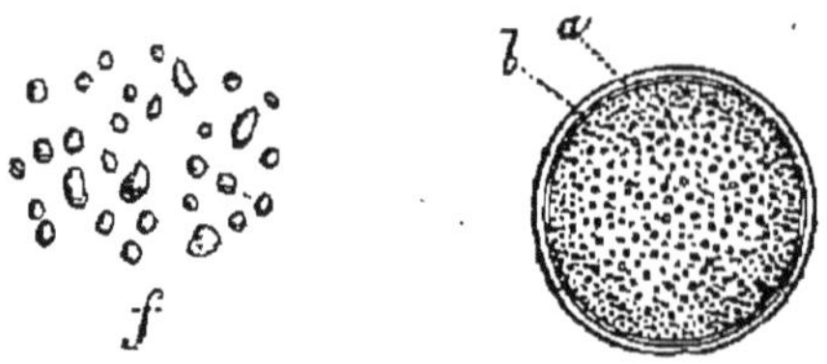

Fig. 62. — Grain de pollen et fovilla.
ab, les deux enveloppes du grain de pollen. — *f*, corpuscules de la fovilla.

Lorsque les anthères sont arrivées à maturité, elles s'ouvrent spontanément pour laisser échapper le pollen qu'elles renferment. Cette ouverture spontanée a reçu le nom de *déhiscence*, et le mode de déhiscence est variable avec les espèces.

Tantôt, et c'est le cas le plus fréquent, la déhiscence est *longitudinale*, c'est-à-dire que l'anthère s'ouvre par une fente longitudinale de la paroi de chaque loge. Ex. : le Tilleul. Tantôt elle est *transversale*, l'ouverture des loges se faisant transversalement Ex. : l'Alchimille.

Ailleurs enfin, la déhiscence est *poricide* ou *apicilaire*, c'est-à-dire que l'anthère s'ouvre par un orifice placé vers son sommet. Ex. : la Pomme de terre. Il peut arriver aussi (Laurier) que cet orifice soit muni d'une sorte de soupape, qui se relève au moment de la déhiscence ; c'est ce qu'on nomme déhiscence *valvulaire*.

Les *anthères* sont *adnées* lorsqu'elles sont étroitement accolées à l'extrémité supérieure du filet ; *oscillantes* lorsque le connectif forme une sorte de balancier mobile.

Nombre des étamines. — Dans les fleurs régulières, le nombre des étamines est le même que celui des pièces des autres verticilles, souvent aussi double ou multiple. On dit alors que la fleur est *isostémone*. Dans le cas où le nombre des étamines n'est pas multiple de celui des pièces des autres verticilles, la fleur est dite *anisostémone* ; elle est alors irrégulière. Ex. : les Crucifères, qui ont six étamines et quatre pièces seulement à la corolle et au calice.

Longueur des étamines. — Le plus souvent les étamines

sont toutes de même longueur. Cependant il existe des exceptions. Dans le Géranium, par exemple, sur dix étamines, on en compte cinq grandes et cinq petites; les Giroflées et les autres Crucifères en ont six, quatre grandes et deux petites; les Labiées, quatre, deux grandes et deux petites. Les étamines qui présentent l'arrangement des Crucifères sont appelées *tétradynames;* celles qui présentent l'arrangement des Labiées sont appelées *didynames*.

Par rapport aux autres verticilles, la longueur des étamines est très variable.

Fig. 63. — Étamines tétradynames de la Giroflée.

Fig. 64. — Étamines didynames du Muflier; *a*, *b*, anthères.

Fig. 65. — Epi de seigle, montrant les étamines exsertes.

On les dit *incluses*, quand elles sont plus courtes que la corolle, et *saillantes* ou *exsertes* lorsqu'elles font saillie au dehors (Blé).

Soudure des étamines. — De même que nous avons vu les pièces du calice et celles de la corolle pouvoir être libres ou soudées, de même il est des fleurs dont les étamines sont *libres*, et d'autres dont les étamines sont *soudées*. Lorsqu'elles sont soudées entre elles par les anthères, comme dans les Composées, les étamines sont dites *synanthérées*. Elles sont dites *monadelphes*, *diadelphes*, *polyadelphes* lorsqu'elles se soudent entre elles par les filets, pour former soit un groupe, comme dans le Lin, soit deux groupes, comme dans le Haricot, soit plusieurs groupes, comme dans le Melon.

Les étamines peuvent encore se souder aux verticilles voisins. Lorsqu'elles se soudent avec le gynécée,

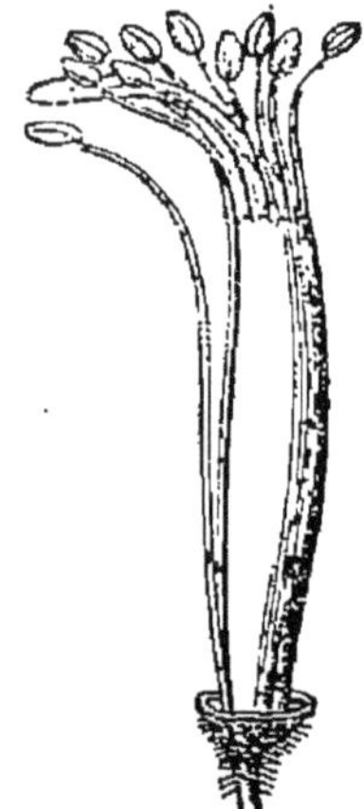

Fig. 66. — Étamines diadelphes de Papilionacée.

Fig. 67. — Étamines monadelphes de Malvacée

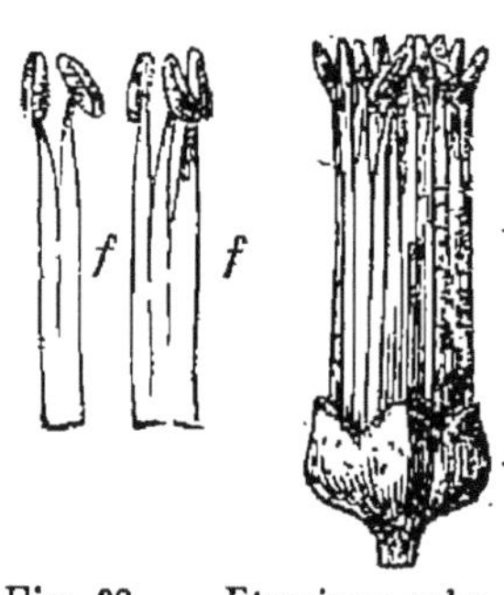

Fig. 68. — Étamines polyadelphes du Millepertuis. *ff*, faisceaux d'étamines.

on les nomme *gynandres.* Dans toutes les fleurs gamopétales, leurs filets sont plus ou moins complètement soudés avec la corolle; elles semblent alors s'insérer sur cette corolle, parfois très près du limbe.

Insertion des étamines. — En réalité, toutes les

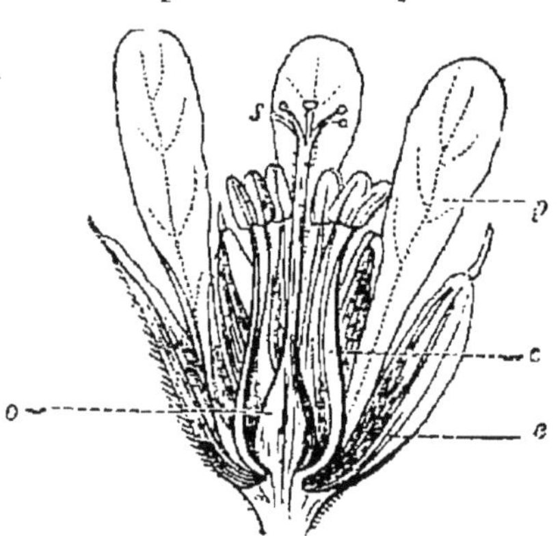

Fig. 69. — Fleur à étamines hypogynes du Géranium Robert*.

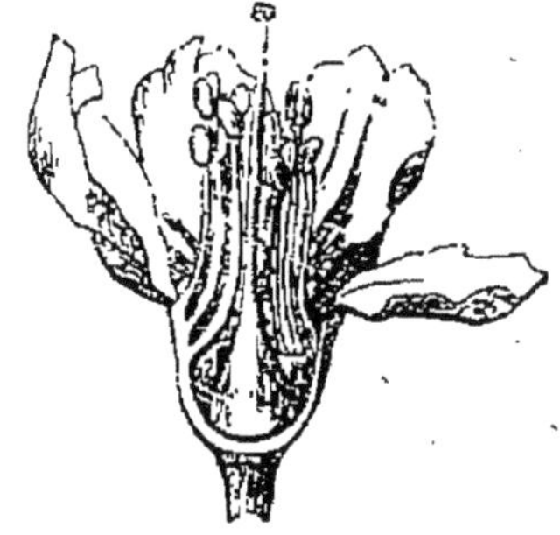

Fig. 70. — Fleur à étamines épigynes, d'une Rosacée.

* *c*, calice. — *p*, pétales. — *s*, stigmate. — *e*, étamines. — *o*, ovaires.

étamines s'insèrent sur le réceptacle, mais deux cas peuvent se présenter : 1° elles s'insèrent soit au-dessous du gynécée, soit à son niveau, et elles sont dites alors *hypogynes*. Ex. : les Crucifères, les Renonculacées, etc.; 2e elles s'insèrent au-dessus du niveau d'insertion du gynécée; on les dit alors *épigynes*. Ex. : les Rosacées, les Orchidées, etc.

Gynécée ou *pistil*. — Le gynécée ou quatrième verticille de la fleur occupe le centre de celle-ci et porte d'ordinaire le nom de *pistil*. Les pièces qui le constituent reçoivent le nom de *carpelles*.

Fig. 71.

Pistil. — e, ovaire; — b, style; — a, stigmate.

Chaque *carpelle* pris isolément se compose en général de trois parties : un renflement fixé au réceptacle, l'*ovaire*; une colonne plus ou moins allongée, faisant suite à l'ovaire, le *style*; enfin, un appendice terminal, très varié dans sa forme, le *stigmate*.

Stigmate. — Le stigmate occupe l'extrémite terminale du style. Sa forme est d'ailleurs très variable. Il est globuleux dans la Primevère, filiforme dans le Maïs, en pinceau dans la Pariétaire, en massue dans l'Épilobium, en bouclier dans le Pavot, en croix dans la Bruyère, en entonnoir dans la Pensée; dans l'Iris, c'est une véritable expansion pétaloïde.

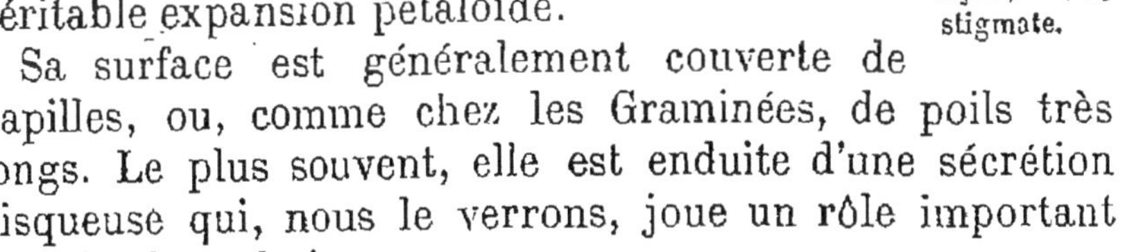

Sa surface est généralement couverte de papilles, ou, comme chez les Graminées, de poils très longs. Le plus souvent, elle est enduite d'une sécrétion visqueuse qui, nous le verrons, joue un rôle important dans la fécondation.

Style. — Le style est d'ordinaire un filament creux. Parfois cependant il est plein, et, dans ce cas, le centre est rempli par un tissu très mou, appelé *tissu conducteur*.

Le style continue généralement l'ovaire et semble attaché à son sommet. Toutefois, il peut arriver qu'il naisse à la base de l'ovaire (style *basilaire*). Ex. : les Rosacées, ou bien sur le côté de l'ovaire (style *latéral*). Quand le style manque, le stigmate est sessile sur l'ovaire Ex. : Coquelicot, Pavot, etc.

Ovaire. — L'ovaire est un corps tantôt sphérique, tantôt ovoïde, parfois allongé et plus ou moins régulièrement cylindrique. Il est dit *supère* quand il s'insère sur le *torus* ou *réceptacle floral* au même niveau que les autres parties de la fleur. Ex. : Renoncule, Pivoine, etc. Il est dit *infère*,

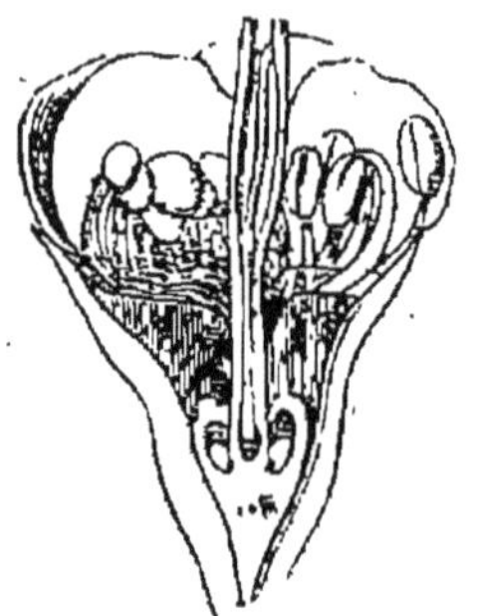

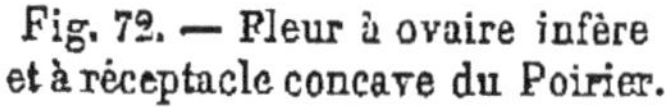
Fig. 72. — Fleur à ovaire infère et à réceptacle concave du Poirier.

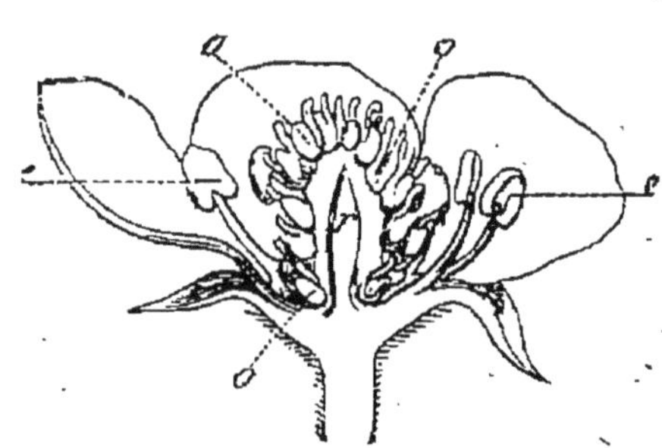

Fig. 73. — Fleur à ovaires supères et à réceptacle convexe du Fraisier.

quand il se trouve au-dessous du niveau de l'insertion des autres parties de la fleur, et plus ou moins profondément enfoncé dans l'extrémité de l'axe. Ex. : Poirier, Rosier, etc.

En général, l'ovaire porte à sa face interne une saillie longitudinale appelée *placenta*, sur laquelle se développent les *ovules*. Pour comprendre les détails de structure de l'ovaire, il est nécessaire de se rappeler que le carpelle provient d'une feuille modifiée. Cette feuille, pour ainsi dire théorique et qui reçoit le nom de *feuille carpellaire*, s'enroule pour former le carpelle et, en s'enroulant, produit, lorsqu'elle est unique, l'espèce de sac qu'on nomme ovaire. Or, à mesure que, dans l'enroulement, les bords de la feuille se rapprochent, ceux-ci, au lieu de s'abouter simplement, se relèvent l'un contre l'autre et s'accolent de manière à produire une saillie dans la cavité de l'ovaire.

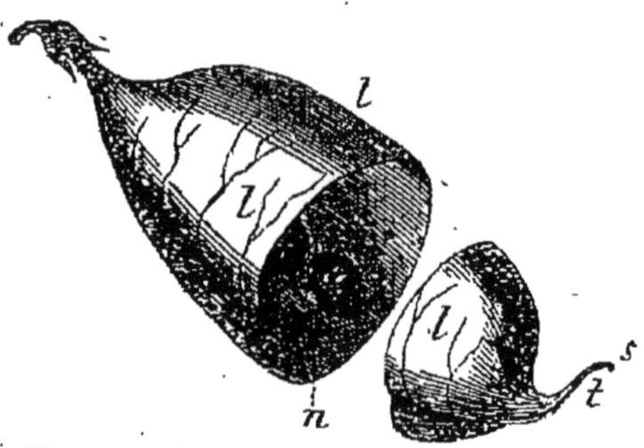

Fig. 74. — Coupe du fruit du Baguenaudier.

s, stigmate. — *t*, style. — *l*, limbe de la feuille carpellaire. — *n*, point de jonction des deux bords.

C'est cette saillie qui est le *placenta*. Le placenta est donc le résultat de l'accolement des deux bords de la feuille carpellaire et il est, comme on le voit sur nos figures, opposé à la nervure médiane de celle-ci.

Pistil simple et pistil composé. — S'il n'existe qu'un seul carpelle au centre de la fleur, il forme à lui seul le gynécée

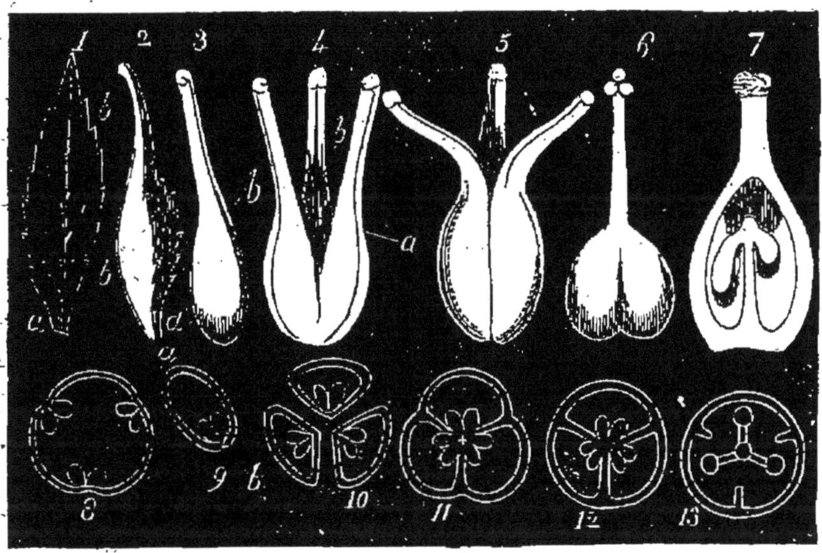

Fig. 75. — Carpelles simples et composés, accompagnés chacun de leur coupe transversale pour montrer les rapports de leurs diverses parties.

1, feuille carpellaire; *a*, nervure médiane; *b*, bords. — 2, feuille carpellaire enroulée. — 3, carpelle simple. — 4, 3 carpelles soudés seulement à leur base. — 5, 3 carpelles à styles libres. — 6, carpelles soudés sauf les stigmates. — 7, carpelles à placentation centrale. — 8, placentation pariétale dans un carpelle composé à une seule loge. — 9, placentation pariétale dans un carpelle simple. — 10, 11 et 12, placentation axile. — 13, placentation centrale libre.

ou pistil, le pistil est *simple*. S'il existe plusieurs carpelles, le pistil est *composé*, et, comme dans les autres verticilles de la fleur, les carpelles qui le forment peuvent être libres ou soudés plus ou moins complètement.

En général, la soudure des *carpelles* se fait par la face placentaire. Il résulte de cette soudure, dans l'ovaire composé, un nombre de loges qui normalement doit être égal au nombre des ovaires composants. Les exceptions toutefois sont fréquentes, soit qu'il n'y ait, comme dans la Violette, qu'une seule loge dans l'ovaire, composé cependant par la réunion de plusieurs carpelles, soit qu'il y ait plus de loges que d'ovaires composants.

Dans le premier cas, la soudure des carpelles a eu lieu avant que leurs bords ne se fussent rapprochés. Dans le second, l'augmentation du nombre des loges est dû à la formation de fausses cloisons, résultant soit d'un développement de la nervure médiane, soit d'un prolongement du placenta, soit des deux causes à la fois.

La soudure des carpelles n'a pas lieu seulement par les ovaires. Les styles et les stigmates participent souvent aussi à cette soudure. Les stigmates cependant restent très généralement libres.

Placentation. — Nous avons vu que, dans le carpelle, le placenta est formé par les bords de la feuille carpellaire accolés. Ce placenta occupant la paroi de l'ovaire dans l'ovaire simple est dit placenta *pariétal.* Il est encore pariétal dans les ovaires composés formés de carpelles soudés avant d'être fermés, comme dans la Violette et le Réséda.

Mais lorsque les carpelles étant complètement formés se soudent par leur face placentaire, les placentas se trouvent groupés en une colonne qui occupe l'axe de l'ovaire composé. On dit alors qu'il y a placentation *axile.* Ex. : le Poirier, l'Oranger, etc.

Enfin, le placenta est parfois *central libre*, c'est-à-dire qu'il occupe le centre de l'ovaire, mais est indépendant des cloisons. C'est un prolongement de l'axe floral dans l'intérieur de l'ovaire. Ex. : la Primevère.

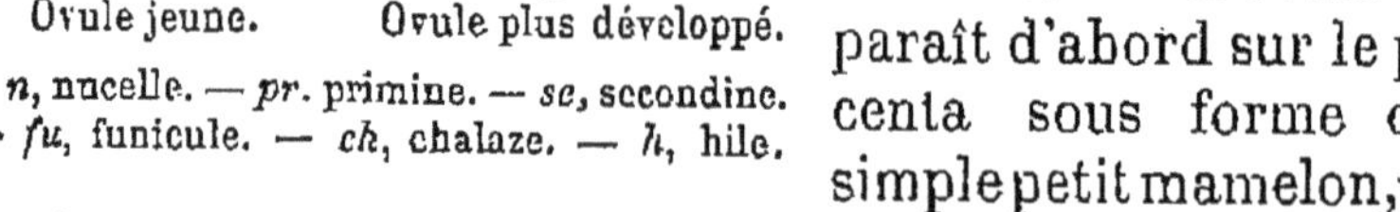

Fig. 76. Ovule jeune.

Fig. 77. Ovule plus développé.

n, nucelle. — *pr*. primine. — *se*, secondine. — *fu*, funicule. — *ch*, chalaze. — *h*, hile.

Ovule. — L'ovule apparaît d'abord sur le placenta sous forme d'un simple petit mamelon, auquel on donne le nom de *nucelle ;* puis, autour de ce nucelle, se montrent deux bourrelets qui, en s'accroissant, recouvrent bientôt tout le mamelon d'une double membrane dont l'extérieure est appelée *primine*, et l'intérieure *secondine*. Toutefois, au sommet du nucelle, les deux enveloppes ne se ferment pas, et il reste un petit orifice par lequel le nucelle est en communication avec l'extérieur. Ce petit orifice est le *micropyle*. En réalité, il représente un étroit canal creusé dans l'épaisseur des enveloppes.

A mesure que le nucelle s'accroît, il s'étrangle et s'allonge par sa base, qui prend la forme d'un petit pédicule ou *funicule*. Un faisceau ligneux occupe l'axe du funicule et se termine à la base du nucelle en un point appelé *chalaze*.

CHAPITRE VIII

FÉCONDATION

Nous avons vu qu'à maturité les anthères s'ouvrent pour laisser échapper le pollen qu'elles renferment; celui-ci tombe sur le stigmate. Là, sous l'influence du liquide visqueux que sécrète cet organe et qui pénètre peu à peu le grain de pollen, la fovilla se gonfle; l'intine, qui est élastique, se prête à l'expansion de la fovilla et s'étend au dehors, en passant par les orifices ou *pores* de l'exine. Il en résulte que le grain de pollen émet ainsi un certain nombre de tubes à paroi extrêmement mince (intine distendue) remplis de fovilla. Si des pluies persistantes surviennent à ce moment, la fovilla se gonfle avec une telle rapidité que l'intine éclate; il y a *coulure*, suivant l'expression des agriculteurs.

Dans les cas normaux, le tube pollinique lentement développé s'engage dans le style, traverse le tissu conducteur, et finalement arrive dans l'ovaire et jusqu'à l'ovule. Au moment où il touche à la paroi du nucelle, de profondes modifications se produisent dans ce dernier. La coïncidence entre l'arrivée du tube pollinique et l'apparition de ces modifications montre que le pollen joue un rôle important dans le développement de l'ovule. Celui-ci ne se développerait pas, d'ailleurs, si le tube pollinique n'arrivait

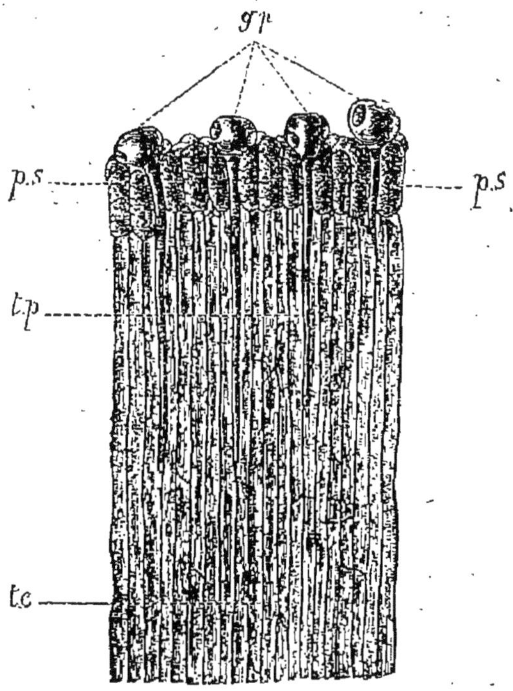

Fig. 78. — Portion de stigmate du Muflier au moment de la fécondation, d'après Ad. de Jussieu.

gp, grains de pollen. — *ps*, cellules superficielles formant les papilles du stigmate. — *tc*, tissu conducteur, constitué par des cellules allongées. — *tp*, tubes polliniques résultant de l'allongement des grains de pollen.

jusqu'à lui. C'est dans cette action du pollen sur l'ovule que consiste la fécondation.

Chez les plantes à fleurs *hermaphrodites*, les grains de pollen tombent tout directement sur le stigmate. Chez les plantes *monoïques*, les deux espèces de fleurs se trouvant réunies sur la même tige, on comprend que le pollen provenant d'une fleur staminée puisse encore arriver assez aisément jusque sur le stigmate d'une fleur pistillée. Il n'en est plus de même si les plantes sont *dioïques*, c'est-à-dire si les fleurs staminées et pistillées sont placées sur des tiges différentes. Les tiges d'une sorte seront, en bien des circonstances, séparées des tiges de l'autre sorte par des distances considérables.

Divers agents interviennent alors naturellement pour

Fig. 79.

A, graine de pollen avec ses pores *p*; — B, Emission des tubes polliniques ; — C, Tube pollinique rompu et laissant échapper la fovlila.

amener le contact nécessaire. C'est d'abord le vent, qui transportera d'autant plus facilement le pollen sur les stigmates que cette poussière est d'une ténuité extrême. Faisons ensuite la part des insectes, et tout spécialement celle des abeilles. En butinant sur les fleurs, celles-ci sortent du tube des corolles, couvertes de grains de pollen au point d'en être comme enfarinées. Elles vont sur d'autres fleurs à la recherche du nectar, et laissent nombre de ces grains de pollen sur les stigmates gluants qu'elles frôlent au passage. C'est ici le lieu de faire remarquer que le rôle du vent et des insectes ne se borne pas à fertiliser les plantes dioïques. Pour qu'une fleur produise d'excellentes graines, il paraît nécessaire que ses ovules soient fécondés par le pollen d'une autre fleur, soit du même pied, soit d'un pied voisin. Les croisements d'une fleur à l'autre contribuent, en même temps, à déterminer la production de variétés multiples.

Il nous reste à dire quelques mots des modifications amenées par la fécondation. Celles-ci portent d'une part sur l'ovaire, d'autre part sur l'ovule.

1° L'ovaire s'accroît et devient *péricarpe*. Sa paroi s'épaissit souvent et devient succulente, ou bien durcit, tout en restant mince et plus ou moins sèche.

2° L'ovule se transforme et finalement devient graine. Péricarpe et graine réunis forment ce qu'on appelle le *fruit*.

Les transformations de l'ovule pour arriver à l'état de *graine*, sont les suivantes :

Avant que le tube pollinique parvînt à la surface du nucelle, le tissu qui formait cet organe avait subi une profonde modification. Une de ses cellules, prenant un développement considérable, l'avait bientôt emporté sur toutes les autres. Celles-ci avaient disparu, et il n'était finalement resté que cette grande cellule, appelée *sac embryonnaire*. Quand le tube pollinique se présente, le nucelle consiste donc en un sac recouvert de ses deux enveloppes, la primine et la secondine. Dans ce sac, on voit au fond, dans la partie opposée au micropyle, deux ou trois petits amas protoplasmatiques, appelés *vésicules antipodes*, et, d'un autre côté, tout près du mycropyle deux autres petits amas appelés *vésicules embryonnaires*.

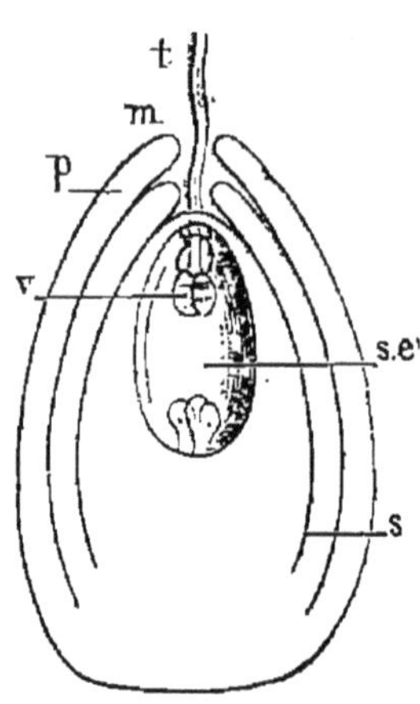

Fig. 80. — Coupe d'un ovule, montrant le sac embryonnaire *se*, avec les vésicules embryonnaires *v*, et le tube pollinique *t* pénétrant dans le micropyle *m*. — *p*, primine. — *s*, secondine.

L'influence du tube pollinique se manifeste par la disparition des vésicules antipodes et par l'apparition d'une membrane à la surface des vésicules embryonnaires qui deviennent dès lors des *cellules embryonnaires*. Toutefois cette action ne porte en général que sur une seule des vésicules embryonnaires. Celle-ci se divise en deux cellules superposées. La supérieure s'accroît, se divise elle-même en plusieurs cellules et donne ainsi naissance à un petit filament qu'on désigne sous le nom de *filament suspenseur*. La cellule inférieure, pendant ce temps, ne reste pas inactive; elle s'accroît aussi, se divise, et bientôt, par son développement, devient l'*embryon* ou jeune plante.

Pendant que ces phénomènes se produisent, la cavité du nucelle se partage en nombreuses cellules, remplies de matières nutritives et qui forment un tissu dans lequel est plongé le jeune embryon. Ce tissu est l'*albumen;* il va servir d'aliment à l'embryon.

En même temps aussi, les deux enveloppes de l'ovule se sont accrues et développées ; la primine, épaissie, relevée de pointes, de saillies et d'ornements divers, parfois très dure, prend le nom de *testa*, tandis que la secondine, généralement mince et délicate, est appelée *tegmen*. Cette dernière recouvre directement le sac embryonnaire.

La *graine*, c'est-à-dire l'ovule développé, se trouve donc formée, à la suite de la fécondation, de deux enveloppes protégeant le sac embryonnaire, qui lui-même renferme l'embryon, très généralement accompagné d'un albumen.

CHAPITRE IX

FRUIT. – DIVERSES ESPÈCES DE FRUITS.

Les différents verticilles qui constituent la fleur n'ont plus, sauf le pistil, aucune raison de se perpétuer, une fois que la fécondation est accomplie. Dans la plupart des espèces, l'ovaire seul est persistant ; cet organe, en effet, usurpe à son profit les sucs qui alimentaient auparavant toute la fleur ; il se développe en même temps que les ovules qu'il renferme ; il devient un *péricarpe*, tandis que ceux-ci deviennent des *graines :* l'ensemble prend, comme nous l'avons dit, le nom de *fruit*.

La nature et l'étendue des transformations que subit l'ovaire varient suivant les espèces. Quelquefois cet organe reste mince et d'apparence foliacée; mais, plus souvent, il s'épaissit, se gorge de sucs, s'encroûte partiellement de matière ligneuse et perd de plus en plus toute analogie avec une feuille. Cependant, de même que, dans le limbe d'une feuille, il existe trois couches superposées, savoir : deux épidermes et un mésophylle compris entre eux, de même il est toujours assez facile de distinguer trois couches dans le péricarpe : l'une extérieure ou *épicarpe*, l'autre moyenne ou *mésocarpe*, la dernière intérieure ou *endocarpe*. Le développement relatif de ces trois parties constitue les différences que l'on observe entre nos diverses espèces de fruits comestibles.

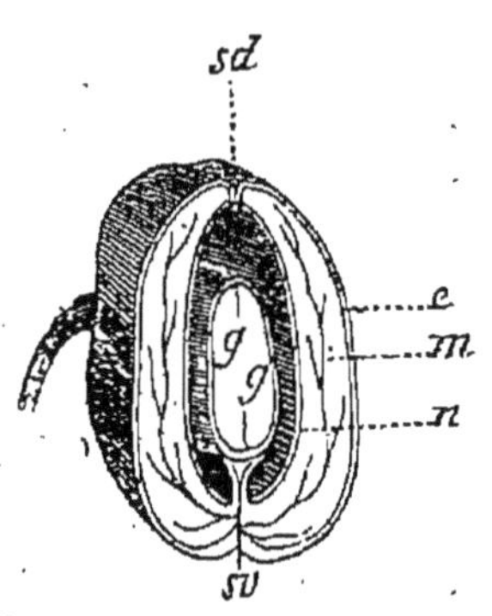

Fig. 81. — Gousse de la Fève de marais; coupe transversale montrant la structure du péricarpe. — *sv*, placenta. — *sd*, nervure médiane de la feuille carpellaire. — *e*, épicarpe. — *m*, mésocarpe. — *n*, endocarpe. — *gg*, coupe d'une graine.

La Cerise, l'Abricot, la Pêche, la Pomme, la Poire, le Melon nous offrent un mésocarpe charnu très développé. L'épicarpe forme la peau toujours peu épaisse qui recouvre ces fruits. L'endocarpe, dans le Melon, n'est qu'une fine membrane, tapissant l'intérieur de la loge où sont enfermées les graines; dans la Poire et la Pomme, il prend tout à l'entour des pepins une consistance cartilagineuse; dans la Cerise, la Pêche, l'Abricot, il devient complètement ligneux; c'est ce que l'on appelle le *noyau*, et, dans ce noyau, on rencontre la graine.

La Noix se compose d'un brou, qui est l'épicarpe uni au mésocarpe, d'un bois, qui est l'endocarpe, et d'une graine singulièrement figurée, qui remplit l'intérieur de la coque. L'Amande présente une disposition analogue.

Dans l'Orange et le Citron, la première enveloppe, mince, jaune, est l'épicarpe; la seconde, blanche, épaisse, est le mésocarpe; les fines cloisons membraneuses qui partagent le fruit en tranches constituent l'endocarpe; sur cet endocarpe se développent des glandes remplies d'un liquide succulent, qui forment par leur réunion la partie charnue du fruit.

Déhiscence des fruits. — Les fruits dont le péricarpe

présente une consistance charnue parviennent au terme de leur accroissement et le dépassent sans s'ouvrir pour donner issue aux graines. Il en est de même pour un certain nombre de fruits à péricarpe sec ; mais, chez la plupart des fruits de cette catégorie, lorsque l'époque de la maturité arrive, le péricarpe s'ouvre et les graines s'échappent au dehors ; c'est ce qu'on appelle la *déhiscence*. Les fruits *déhiscents* sont donc ceux qui s'ouvrent à la maturité, les fruits *indéhiscents* ceux qui ne s'ouvrent pas, et dont les graines ne deviennent libres que par la décomposition du péricarpe.

Le mode suivant lequel se fait la déhiscence, quand elle a lieu, est assez variable.

1° Le fruit s'ouvre par des pores ou trous qui se forment au sommet du fruit ; c'est la déhiscence *apicilaire*. Ex. : le Muflier.

2° Le fruit se sépare en deux parties ; c'est la déhiscence *transversale*. Ex. : le Mouron rouge, la Jusquiame.

3° Le fruit se sépare longitudinalement en plusieurs parties ou *valves*. Trois cas peuvent alors se présenter :

Si la fente se produit suivant les cloisons du fruit, celui-ci se sépare en autant de valves qu'il y a de loges dans l'ovaire composé ; la déhiscence est dite *septicide*. Ce sont en effet les *septa* ou cloisons qui se scindent. Ex. : la Scrophulaire, la Digitale.

Si la fente longitudinale se produit au niveau des nervures médianes des carpelles, on aura des valves formées chacune non plus d'une loge, mais de deux demi-loges. Chacune des valves portera une cloison sur son milieu. Comme ce sont ici les loges qui se scindent, la déhiscence est dite *loculicide*. Ex. : la Violette.

Enfin, il arrive parfois que les parois du fruit se séparent, en laissant libres les cloisons ; la déhiscence est dite *septifrage*. Ex. : le Bignonia.

Dans certaines déhiscences, les valves se séparent brusquement et les graines sont projetées au loin. Tel est le cas du fruit de la Balsamine et du fruit communément appelé *Sablier*, qu'on ne peut conserver dans les collections que solidement entouré d'un fil de fer, si l'on veut éviter qu'en éclatant ils brisent tout ce qui les entoure.

CLASSIFICATION DES FRUITS.

D'après des considérations tirées de la nature, du nombre et du mode d'agrégation des éléments qui les constituent, les fruits peuvent être répartis en quatre groupes : 1° fruits *simples* ou *apocarpés* ; 2° fruits *multiples* ou *polycarpés* ; 3° fruits *composés* ou *syncarpés* ; 4° fruits *agrégés* ou *synanthocarpés*.

I. FRUITS SIMPLES OU APOCARPÉS. — On range dans cette classe les fruits qui sont formés par un seul carpelle. Les uns sont secs, les autres charnus.

Fig. 82. Akène.

Apocarpés secs. — Parmi les fruits apocarpés secs, les uns, tels que la *caryopse*, l'*akène*, la *samare*, sont *indéhiscents*; les autres, tels que le *follicule* et la *gousse* ou *légume*, sont *déhiscents*.

a. Caryopse. — Fruit sec, indéhiscent, à une seule graine ; péricarpe intimement confondu avec le tégument propre de la graine. Ex. : le Blé, l'Orge, le Maïs.

b. Akène. — Fruit sec, indéhiscent, à une seule graine ; péricarpe distinct. Ex. : le Chardon, le Pissenlit, le Sarrasin.

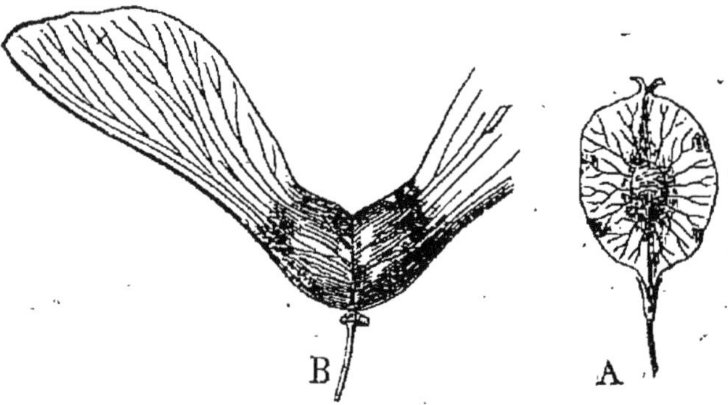

Fig. 83. — B, double samare de l'Erable plane. — *A*. samare de l'Orme.

c. Samare. — Akène dont le péricarpe se prolonge en une lame membraneuse. Ex. : l'Orme.

d. Follicule. — Fruit sec, déhiscent, à plusieurs graines, généralement d'apparence foliacée, s'ouvrant par une seule fente longitudinale. Ex. : le Laurier-Rose, l'Ellébore, le Pied-d'Alouette.

e. Gousse ou *légume.* — Fruit sec, déhiscent, à plusieurs graines, s'ouvrant par deux fentes longitudinales. Ex. : le Pois, le Haricot.

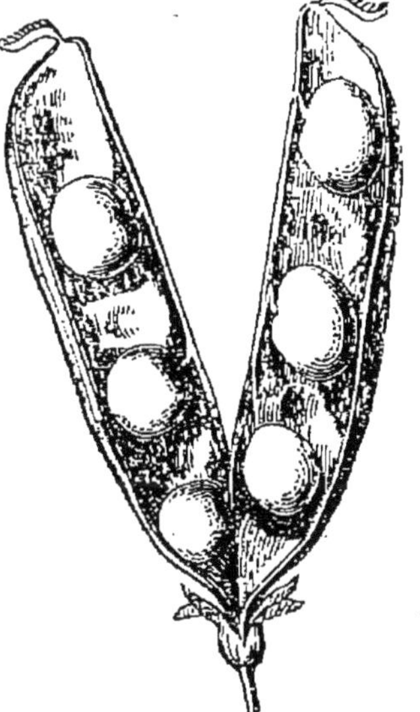
Fig. 84. — Gousse ouverte du Pois commun.

Apocarpés charnus. — Comme fruits apocarpés charnus, nous ne pouvons guère citer que la *Drupe* et son dérivé la *Noix;* l'un et l'autre sont indéhiscents.

a. Drupe. — Fruit charnu, indéhiscent, à une seule graine; mésocarpe charnu très développé, avec un endocarpe transformé en noyau. Ex. : la Pêche, l'Abricot, la Cerise.

b. Noix. — Fruit charnu, indéhiscent, à une seule graine; mésocarpe moins développé et plus coriace que celui de la drupe. Ex. : les fruits de l'Amandier, du Noyer, du Cocotier.

II. Fruits multiples ou polycarpés. — Ces fruits sont formés par plusieurs carpelles distincts, réunis en nombre variable sur un même réceptacle. Nous citerons comme exemples : la Fraise, réunion d'akènes sur un réceptacle charnu très développé, et la Framboise, réunion de petites drupes sur un réceptacle convexe.

III. Fruits composés ou syncarpés. — Cette classe comprend les fruits qui proviennent de la réunion de deux ou plusieurs carpelles, appartenant à une même fleur et soudés entre eux de manière à constituer un ovaire unique. Parmi ces fruits, les uns sont secs, les autres charnus.

Syncarpés secs. — Les fruits syncarpés secs se divisent eux-mêmes en indéhiscents et en déhiscents. Parmi les indéhiscents, on compte le *gland*, la *carcérule*, la *balauste*, le *polakène;* parmi les déhiscents, la *capsule*, la *pyxide*, la *silique* et son dérivé la *silicule*.

a. Gland. — Fruit sec, indéhiscent, uniloculaire et ne renfermant plus qu'une seule graine à l'époque de la maturité; portant à sa base un involucre tantôt écailleux, comme dans le Chêne, tantôt foliacé, comme dans le Noisetier.

b. Carcérule. — Fruit sec, indéhiscent, multiloculaire et à plusieurs graines. Ex. : le Tilleul.

c. Balauste. — Fruit à péricarpe coriace, divisé par cloisons transversales en deux étages de loges. Ex. : le Grenadier.

d. Polakène. — Fruit formé

Fig. 85. — Gland du Coudrier noisetier. *cc*, capsule foliacée; *f*, fruit.

Fig. 86. — Balauste du Grenadier.

par la soudure de plusieurs akènes. Ex. : la Capucine, les Ombellifères.

e. Capsule. — Fruit sec, déhiscent, uniloculaire ou pluriloculaire, généralement à plusieurs graines, s'ouvrant par des fentes longitudinales et quelquefois, comme dans le Pavot, par des ouvertures pratiquées au sommet du fruit. Ex. : le Lis, l'Œillet, la Digitale.

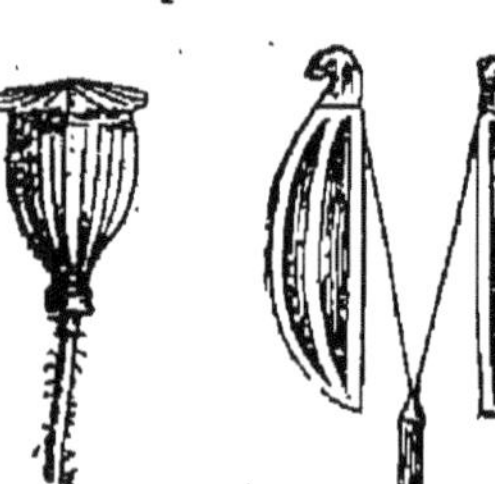

Fig. 87. Capsule du Coquelicot.

Fig. 88. Diakène d'Ombellifère.

f. Pyxide. — Fruit sec, déhiscent, uniloculaire ou pluriloculaire, toujours à plusieurs graines, s'ouvrant à l'époque de la maturité par une fente circulaire et horizontale. Ex. : la Jusquiame, le Mouron rouge, la Marmite de singe.

g. Silique et *silicule.* — Capsule à deux loges, s'ouvrant par deux valves opposées, qui restent suspendues à la partie supérieure du fruit et laissent voir une sorte de châssis portant sur ses bords des graines. La silicule diffère de la silique en ce qu'elle est beaucoup plus large et beaucoup moins longue. Ces deux fruits se trouvent chez les Crucifères.

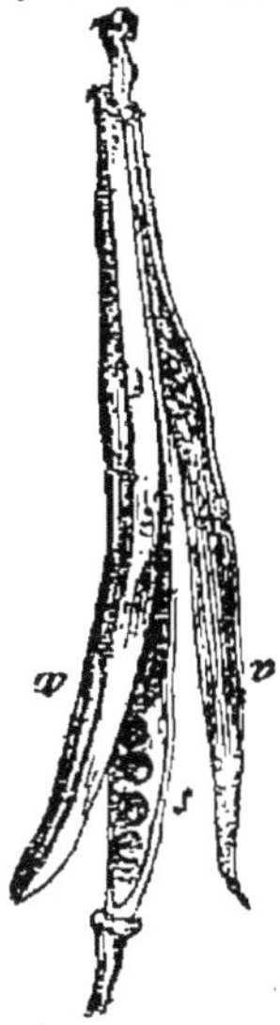

Fig. 89. Silique ouverte du Colza. *s*, cloison, — *vv*, valves.

Syncarpés charnus. — Sous le nom de fruits syncarpés charnus, on comprend la *baie*, la *pomme* ou *mélonide*, l'*hespéridie* et la *péponide.*

a. Baie. — Fruit charnu, indéhiscent, uniloculaire ou multiloculaire, renfermant une masse pulpeuse, dans laquelle sont plongées les graines. Ex. : le Raisin, la Groseille, la Tomate.

b. Pomme. — Fruit indéhiscent et charnu, dont l'endocarpe est cartilagineux dans la Pomme et dans la Poire, osseux dans la Nèfle.

c. Hespéridie. — Fruit indéhiscent et charnu, multiloculaire et à plusieurs graines ; endocarpe pulpeux, l'épicarpe et le mésocarpe ne formant plus qu'une peau coriace. Ex. : l'Orange, le Citron.

d. Péponide. — Fruit indéhiscent et charnu, contenant une cavité centrale, aux parois de laquelle sont attachées un grand nombre de graines. Ex. : le Melon, le Potiron, le Concombre, la Courge.

IV. Fruits agrégés ou synanthocarpés. — Les fruits de cette classe sont formés par la réunion de tous les ovaires appartenant à une même inflorescence. On distingue le *sorose*, le *sycône*, le *cône.*

a. Sorose. — Réunion de plusieurs fruits charnus, que les folioles du calice, elles-mêmes développées et charnues, ont agglomérés en une seule masse. Ex. : les fruits du Mûrier, de l'Ananas, de l'Arbre à pain.

b. Sycône. — Réunion de petits akènes, appartenant à des fleurs différentes mais enfermés dans un réceptacle charnu commun. Exemple : la Figue (voir fig. 41).

Fig. 90. — Sorose de l'Ananas, terminé par un bouquet de feuilles.

Fig. 91. — Cône du Pin

c. Cône. — Ensemble de graines dépourvues de péricarpe proprement dit et protégées par des écailles tantôt indépendantes, comme dans le Pin, tantôt soudées en une seule masse, comme dans le Cyprès, tantôt même charnues et simulant une sorte de baie, comme dans le Genévrier.

Le tableau suivant résume les indications qui viennent d'être données sur la classification des fruits :

Fruits simples ou apocarpés....	Charnus...............		*Drupe.* *Noix.*
	Secs..	Indéhiscents .	*Caryopse.* *Akène.* *Samare.*
		Déhiscents ...	*Follicule.* *Gousse.*
Fruits multiples ou polycarpés..	Réunion d'akènes		*Fraise.*
	— de drupes...		*Framboise*

- Fruits composés ou syncarpés...
  - Charnus............ *Baie.* *Pomme.* *Péponide.* *Hespéridie*
  - Secs..
    - Indéhiscents . *Gland.* *Carcérule.* *Balauste.* *Polakène.*
    - Déhiscents... *Capsule.* *Pyxide.* *Silique.* *Silicule.*
- Fruits agrégés ou synanthocarpés.................. *Sorose.* *Sycône.* *Cône.*

CHAPITRE X

STRUCTURE DE LA GRAINE.

Nous avons vu que la *Graine* n'est autre chose que l'ovule développé après la fécondation.

On se rappelle que cet ovule comprend des téguments et un sac embryonnaire renfermant un embryon et généralement un albumen. Le contenu du sac embryonnaire prend le nom d'*amande*.

Les *téguments* de la graine sont constitués par les deux membranes *testa* et *tegmen*. Ces deux membranes finissent, en général, par se souder l'une à l'autre.

En dehors des téguments, se trouve souvent une enveloppe supplémentaire plus ou moins complète, expansion du funicule ou repli des téguments mêmes; dans le premier cas, l'*arille*, dans le second, l'*arillode*. Telle est l'origine du *macis* qui recouvre la Noix muscade.

L'*amande* comprend tout ce qui est contenu à l'intérieur des téguments. Les graines, relativement à la constitution de l'amande, peuvent être séparées en deux catégories : 1° celles dont l'amande se compose seulement de l'embryon avec ses différentes parties; 2° celles dans l'amande desquelles on distingue, indépendamment de l'*embryon*, un *albumen* destiné à l'alimentation de l'embryon, et dont les fonctions se rapprochent beaucoup de celles du blanc de l'œuf chez les oiseaux.

L'*albumen* est un corps de nature cellulaire, renfermant dans ses utricules des éléments variables suivant les espèces, tantôt de la fécule, tantôt des huiles, des sucs mucilagineux, etc. Il peut être farineux, comme dans le Blé, ou bien huileux, comme dans le Ricin, ou bien corné, comme dans le Caféier. L'albumen constitue généralement à lui seul la plus grande partie de l'amande.

L'*embryon* est la partie essentielle de la graine ; c'est une plante en miniature, qui n'attend plus que sa séparation de la tige mère pour reproduire, moyennant des circonstances favorables, un individu entièrement semblable à celui qui lui a donné naissance. On peut distinguer dans l'embryon trois parties : la radicule, la tigelle et les cotylédons. La *tigelle* représente l'axe ascendant; elle se termine supérieurement par un bourgeon de feuilles à l'état rudimentaire, la *gemmule*. A l'autre extrémité, en un point assez difficile à saisir, que l'on nomme le *collet*, vient se souder l'axe descendant ou *radicule*. Sur la tigelle, entre la gemmule et la radicule, il existe tantôt un tantôt deux appen-

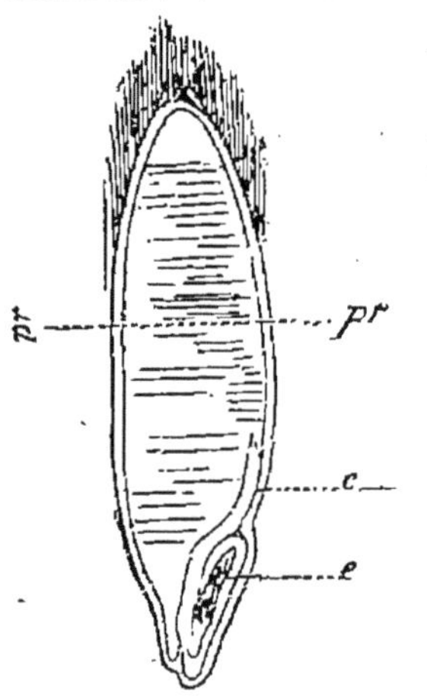

Fig. 92. — Embryon monocotylédoné du Blé.

c, cotylédon. — *e*, plantule, comprenant la tigelle et la radicule. — *pr*, albumen farineux.

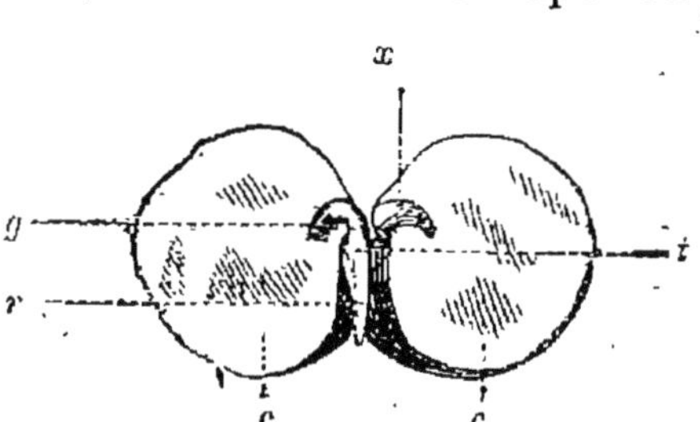

Fig. 93. — Embryon dicotylédoné du Pois.

cc, cotylédons.— *r*, radicule. — *t*, tigelle. — *g*, gemmule. — *x*, cavité du cotylédon où se plaçait la gemmule avant que l'embryon fût étalé.

dices, que l'on appelle *cotylédons*. Les plantes *monocotylédonées* sont celles dont l'embryon présente un seul cotylédon; les plantes *dicotylédonées*, celles dont l'embryon présente deux ou plusieurs cotylédons. Ce caractère distinctif semble de peu d'importance au premier abord; cependant il implique, comme nous le verrons plus tard, à propos de la classification, des différences de structure extrêmement considérables. Lorsque l'embryon est dicotylédoné, sa radicule se développe immédiatement à l'extrémité inférieure de la tigelle, avec laquelle son point de séparation est presque insaisissable. Au contraire, lorsque l'embryon est monocotylédoné, le véritable axe primaire de la radicule ne se développe pas et forme comme un moignon, d'où naissent des radicules secondaires, assez longtemps reconnaissables aux lambeaux d'épiderme qui entourent leur base.

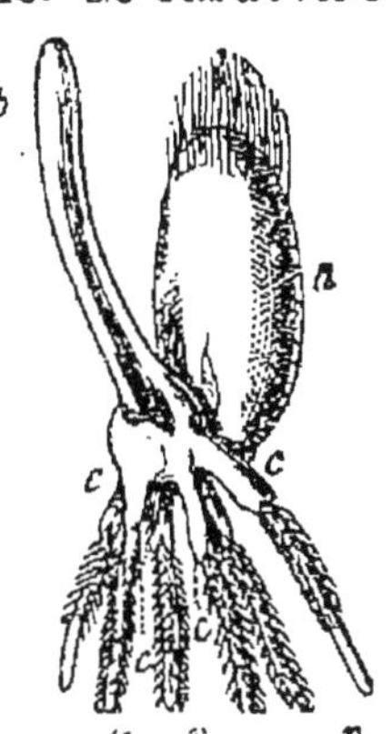

Fig. 94. — Développement des radicules secondaires de l'embryon du Blé. *a*, grain. — *b*, tigelle. — *r*, *r*, radicules. — *c*, *c*, lambeaux épidermiques.

Les *cotylédons*, peu développés dans les graines pourvues d'un albumen, acquièrent, au contraire, un très grand développement dans les graines dépourvues de ce réservoir nourricier. Ce sont eux qui subviennent alors à l'alimentation de l'embryon.

Dans les graines albuminées, la position de l'embryon par rapport à l'albumen est assez variable. Lorsque l'embryon est au milieu de l'albumen, il est dit *intraire*; c'est le cas de la plupart des dicotylédonées. D'autres fois, au contraire, dans le Blé, par exemple, il se trouve rejeté vers la périphérie de l'albumen; il est *extraire*. Enfin, l'embryon peut être cylindrique et droit, ou bien incurvé, parfois même enroulé en spirale. Nous retrouverons ces divers caractères dans l'étude des familles.

CHAPITRE XI

CLASSIFICATIONS BOTANIQUES.

Il existe deux sortes de classifications, les unes dites *artificielles*, les autres dites *naturelles*, et, pour la botanique, la classification de Linné et celle de Jussieu nous fournissent d'excellents exemples de ces deux manières de procéder.

En établissant des classifications artificielles, on se propose exclusivement de faciliter le classement des espèces et la détermination des individus.

Classer une espèce, c'est lui assigner une place spéciale dans l'arrangement général, quelles que soient, d'ailleurs, les bases sur lesquelles est fondé le groupement. C'est ainsi qu'il y a eu, dans l'enfance de la botanique, des classifications instituées purement et simplement d'après l'ordre alphabétique.

Déterminer un individu, c'est décider, par l'examen de ses caractères, qu'il appartient à telle ou telle espèce.

Les caractères employés dans les classifications artificielles sont toujours saillants et faciles à saisir; ils sont essentiellement fournis par les formes extérieures; leur importance personnelle n'est point en rapport nécessaire avec l'importance des groupes qu'ils doivent servir à former. Les premières classifications artificielles proposées pour le règne végétal avaient pour base, les unes l'étude du fruit, les autres celle de la corolle ou du calice, avec une préalable séparation des plantes en herbes et en arbres. Linné proposa, vers 1735, un système fondé principalement sur des caractères fournis par les étamines et qui partageait les végétaux en vingt-quatre classes, dont voici le tableau :

CLEF DU SYSTÈME DE LINNÉ.

					CLASSES.	EXEMPLES.
FLEURS VISIBLES	hermaphrodites. Étamines	libres entre elles,	régulièrement proportionnées en longueur, au nombre de	une	1re MONANDRIE	*Pesse, valériane rouge.*
				deux	2e DIANDRIE	*Jasmin, troène.*
				trois	3e TRIANDRIE	*Iris, blé, avoine.*
				quatre	4e TÉTRANDRIE	*Scabieuse, garance.*
				cinq	5e PENTANDRIE	*Vigne, pervenche.*
				six	6e HEXANDRIE	*Lis, tulipe.*
				sept	7e HEPTANDRIE	*Marronnier d'Inde.*
				huit	8e OCTANDRIE	*Bruyère, érable.*
				neuf	9e ENNÉANDRIE	*Camphrier, rhubarbe.*
				dix	10e DÉCANDRIE	*Œillet, saxifrage.*
				onze à vingt	11e DODÉCANDRIE	*Aigremoine, réséda.*
				plus de 20 insérées sur le calice.	12e ICOSANDRIE	*Rosier, cerisier.*
				plus de 20 insérées sur le torus.	13e POLYANDRIE	*Pavot, pivoine.*
			irrégulièrement proportionnées en longueur	Quatre étamines, dont deux plus longues	14e DIDYNAMIE	*Menthe, digitale.*
				Six étamines, dont quatre plus longues	15e TÉTRADYNAMIE.	*Giroflée, thlaspi.*
		soudées	entre elles, par leurs filets,	en un seul faisceau	16e MONADELPHIE.	*Géranium, mauve.*
				en deux faisceaux	17e DIADELPHIE	*Haricot, pois.*
				en plusieurs faisceaux	18e POLYADELPHIE.	*Oranger, millepertuis.*
			entre elles, par leurs anthères		19e SYNGÉNÉSIE	*Scorsonère, chardon.*
			avec les pistils		20e GYNANDRIE	*Orchis, aristoloche*
	unisexuées	sans fleurs hermaphrodites.	Fleurs mâles et fleurs femelles	sur le même individu	21e MONŒCIE	*Chêne, maïs.*
				sur des individus séparés.	22e DIŒCIE	*Mercuriale, saule.*
		avec des fleurs hermaphrodites			23e POLYGAMIE	*Frêne, pariétaire.*
FLEURS INVISIBLES					24e CRYPTOGAMIE	*Mousses, champignons.*

Tous les systèmes antérieurs disparurent comme par enchantement devant celui du naturaliste suédois. Ce qui fit le succès de la nouvelle classification, ce ne fut pas seulement sa valeur intrinsèque, la netteté des divisions, l'heureux choix des caractères; ce fut sa liaison intime avec l'ensemble des réformes introduites par le plus étonnant génie dont les sciences naturelles se soient honorées. En même temps qu'il donnait au langage botanique des règles que l'on suit encore aujourd'hui, Linné créait cette admirable nomenclature binaire, sans laquelle toute découverte nouvelle dans le monde infini des êtres n'eût été qu'un pas de plus vers le chaos. Si la botanique est devenue une science populaire, la gloire en appartient incontestablement tout entière au puissant vulgarisateur dont les travaux surent la rendre aimable et attrayante.

Quarante ans avant la publication du système de Linné, un naturaliste français, Piton de Tournefort, avait donné une classification méthodique qui constituait un progrès considérable pour l'époque et qui fut reçue avec un enthousiasme universel. En parcourant le tableau des principales coupes, on constatera que Tournefort, mieux que Linné et longtemps avant ce grand naturaliste, avait su réunir et coordonner la plupart des groupes dont la méthode naturelle est fière et qu'elle n'a pas eu cependant à créer, les ayant trouvés tout faits. Il suffirait de citer comme exemples les Labiées, les Personnées, les Crucifères, les Rosacées, les Ombellifères, les Caryophyllées, les Liliacées, les Papilionacées, les Amentacées. Malheureusement, ce cadre, suffisant peut-être au commencement du dix-huitième siècle, se trouve aujourd'hui beaucoup trop étroit pour permettre le classement de nos deux cent mille espèces végétales. D'ailleurs, le premier partage des plantes en herbacées et ligneuses est la condamnation même du procédé, puisqu'il en résulterait la séparation d'un grand nombre d'espèces infiniment rapprochées par tous les détails de la structure, et puisqu'il deviendrait impossible d'assigner une place aux diverses plantes qui, suivant les climats, se montrent herbacées ou arborescentes.

SYSTÈME DE TOURNEFORT (1694).

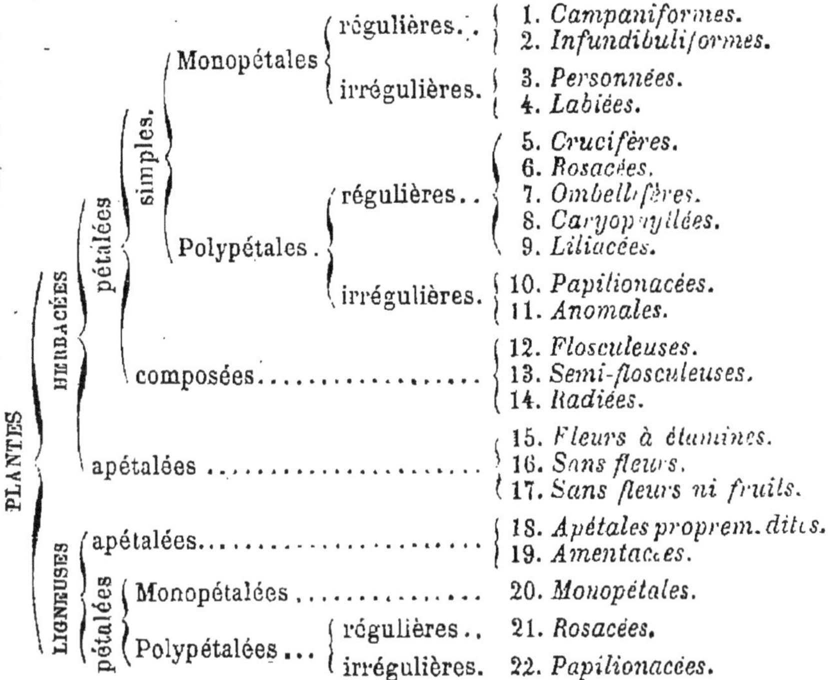

Un grand nombre de botanistes ont pris part à l'établissement de la méthode naturelle. Il convient de citer d'abord Magnol, botaniste de Montpellier, mort en 1715, à qui l'on est redevable des premières idées sur la constitution des *familles*, c'est-à-dire sur le groupement des genres que rapprochent tous les degrés possibles d'affinité et qui présentent un véritable air de parenté. Bernard de Jussieu établit entre les familles une coordination naturelle et disposa suivant cette direction le jardin botanique de Trianon. En même temps, Adanson, encore un naturaliste français, poursuivant l'œuvre de Magnol, distribuait le règne végétal en cinquante-huit familles, dont chacune renfermait les plantes réunies par le plus grand nombre de caractères communs. Le neveu de Bernard de Jussieu, Antoine-Laurent de Jussieu, ne se contenta point, comme l'avait fait Adanson, de compter les caractères; il assigna une valeur à chacun d'eux, les partageant, d'après leur plus ou moins de fixité, en diverses catégories, d'importance variable. C'est ce qu'on appelle le principe de la *subordination des caractères*.

Le règne végétal, dans la méthode naturelle, est d'abord partagé en trois grands embranchements.

Le premier comprend les plantes qui ne possèdent point de graines proprement dites, ni d'organes pour en produire, celles qui n'ont ni fleurs ni fruits, dans l'acception que nous attribuons à ces deux mots. Déjà Linné avait réuni les plantes ainsi constituées sous le nom de *Cryptogames*, nom qu'elles conservent encore généralement. A.-L. de Jussieu, se fondant sur l'absence de l'embryon et de ses cotylédons, les a appelées *Acotylédones*.

Les plantes pourvues de fleurs et, en même temps, de graines embryonnées, les *Phanérogames* de Linné, se subdivisent en deux groupes : les *Monocotylédones* (un seul cotylédon) et les *Dicotylédones* (deux cotylédons).

GRANDES DIVISIONS DE LA CLASSIFICATION DE JUSSIEU.

Embranchement	Groupe	Caractère		Classe
ACOTYLÉDONES				1. *Acotylédonie.*
ONOCOTYLÉDONES.		Étamines hypogynes		2. *Monohypogynie.*
		— périgynes		2. *Monopérigynie.*
		— épigynes		4. *Monoépigynie.*
DICOTYLÉDONES	APÉTALES	Étamines épigynes		5. *Epistaminie.*
		— pérignes		6. *Péristaminie.*
		— hypogynes		7. *Hypostaminie.*
	MONOPÉTALES	Corolle hypogyne		8. *Hypocorollie.*
		— périgyne		9. *Péricorollie.*
		Corolle épigyne (Épicorollie)	Anthères réunies	10. *Synanthérie.*
			Anthères distinctes	11. *Chorisanthéric.*
	POLYPÉTALES	Étamines épigynes		12. *Epipétalie.*
		— hypogynes		13. *Hypopétalie.*
		— périgynes		14. *Péripétalie.*
	UNISEXUÉES ou diclines			15. *Diclinie.*

Toutes les diverses méthodes qui ont été proposées concurremment à celle de Jussieu acceptent la division en trois grandes catégories ou embranchements, avec des noms dissemblables, à la vérité, mais qui s'appliquent exactement aux mêmes groupes. Ainsi les *inembryonnées* de M. de Candolle, ses *endogènes* et ses *exogènes* correspondent de la manière la plus complète aux *Acotylédones*, aux *Monocotylédones* et aux *Dicotylédones* de Jussieu : il en est de même des *arhizes*, des *endorhizes* et des *exorhizes* de Richard. Quant à la division en classes, de Candolle et Richard se sont efforcés de faire disparaître les inconvénients que présentait l'emploi de l'insertion des étamines comme caractère fondamental. M. de Candolle partage les *Dicotylédones* ou *exogènes* en deux groupes, suivant que leur périanthe est double ou simple. Il appelle *bichlamydées* les plantes à périanthe double; *monochlamydées*, celles dont le périanthe est simple.

Les *bichlamydées* se subdivisent en :

Thalamiflores, qui ont les pétales distincts et insérés sur le réceptacle.

Caliciflores, qui ont les pétales libres ou plus ou moins soudés, mais toujours insérés sur le calice.

Corolliflores, qui ont les pétales soudés en une corolle hypogyne, c'est-à-dire insérée sur le réceptacle et portant les étamines.

Ce mode de groupement se recommande par les facilités qu'il offre pour la détermination; un grand nombre de botanistes l'ont suivi dans leurs ouvrages.

Une autre modification introduite par de Candolle consiste à disposer le règne végétal dans un ordre inverse de celui que donne la classification de Jussieu, c'est-à-dire à mettre en tête du classement les groupes qui présentent l'organisation la plus parfaite, et dans lesquels les racines, les tiges, les feuilles, les fleurs, les fruits sont constitués d'après les types que l'on étudie d'ordinaire avec le plus de développement.

On doit au naturaliste Lamark, sinon la première idée, du moins la première application complète d'une méthode connue sous le nom de méthode *analytique* ou *dichotomique*, méthode très peu propre à fournir les éléments d'une classification rationnelle, mais excellente comme moyen de détermination, et supérieure peut-être, sous ce rapport, aux procédés linnéens. Cette méthode conduit au nom de la plante qu'on veut connaître, en présentant successivement, deux à deux, une série de caractères tellement opposés l'un à l'autre, dans chaque coupe, qu'un seul peut être applicable à l'objet. Pour donner un exemple du procédé analytique, supposons qu'il s'agisse de déterminer l'espèce désignée sous le nom de *Papaver rhæas*, vulgairement *Coquelicot*, et que l'on ait entre les mains un des ouvrages élémentaires rédigés d'après cette méthode. Avant d'arriver à la plante en question, nous aurons à passer par une série de coupes dichotomiques, reproduite ici, avec les caractères à rejeter en lettres italiques.

1.

Fleurs visibles.
Fleurs non visibles.

2.

Fleurs non réunies en capitule.
Fleurs réunies en capitule.

3.

Anthères libres.
Anthères soudées entre elles.

4.

Fleurs hermaphrodites.
Fleurs unisexuées.

5.

Fleurs complètes (calice et corolle).
Fleurs incomplètes.

6.

Corolle polypétale.
Corolle monopétale.

7.

Ovaire supère.
Ovaire infère.

8.

Un ovaire.
Plusieurs ovaires.

9.

Corolle régulière.
Corolle irrégulière.

10.

Onze étamines ou plus.
Dix étamines ou moins.

11.

Deux sépales au calice.
Plus de deux sépales.

12.

Quatre pétales; calice caduc.
Cinq pétales; calice persistant.

13.

Capsule ovoïde.
Capsule allongée.

14.

Capsule non velue.
Capsule velue.

15.

Tige et feuilles velues.
Tige et feuilles non velues.

16.

Stigmates à dix rayons.
Stigmates à six ou sept rayons.

Ce procédé paraît d'abord un peu long; mais on remarquera que les premières coupes sont franchies, pour ainsi dire, d'un seul coup d'œil; que, dès la dixième, nous étions arrivé à déterminer la famille (*Papavéracées*), dès la treizième, le genre (*Papaver*), en sorte que les trois dernières n'ont eu pour but que de fixer notre choix entre les différentes espèces qui composent le genre *Papaver*.

CHAPITRE XII

PLANTES DICOTYLÉDONES. — CARACTÈRES GÉNÉRAUX. — PRINCIPALES FAMILLES.

Les *Dicotylédones* forment l'embranchement le plus considérable du règne végétal, celui qui comprend les plantes dont l'organisation est la plus parfaite, dont le système vasculaire est le plus développé et dont les organes reproducteurs sont les plus complets.

L'*embryon*, chez les Dicotylédones, présente deux cotylédons opposés, quelquefois même un plus grand nombre. La radicule est nue, allongée en forme de pivot. — Les *racines* sont pivotantes ou rameuses. — La *tige* consiste en un certain nombre de zones concentriques, présentant une moelle, une portion ligneuse et une portion corticale ; son accroissement s'opère par la formation de couches annuelles entre le bois et l'écorce; l'axe principal porte des ramifications. — Les *feuilles* ont presque exclusivement des nervures pennées avec réticulation, peltées ou palmées. — Les *fleurs* sont disposées le plus ordinairement d'après le type quinaire, rarement d'après le type ternaire.

On compte dans l'embranchement des Dicotylédones plus de cent cinquante familles. Nous passerons brièvement en revue les plus intéressantes, en suivant l'ordre indiqué dans la classification.

DICOTYLÉDONES POLYPÉTALES.

Pour l'étude des Dicotylédones polypétales, on peut adopter le groupement suivant :

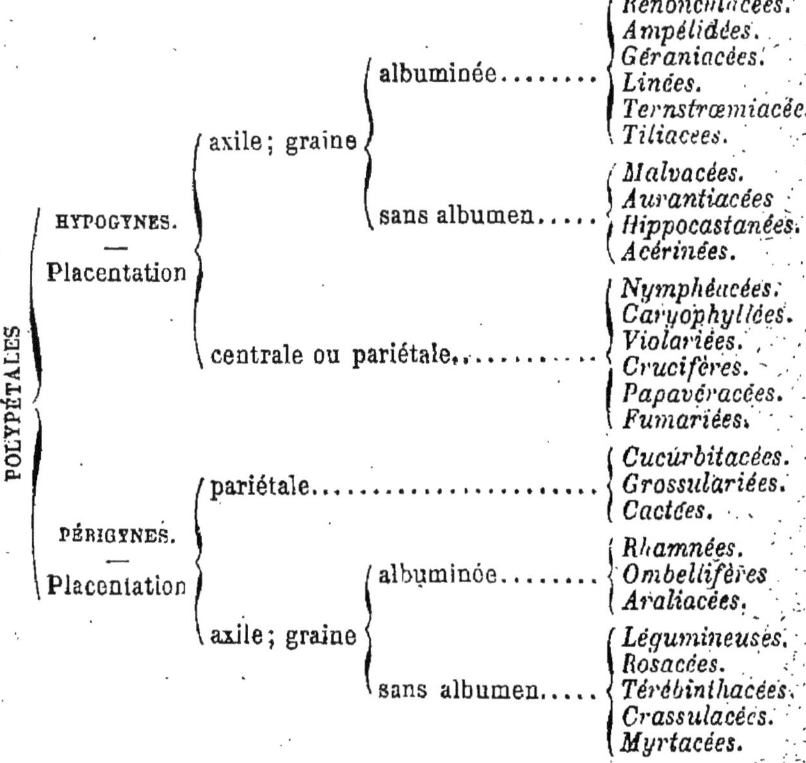

POLYPÉTALES HYPOGYNES.

FAMILLE DES RENONCULACÉES

Caractères généraux. — Herbes ou arbrisseaux à feuilles alternes ou opposées, sans stipules. — Calice à cinq sépales ; cinq pétales ; étamines libres, *en nombre indéfini* ; plusieurs carpelles indépendants ; fleurs généralement régulières. Souvent néanmoins le type quinaire fait place au type ternaire ; les pétales même peuvent faire défaut, et le calice devient alors pétaloïde. La tige renferme généralement un suc laiteux et caustique. Plusieurs Renonculacées possèdent des propriétés vireuses très énergiques.

D'après les caractères tirés de la fleur, du fruit et de la disposition des feuilles sur la tige, on a divisé cette famille en plusieurs tribus dont les principales sont les *Clématidées*, les *Anémonées*, les *Renonculées*, les *Helléborées* et les *Pæoniées*.

Clématidées. — Les Clématidées sont les seules Renonculacées à feuilles opposées. Les fleurs sont dépourvues de corolle; le calice est pétaloïde. Les fruits sont des akènes plumeux. La tige est vivace, ligneuse et sarmenteuse.

La *Clématite brûlante* (*Clematis vitalba*) est un arbrisseau grimpant, assez commun dans les jardins; ses feuilles renferment un suc extrêmement âcre, dont le contact détermine sur la peau une vive inflammation. On cultive de préférence la *Clématite odorante* (*C. flammula*), la *Clématite à vrilles* (*C. cirrhosa*), la *Clématite bleue* (*C. viticella*), et la *Clématite viorne* (*C. viorna*).

Anémonées. — Cette tribu comprend l'*Anémone des bois* ou *Sylvie*, l'*Anémone pulsatille* ou *Coquelourde*, *Thalictrum*, l'*Adonis*, etc. Les caractères des Anémonées les rapprochent des Clématidées, mais leurs feuilles sont alternes, comme chez toutes les autres Renonculacées. Comme chez les Clématidées, le calice est souvent pétaloïde ; les fruits sont des akènes plumeux.

Les *Anémones* et les *Adonis*, transportés des champs dans les parterres, ont fourni à l'horticulture un grand nombre de jolies variétés. Les Anémones possèdent des propriétés vireuses. On emploie dans la thérapeutique l'*Anémone pulsatille* (*Anemone pulsatilla*).

Renonculées. — Dans cette tribu, les pétales, au nombre de 5, sont pourvus d'un onglet court, portant une fossette nectarifère ; les fruits sont des akènes non plumeux.

Parmi les *Renoncules*, les unes vivent au sein des eaux, comme la *Renoncule aquatique* (*Ranunculus aquaticus*), à longue tige chargée de fleurs blanches ; les autres ont une existence terrestre, bien que plusieurs recherchent les endroits marécageux. Leurs fleurs sont généralement d'un jaune éclatant. Telles sont la *Douve* (*R lingua*), les *Renon-*

cules rampante, bulbeuse, champêtre, âcre et *scélérate* (*R. repens, bulbosus, arvensis, acris, sceleratus*), cinq espèces dont le suc possède les propriétés les plus énergiques. Cependant on cultive dans les jardins la *Renoncule âcre* sous le nom de *Bouton d'or* et la *Renoncule à feuilles d'Aconit* (*R. aconitifolius*), sous celui de *Bouton d'argent*. — La *Petite Chélidoine* ou *Petite Eclaire* (*Ficaria ranunculoides*), très voisine des Renoncules, est un peu moins âcre; les jardiniers l'utilisent comme bordure.

Helléborées. — Calice coloré. Corolle nulle, ou pétales très irréguliers. Pour fruits, des follicules, et non plus des akènes comme dans les groupes précédents. Cette tribu renferme les *Ellébores*, les *Aconits*, les *Dauphinelles*, etc.

Dans les *Ellébores*, les sépales, au nombre de 5, sont souvent pétaloïdes; les pétales sont transformés en petits tubes nectarifères. L'Ellébore avait, dans l'antiquité, la réputation de guérir la folie. On en possède en France plusieurs espèces : l'*Hellébore fétide* (*Helleborus fœtidus*), plante rustique à fleurs verdâtres, bordées d'une teinte vineuse; l'*Ellébore d'hiver* (*H. hyemalis*), à fleurs jaunes, et l'*Ellébore noir* (*H. niger*), à racine noirâtre et à grandes fleurs blanches; cette dernière espèce, cultivée dans les jardins, est souvent nommée *rose de Noël*, parce qu'elle fleurit dès la fin de décembre.

Dans les *Aconits*, le calice, coloré vivement, est très irré-

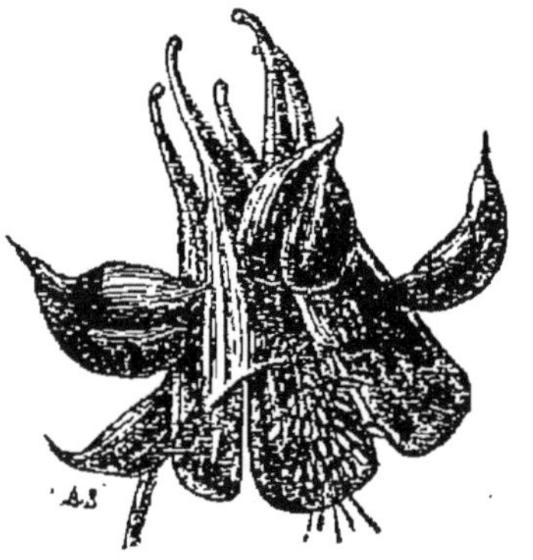

Fig. 95. — Fleur de l'Ancolie.

Fig. 96. — Fleur de l'Aconit.

gulier; le sépale supérieur a la forme d'un casque ou d'un

long cornet. Les pétales, très irréguliers, sont souvent peu visibles. La beauté des fleurs fait cultiver plusieurs espèces, entre autres l'*Aconit napel* (*Aconitum napellus*), la plus dangereuse de toutes; de là d'assez fréquents accidents.

L'*Ancolie* (*Aquilegia vulgaris*) se trouve dans les champs et dans les jardins. Ses pétales ont la forme d'une corne d'abondance.

A côté des Aconits se placent les *Nigelles*. La *Nigelle des Blés* (*N. arvensis*) est vireuse. Les graines de la *Nigella sativa* possèdent une saveur poivrée qui les fait employer comme assaisonnement sous le nom de *Toute Épice*. — Les *Dauphinelles* renferment un principe vireux très énergique; on cultive néanmoins le *Pied-d'Alouette* (*Delphinium Ajacis*) et la *Staphisaigre* (*D. staphisagria*). On se sert de la poudre obtenue des graines de la Staphisaigre pour détruire les insectes du cuir chevelu.

Pæoniées. — Très voisines des Elléborées, ces plantes ont également pour fruits des follicules ; mais le réceptacle est concave, contrairement à ce qu'on observe chez toutes les autres Renonculacées, dont le réceptacle est convexe.

Les *Pivoines* sont remarquables par l'éclat et la grande dimension de leurs fleurs ; on cultive l'espèce officinale (*Pæonia officinalis*) et la *Pivoine de la Chine* (*P. moutan*), cette dernière porte des fleurs odorantes.

FAMILLE DES AMPÉLIDÉES OU VINIFÈRES.

Caractères. — Arbrisseaux sarmenteux et grimpants, à feuilles alternes ; un certain nombre de rameaux transformés en vrilles; fleurs verdâtres ; calice court, entier ou légèrement denté ; corolle à quatre ou cinq pétales hypogynes, élargis à la base, réunis en coiffe au sommet ; quatre ou cinq étamines; ovaire libre ; un style très court ; pour fruit, une baie, dont la pulpe renferme plusieurs graines osseuses.

Espèces principales : la *Vigne* (*Vitis vinifera*), et la

Vigne vierge (*Ampelopsis quinquefolia*), cette dernière sans autre usage que de couvrir les berceaux dans les jardins.

De l'Asie, sa patrie originaire, la vigne descendit vers l'Europe, s'établit dans la Grèce et dans l'Italie, puis, de là, au Ier siècle de notre ère, sur le territoire de Marseille. Au IVe siècle, elle s'étendait jusque dans l'Armorique et couvrait les environs de Paris. Ce ne fut pas sans peine néanmoins que la Vigne acquit son droit de cité dans la Gaule. Une première fois, Dioclétien décréta son extirpation totale, et la fit partout arracher. Bientôt replantée par les légions de Probus, elle fut assujettie par le roi franc Chilpéric à des impôts qui équivalaient à une proscription. Charles IX, Henri III, Louis XV, inspirés par d'étroits systèmes économiques, restreignirent par tous les moyens la culture de la Vigne. Résistant à toutes les persécutions, cette culture occupe aujourd'hui la 27e partie du territoire de la France, 2 millions d'hectares environ, et, malgré les ravages du phylloxéra, produit encore, par année moyenne, près de 35 millions d'hectolitres. Nulle contrée d'Europe ne présente un développement en vignobles aussi considérable. Viennent ensuite l'Italie, avec une production de 27 millions d'hectolitres, et l'Espagne, avec 18 millions

La culture de la Vigne est répandue dans le midi, le sud-ouest, l'est et le centre de la France ; elle y utilise un sol souvent peu propre à d'autres cultures, et joint à cet avantage celui d'exiger peu d'engrais.

L'époque de la récolte est variable suivant les années et suivant le climat. Au midi de la France, le raisin est mûr avant la fin de juillet ; vers le nord, c'est à peine s'il atteint sa maturité dans le courant d'octobre. Dans bien des localités, on est contraint de vendanger avant la maturité absolue, afin d'éviter les pluies désastreuses de l'automne. Pour la fabrication des vins mousseux, comme pour celle des vins blancs secs, il est nécessaire d'employer des raisins qui ne soient pas trop mûrs. Au contraire, pour les vins liquoreux, on prend des raisins dont le séjour sur le cep a été prolongé au delà du temps nécessaire à la complète maturation. Plusieurs vignobles ne sont vendangés qu'en novembre, ou même en décembre.

CHAPITRE XIII

POLYPÉTALES HYPOGYNES (*Suite*).

FAMILLE DES GÉRANIACÉES.

Caractères. — Plantes à tige noueuse, articulée ; à feuilles diversement découpées ; calice à cinq divisions ou à cinq sépales ; corolle à cinq pétales ; *dix étamines, souvent en partie avortées ;* un style à cinq stigmates ; ovaire libre ; fruit à cinq loges, ressemblant à un bec de grue (*géranium* vient d'un mot grec qui signifie *grue*).

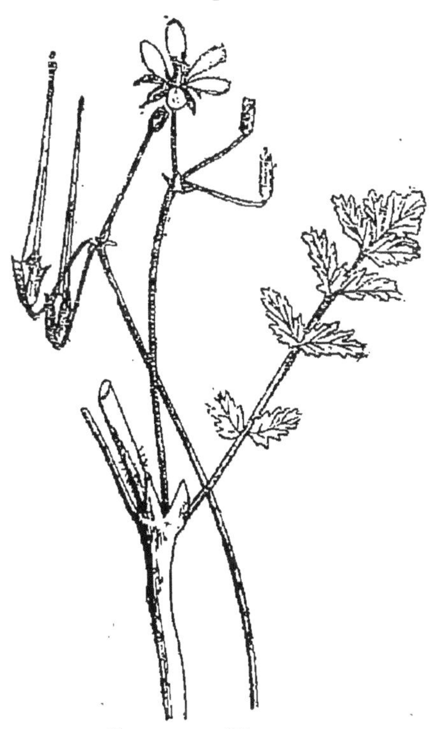

Fig. 97. — Géranium.

Espèces principales : les *Géraniums* et les *Pélargoniums.*

Les *Géraniums* que l'on rencontre dans nos campagnes sont tous herbacés et de petite taille ; tels sont les *Geranium robertianum, sanguineum, rotundifolium, dissectum,* etc. ; mais on cultive dans les jardins des espèces beaucoup plus grandes, et dont quelques-unes sont remarquables par l'éclat de leur couleur. Les fleurs du *Géranium rosat* renferment une huile essentielle que l'on emploie dans la parfumerie ; leur matière colorante sert à la composition d'un fard végétal. — Les *Pélargoniums*, originaires du cap de Bonne-Espérance, fournissent à l'horticulture un grand nombre de belles variétés.

La famille des Linées a été formée pour le genre *Linum* dont l'espèce la plus répandue est le *Lin cultivé* (*Linum usitatissimum*). Cette plante donne par le rouissage une filasse de beaucoup supérieure à celle du chanvre pour la fabrication des toiles fines. Les graines renferment une huile grasse, très employée dans l'industrie, et, de plus, un principe mucilagineux que la médecine utilise.

FAMILLE DES TERNSTRŒMIACÉES.

Cette famille comprend des espèces exotiques, dont une seul, l'arbre à Thé, présente pour nous une véritable importance.

L'*arbre à Thé* (*Thea sinensis*) n'est point encore acclimaté en dehors de l'Asie orientale. C'est du Japon, et surtout de la Chine, que viennent les immenses quantités nécessaires aux besoins de l'Europe. On partage généralement les thés en *thés verts* et *thés noirs*. Parmi les thés verts, on distingue les thés *hysson*, *schoulang*, *poudre à canon*, *impérial*, *tonkay*, ce dernier très inférieur ; parmi les thés noirs, les thés *pekoe*, *souchong*, *congo*, *bohéa*. Le *congo* et le *bohéa*. correspondent comme qualité au *tonkay*.

Il y a tout au plus deux cents ans que l'on a introduit le thé en Europe ; les Hollandais l'échangèrent d'abord poids pour poids avec les Japonais contre de la sauge. Actuellement, en Angleterre, en Russie, dans toute l'Amérique du Nord, le thé est devenu la boisson indispensable.

FAMILLE DES TILIACÉES.

Cette famille se rapproche par ses caractères botaniques de celle des Malvacées dont il va être question tout à l'heure. Nous n'avons à citer comme espèce indigène que le *Tilleul* (*Tilia europæa*) dont on distingue plusieurs variétés : le *Tilleul à petites feuilles* (*T. microphylla*), le *Tilleul à larges feuilles* ou *Tilleul de Hollande* (*T. platyphyllos*), le

Fig. 98. — Arbre à Thé.

Tilleul argenté (*T. argentea*). La première variété croît spontanément dans les bois; les deux autres sont cultivées comme arbres d'ornement. Le bois du Tilleul est tendre et léger ; on l'emploie pour la sculpture sur bois et la fabrication des instruments de musique. Le liber sert à confectionner des nattes, des cordes grossières. — Les fruits du *Bixa orellana* (Antilles) donnent la matière colorante appelée *roucou*.

FAMILLE DES MALVACÉES.

Caractères. — Herbes, arbrisseaux ou arbres à feuilles alternes, stipulées, très souvent velues; calice généralement double, l'intérieur à 3 ou 5 divisions; 3 à 5 pétales, libres ou soudés à leur base; étamines nombreuses, *monadelphes;* un ou plusieurs styles; plusieurs stigmates; pour fruit, plusieurs capsules réunies en forme d'anneau; *graines sans albumen.*

Espèces principales. — En laissant à cette famille l'extension que lui avait donnée A.-L. de Jussieu, nous citerons; la *Mauve*, la *Guimauve*, la *Rose trémière*, le *Cotonnier*, l'*Hibiscus*, le *Baobab*, le *Cacaoyer.*

On emploie dans la médecine, pour la confection des tisanes adoucissantes, les fleurs de différentes mauves (*Malva sylvestris*, *M. alcea*, *M. rotundifolia*). Dans l'antiquité, on mangeait les feuilles comme légume. — La racine de la Guimauve (*Althæa officinalis*) donne par décoction un suc mucilagineux dont les propriétés sont émollientes. — La *Rose trémière* (*A. rosea*), espèce très voisine de la Guimauve, est une de nos belles plantes de jardin; sa tige, couverte de fleurs, s'élève jusqu'à 2 ou 3 mètres.

Fig. 99. Gousse de coton.

Le *coton* est la bourre filamenteuse qui enveloppe les graines de plusieurs végétaux des genres *Gossypium* et *Bombax.* Les principales espèces fournissant cette précieuse matière sont : 1° le *Cotonnier herbacé* (*Gossypium herbaceum*), cultivé dans l'Inde, la Chine, l'Arabie, la Perse, l'Asie Mineure et plusieurs parties de l'Afrique ; 2° le *Cotonnier arbuste* (*G. religiosum*), et le *Cotonnier en arbre* (*G. arboreum*), tous deux particuliers à l'Inde ; 3° le *Bombax pentandrum*, arbre de l'Inde, dont la bourre, très courte, n'est guère utilisée que pour garnir les matelas ; 4° le *Cotonnier de Kiang-sou*, dont le coton, naturellement jaune, sert à la fabrication des étoffes dites *nankins;* 5° le *Cotonnier des Barbades* ou *Cotonnier des Indes occidentales* (*G. barbadense*), duquel dérivent les variétés de la Louisiane et de la Géorgie ; naturalisé depuis longtemps à l'île de la Réunion, ce Cotonnier a été transporté de là dans les Indes orientales ; 6° le *Cotonnier du Pérou* (*G. peruvianum*), qui fournit les cotons du Pérou, ceux de Pernambuc, de Maragnan et autres provenances du Brésil; 7° le *Bombax ceiba*, qui croît dans l'Amérique méridionale et qui donne un coton gris.

La culture du coton a été introduite en Algérie; la qualité est bonne, le rendement considérable ; mais la main-d'œuvre est trop chère dans ce pays pour qu'on puisse lutter sérieusement contre les produits de l'Inde et de l'Amérique.

Le genre *Hibiscus* présente des espèces dignes d'intérêt, entre autres l'*Hibiscus cannabinus* et l'*Hibiscus tiliaceus* (Inde et Sénégal), dont l'écorce fournit une filasse utilisée pour la confection des cordages et des tissus grossiers ; l'*Hibiscus abelmoschus*, dont les graines, désignées sous le nom d'*Ambrette* ou *Graines musquées*, répandent une odeur de musc très prononcée et sont employées par la parfumerie ; l'*Hibiscus esculentus* ou *Gombo*, dont le fruit mucilagineux se mange aux Antilles et dans le Levant, cette espèce est cultivée dans nos départements méridionaux.

Le *Baobab* (*Adansonia baobab*) est célèbre par les dimensions gigantesques de sa tige, qui dépasse parfois 30 mètres de circonférence, avec une hauteur de 6 à 7 mètres au plus. Adanson a trouvé au Sénégal des arbres de cette espèce âgés de plus de six mille ans. Les fruits, de la forme et de la grosseur d'une courge moyenne, renferment intérieurement une pulpe acidule et sucrée. On les nomme *pain de singe*. Le Baobab, originaire du Sénégal, a été transporté aux Antilles et en Amérique.

Le *Cacaoyer* (*Theobroma cacao*) est un arbre de 7 à 8 mètres de hauteur, dont les fruits, semblables à des concombres, contiennent une trentaine d'amandes grosses comme des olives et recouvertes d'une pellicule coriace. C'est avec ces amandes, dépouillées d'une partie de leur saveur âpre par une première fermentation, grillées ensuite dans une poêle de fer, puis pulvérisées et mélangées à une certaine quantité de sucre, que l'on fabrique le chocolat. On désigne dans le commerce les cacaos suivant leur provenance. Les plus rares sont les *Soconusco* du Mexique : viennent ensuite les *Caraques* de Vénézuéla, très fins et très recherchés; puis, les *Maragnan* et les *Para;* enfin, les *Cayenne* et les *Antilles*, qui sont les moins estimés.

Fig. 100. — Branche de Cacaoyer. a, fruit ouvert.

FAMILLE DES AURANTIACÉES

Caractères. — Fleurs régulières, soit solitaires, soit disposées en grappe ou en corymbe; calice monosépale très petit, à trois ou cinq divisions; trois ou cinq pétales oblongs; étamines nombreuses, quelquefois réunies en faisceaux; ovaire libre, glanduleux, multiloculaire; style unique et simple; pour fruit une hespéridie. Graine sans albumen, renfermant souvent plusieurs embryons.

Espèces principales : l'*Oranger* et le *Citronnier*.

L'*Oranger* (*Citrus aurantium*) et le *Citronnier* (*Citrus medica*) paraissent originaires de l'Inde; apportés de là en Égypte, ils passèrent en Italie, puis en Provence, au temps des croisades. Il est inutile de rappeler l'usage que l'on fait de leurs fruits, particulièrement de ceux de l'Oranger, dans les climats méridionaux ; la consommation en est presque aussi considérable que celle des pommes dans les climats du nord. Les fleurs servent à la préparation de l'*eau de fleur d'oranger*. L'espèce dite Cédratier fournit aux confiseurs les *cédrats*. Des fruits du Citronnier proprement dit, on retire l'*acide citrique*, dont l'emploi est devenu considérable dans l'industrie. L'écorce de ces mêmes fruits renferme une huile essentielle, l'*essence de citron*, utilisée pour enlever les taches. Le bois du Citronnier, dur, compact, susceptible d'un beau poli, mais dépourvu de veinures et sans couleur bien marquée, a pris place parmi les bois d'ébénisterie.

La famille des HIPPOCASTANÉES comprend, indépendamment de plusieurs espèces exotiques, un de nos plus beaux arbres de jardin, le *Marronnier d'Inde* (*Æsculus hippocastanum*), originaire de l'Asie et introduit en France, il y a deux siècles. Les fleurs du Marronnier d'Inde sont composées d'un calice à cinq lobes, de cinq pétales irréguliers, de sept étamines inégales, et d'un style. Les fruits sont des capsules coriaces, à trois valves, hérissées de pointes. Les feuilles sont palmées, très amples, à cinq ou sept folioles, lancéolées et dentées sur leur contour

La famille des ACÉRINÉES est constituée par le genre *Acer*, dans lequel on range les différentes espèces d'Érables, telles que l'*Érable champêtre* (*Acer campestre*), l'*Érable sycomore* (*A. pseudo-platanus*), l'*Érable plane* (*A. Platanoides*), l'*Erable à sucre* (*A. saccharinum*). Le bois de tous ces arbres est excellent pour le chauffage; il reçoit en outre dans l'industrie une foule d'applications.

CHAPITRE XIV

POLYPÉTALES HYPOGYNES (*Suite*).

FAMILLE DES NYMPHÉACÉES.

Caractères. — Plantes aquatiques à périanthe pétaloïde, formé d'un grand nombre de pièces; étamines très nombreuses; ovaire globuleux, à plusieurs loges contenant chacune plusieurs graines; stigmate sessile.

Espèces principales : le *Nénuphar*, le *Victoria regia.*

On distingue parmi les *Nénuphars :* le *Nénuphar blanc*

Fig. 101. — Nénuphar blanc.

(*Nymphea alba*), à pétales blancs et étamines jaunes, l'une de nos plus belles plantes aquatiques; le *Nénuphar jaune* (*N. lutea*), dont les pétales intérieurs sont d'un beau jaune, et les extérieurs verdâtres; le *Nelumbo*, qui habite l'Inde et l'Égypte, et qui est remarquable par ses grandes fleurs rose pourpre et très odorantes.

FAMILLE DES CARYOPHYLLÉES.

Caractères. — Plantes herbacées, à tige cylindrique, souvent pourvue de nœuds, à feuilles opposées et entières; calice à 4-5 sépales, libres ou soudés; corolle à 4-5 pétales, onguiculés; étamines en nombre égal à celui des pétales ou bien double; ovaire libre; 2-5 styles; pour fruit, généralement une capsule, rarement une baie.

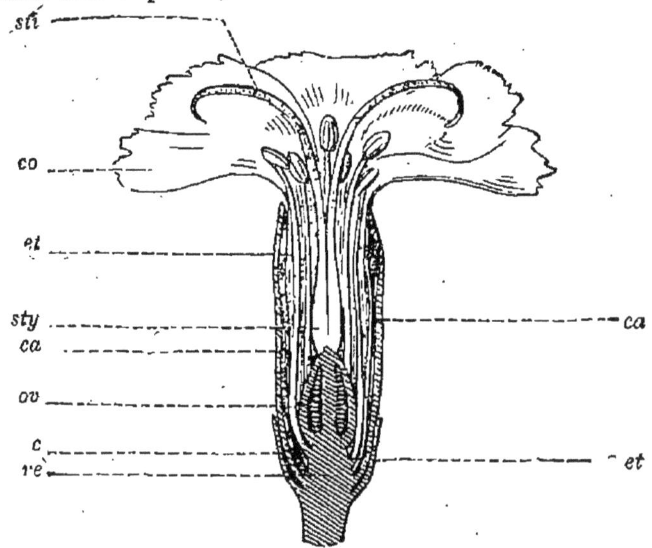

Fig. 102. — Coupe de la fleur de l'Œillet.

re, réceptacle. — *c*, calicule. — *ca*, calice. — *co*, corolle. — *ov*, ovaire. — *sty* style. — *sti*, stigmate.

Espèces principales: l'*Œillet*, la *Saponaire*, le *Lychnis*, le *Silène*, l'*Alsine*, la *Spargoute*, la *Stellaire*, le *Céraiste*, l'*Arénaire*.

Fig. 103. — fleur de l'Œillet; pétale isolé.

Sous le nom générique d'*Œillet*, on réunit plusieurs plantes cultivées dans les jardins, telles que l'*Œillet des fleuristes* (*Dianthus caryophyllus*), l'*Œillet des Chartreux*, (*D. Carthusianorum*), l'*Œillet des poètes* (*D. barbatus*), la *Mignardise* (*D. moschatus*). La plupart de ces espèces se rencontrent encore à l'état sauvage, mais avec des formes plus grêles, une odeur moins suave, des couleurs moins variées, moins éclatantes.

Nous prendrons pour type du genre *Dianthus* l'Œillet des Chartreux à l'état sauvage, alors qu'il n'est point, comme l'Œillet des jardins, devenu par la culture une monstruosité où les verticilles internes ont plus ou moins disparu au profit du nombre des pétales

L'Œillet des Chartreux est une petite plante à *souche* ou partie souterraine vivace, presque ligneuse, à *tige* dressée de 20 à 40 centimètres, lisse, sans rameaux, à *feuilles* linéaires, opposées, soudées à la base ; *fleurs* purpurines, terminales, réunies en glomérules de 2 à 8; 2 ou plusieurs *bractées* ; *calicule* écailleux; *calice* tubuleux, cylindrique, à 5 dents; *corolle* à 5 pétales; 10 *étamines* ; 1 *ovaire* ; 2 *styles* ; *fruit* capsulaire, s'ouvrant au sommet par quatre valves.

Fig. 104. — Nielle des blés.

La culture seule manque aux *Saponaires* pour qu'elles deviennent l'ornement des jardins.

Parmi les Lychnides on distingue la *Croix de Jérusalem* (*Lychnis chalcedonica*), le *Coucou* (*L. flos cuculi*), cultivés dans les jardins ; la *Nielle des blés* (*L. githago*), dont les graines, mélangées à celles du froment, donnent au pain une saveur très désagréable. On reconnaît cette plante tout d'abord à sa tige élancée, qui atteint presque un mètre et que couronne une belle fleu violette.

L'*Alsine* (*Alsine media*) est le Mouron des oiseaux. — La *Sagine* (*Sagina procumbens*) et la *Spargoute* (*Sperguta arvensis*) fournissent une bonne nourriture aux bestiaux. — Les genres *Stellaria*, *Arenaria*, *Silene*, *Cerastium*, n'offrent guère d'intérêt qu'au point de vue purement botanique.

FAMILLE DES VIOLARIÉES.

Caractères. — Fleurs irrégulières ; calice à cinq divisions ; corolle à cinq pétales inégaux, dont un prolongé souvent en éperon ; cinq étamines à filets très courts et à anthères agglutinées autour de l'ovaire ; ovaire supère, uniloculaire ; un style ; pour fruit, une capsule à nombreuses graines.

Espèces principales · la *Violette* (*Viola odorata*), et la

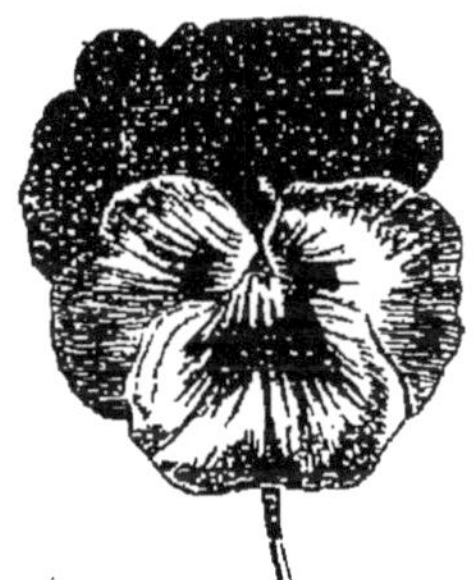

Fig. 105. — Viola tricolor.

Fig. 106. — Viola odorata.

Pensée (*Viola tricolor*). Les racines des Violariées renferment un principe émétique.

FAMILLE DES CRUCIFÈRES.

Caractères. — Les Crucifères forment une des familles les plus naturelles, le mieux caractérisées, les plus faciles à étudier du règne végétal ; ce sont des plantes herbacées à tige cylindrique, à feuilles alternes, simples, sans stipules, à fleurs dépourvues de bractées, assez généralement disposées en grappe ou en panicule ; quatre sépales en croix, caducs; quatre pétales également en croix; *six étamines tétradynames*, hypogynes; de petites glandes verdâtres entre les pétales et les étamines; ovaire formé de deux carpelles soudés; pour fruit, une silique ou une silicule. Nulle plante de cette famille n'est nuisible; plusieurs renferment un principe âcre qui leur donne des propriétés antiscorbutiques; un grand nombre sont cultivées pour servir à l'alimentation.

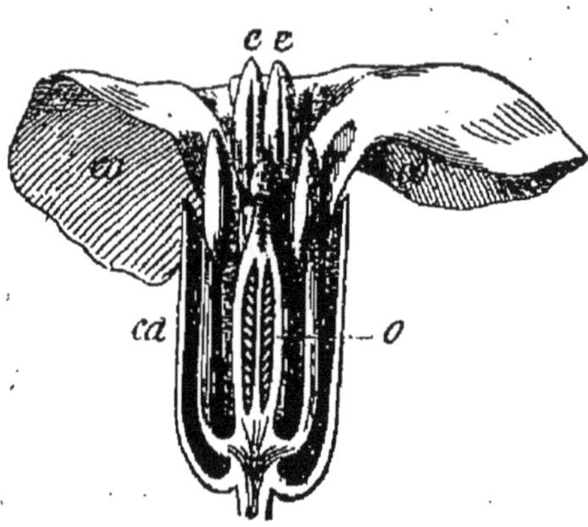

Fig, 107. — Coupe de la fleur de la Giroflée.

ca, calice. — *co*, corolle. — *ee*, étamines. — *o*, pistil, composé d'un ovaire à deux loges, d'un style court et d'un stigmate conique.

Espèces principales : le *Chou*, la *Rave*, le *Radis*, le *Navet*, le *Raifort*, la *Moutarde*, le *Cochléaria*, le *Cresson*, la *Cardamine*, le *Thlaspi*, le *Colza*, la *Navette*, la *Cameline*, le *Pastel*, la *Giroflée*, la *Julienne*, la *Corbeille d'or*.

Fig. 108. — Inflorescence du Colza.

Fig. 109. — Etamines tétradynames du Colza.

Le *Colza* (*Brassica oleifera*) est une plante que l'on

cultive en grand dans tout le nord de la France, et dont les graines fournissent une huile très employée pour l'éclairage domestique et pour le graissage des machines. La *racine* est pivotante, comme celle du navet, mais elle est sèche et mince, ce qui la distingue de la racine du navet qui est fusiforme et charnue. La *tige*, dans les individus qu'on rencontre à l'état sauvage, ne dépasse guère 40 à 50 centimètres; dans ceux qui proviennent des champs cultivés, elle atteint souvent un mètre et demi ; elle est droite, robuste, généralement ramifiée. Les *feuilles* diffèrent sensiblement dans leur forme et dans leurs dimensions, suivant qu'on examine celles du haut ou celles du bas de la tige. C'est un fait qui se produit dans un très grand nombre d'espèces et auquel il importe de faire attention. Les *fleurs* paraissent d'avril en juin; elles sont d'un jaune pâle. La *silique* offre les caractères communs aux siliques des Crucifères.

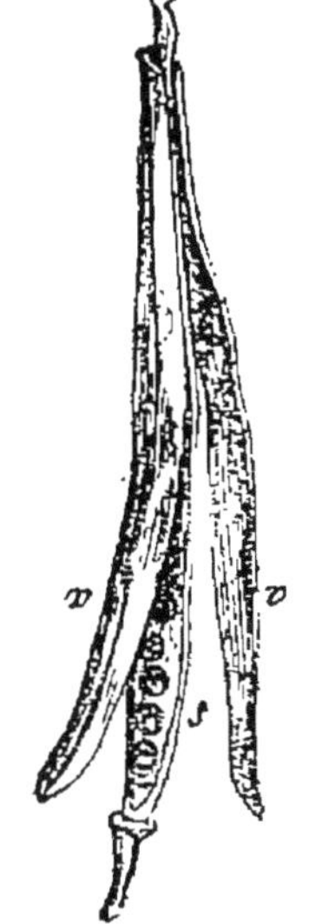

Fig. 110. Silique ouverte du Colza. *s*, cloison ; — *vv*, valves.

Le Colza n'est en somme qu'une variété du Chou (*Brassica oleracea*). Le *Chou* est un de nos plus anciens et de nos meilleurs légumes; il en existe aujourd'hui un nombre presque infini de variétés.

La *Rave* (*Brassica rapa*), le *Navet* (*B. napus*) entrent également dans l'alimentation de l'homme et dans celle des animaux domestiques. Le *Chou-Rave* ou *Rutabaga* (*B. campestris*) s'emploie particulièrement pour les bestiaux. — Le *Radis ordinaire* (*Raphanus sativus*) est plutôt un hors-d'œuvre qu'un véritable aliment. — Le *Raifort cultivé* (*R. niger*) possède une saveur beaucoup plus piquante.

La *Moutarde blanche* (*Sinapis alba*) est une plante herbacée, de 40 à 80 centimètres de hauteur, que l'on cultive en grand, pour la graine, dans certaines localités, et qui se rencontre assez fréquemment à l'état sauvage sur les terrains pierreux. La *tige*, poilue, est, en général, ramifiée supérieurement. Les *feuilles* sont toutes semblables et profondément découpées. Les *fleurs* sont jaunes. Le *fruit* présente, comme dans le Colza, deux valves, séparées par une cloison; mais l'extrémité libre se termine en forme de corne. Les *graines* sont jaunâtres et finement ponctuées. —

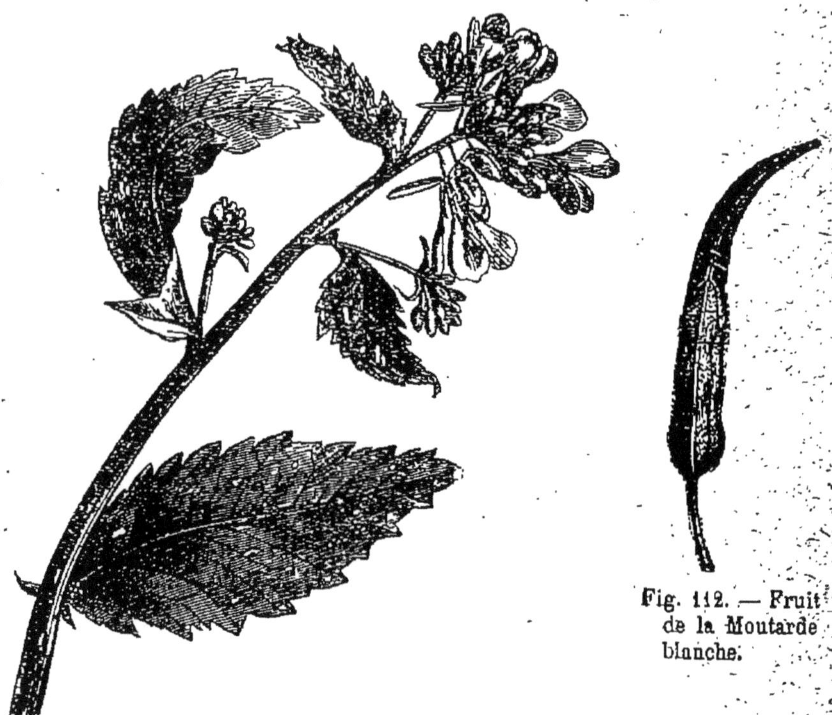

Fig. 112. — Fruit de la Moutarde blanche.

Fig. 111. — Moutarde blanche.

La Moutarde noire (*S. nigra*) se distingue de l'espèce précédente par de nombreux caractères dont la constatation exercera utilement la sagacité des élèves. Nous signalerons comme essentiels ceux que fournit le fruit. Le *fruit* de la Moutarde blanche s'écarte de la tige; il est velu et terminé par une longue corne; les graines, comme nous venons de le dire, sont jaunâtres. Le *fruit* de la Moutarde noire est serré contre l'axe de la tige; il est dépourvu de poils; sa corne terminale est très courte; les graines sont noires. On trouve partout la *Moutarde des champs* (*S. arvensis*), petite plante à fleurs jaunes, bon type d'étude pour la famille des Crucifères.

La *Giroflée jaune* (*Cheirantus cheiri*), la *Giroflée de*

Fig. 113. — Giroflée des jardins. Plante entière.
a, fragment de la tige et feuilles; — b, fleur; — c, fruit.

Mahon (*Hesperis maritima*), la *Julienne* (*H. matronalis*) la *Corbeille-d'Or* (*Alyssum saxatile*), n'offrent d'intérêt qu'au point de vue de l'horticulture. La *Giroflée jaune* se trouve très répandue. La variété spontanée qui pousse sur les rochers calcaires et sur les vieux murs a une *tige* presque ligneuse; ses *fleurs* sont plus petites que celles de la variété cultivée. On la désigne souvent sous le nom de *Giroflée des murailles*. La Giroflée jaune des jardins a la *tige* presque herbacée; ses *fleurs* sont grandes et se doublent facilement; elles présentent, du jaune au rouge, une grande variété de nuances.

Dans les deux variétés, la tige est rameuse; les fleurs sont disposées en grappes; la silique est longue, légèrement duvetée, sensiblement quadrangulaire; les graines sont aplaties et disposées sur un seul rang dans chaque loge.

Le *Cochléaria*) *Cochlearia draba*) est un excellent antiscorbutique. — Le *Grand Raifort* (*C. armoracea*) appartient au même genre et participe aux mêmes propriétés.

Le nom de *Cresson* est appliqué à différentes espèces de Crucifères, au *Sisymbrium nasturtium* ou *Cresson de fontaine*, au *Thlaspi sativum* ou *Cresson alénois* et à la *Cardamina pratensis* ou *Cresson des prés*. Ces plantes sont antiscorbutiques à un haut degré.

Le *Pastel* (*Isatis tinctoria*) renferme dans ses feuilles une matière colorante, très employée pour la teinture en bleu avant que l'on connût l'indigo de l'Inde.

CHAPITRE XV

POLYPÉTALES HYPOGYNES (*Suite*).

FAMILLE DES PAPAVÉRACÉES.

Caractères. — Plantes herbacées, à suc laiteux, à feuilles alternes; calice à deux sépales *caducs*; *quatre* pétales opposés; étamines libres, hypogynes, en *nombre indéfini;* ovaire supère; stigmates sessiles; capsule uniloculaire, à graines très nombreuses.

Fig. 114. — Coquelicot.

a, fleur en bouton. — *b*, fleur épanouie. — *c*, fruit.

Espèces principales : le *Pavot*, le *Coquelicot*, la *Grande Chélidoine.*

Le genre *Pavot* comprend les *Pavots proprement dits* et le *Coquelicot*. Les différentes parties de ces plantes, particulièrement la capsule, renferment des principes narcotiques, en assez forte proportion dans certaines variétés et dans certains climats, et qui donnent au suc solidifié ou *opium* les propriétés qu'on lui connaît; le Pavot dont on extrait l'opium est le *Papaver somniferum*.

La culture du *Papaver somniferum* a été entreprise dans nos provinces centrales et en Algérie; elle paraît avoir donné d'assez bons résultats. Les graines des différentes espèces de Pavots sont oléagineuses, exemptes de principes narcotiques. On en retire par expression à froid une excellente huile, connue dans le commerce sous la désignation d'huile d'*œillette*. Cette huile, dans le nord de la France, remplace l'huile d'olive pour tous ses usages. Les *tourteaux* ou résidus de la fabrication constituent un excellent aliment pour les animaux domestiques. On cultive dans les jardins comme plantes d'ornement plusieurs espèces de Pavots.

Le Coquelicot (*Papaver rheas*) se distingue du Pavot par sa *tige* et ses *feuilles* couvertes de poils, par ses *feuilles* profondément divisées, par ses *sépales* hérissés, par sa *capsule* conique: sa *fleur* est toujours rouge; sa *tige* est, d'ailleurs, moins vigoureuse que celle du Pavot.

La *Grande Chélidoine* ou *Éclaire* (*Chelidonium majus*), si commune le long des murs et parmi les décombres, renferme dans toutes ses parties un suc jaune très corrosif, Ses fruits allongés comme des siliques sont désignés sous le nom de capsules siliquiformes. Il en est de même des fruits du *Pavot cornu*, plante glabre, à fleurs jaunes, qu'on rencontre abondamment dans les sables de certaines plages.

FAMILLE DES FUMARIÉES.

La famille des Fumariées a des affinités nombreuses avec les Crucifères, mais les fleurs sont irrégulières. Voici la description botanique de la *Fumeterre*, petite plante qui peut donner une idée des caractères de cette famille commune.

Fumeterre officinale (*Fumaria officinalis*) : plante annuelle, à *tige* dressée, de 2 à 8 décimètres ; *feuilles* composées, à folioles dentées supérieurement ; *fleurs* nombreuses, disposées en grappe ; *calice* à deux sépales, ordinairement

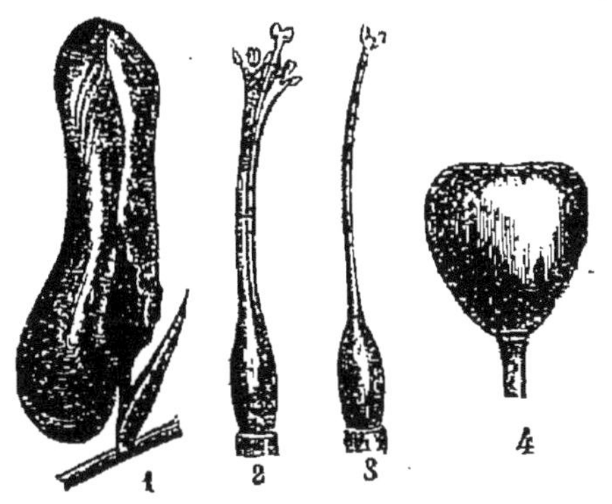

Fig. 115. — Fumeterre officinale.

1, fleur. — 2, étamines et pistil. — 3, pistil isolé. — 4, fruit.

dentés, d'apparence pétaloïde ; *corolle* à quatre pétales, dont un éperonné, les autres soudés par le sommet ; six *étamines*, diadelphes, hypogynes, c'est-à-dire insérées au-dessous de l'ovaire ; *ovaire* libre ; un *style ; stigmate* bilobé ; *fruit* sec, indéhiscent, uniloculaire, à une seule graine.

Citons encore parmi les Fumariées, les *Corydalis*, don les fruits sont allongés en silique, les fleurs jaunes, rarement blanches, et une plante d'ornement, le *Diclytra formosa*, à fleurs roses des plus agréables à l'œil.

CHAPITRE XVI

POLYPÉTALES PÉRIGYNES.

FAMILLE DES CUCURBITACÉES.

Caractères. — Plantes herbacées, à tige grimpante et couverte de poils rudes, à feuilles alternes, munies d'une

Fig. 116. — Melon ; fleur staminée entière.

Fig. 117. — Section de la fleur staminée.

Fig. 118. — Étamines.

vrille à leur aisselle. Fleurs généralement unisexuées, monoïques ou dïoiques; calice monosépale à cinq dents; corolle à cinq divisions, polypétale dans plusieurs espèces

Fig. 119. — Melon; fleur pistillée entière.

Fig. 120. — Section de la fleur pistillée.

(*Concombre*), gamopétale dans d'autres (*Potiron*); cinq étamines; ovaire *infère*, uniloculaire ou multiloculaire; un style trifide; pour fruit, une *péponide*.

Espèces principales : le *Melon*, le *Concombre*, la *Coloquinte*, les différentes espèces de *Courges* (*Potiron*, *Pastèque*, *Artichaut d'Espagne*, *Calebasse*, etc.), *la Momordique*, *la Bryone*.

Dans le *Melon* (*Cucumis melo*) la corolle est gamopétale; les étamines sont triadelphes avec des filets très courts; le pistil est rudimentaire et glanduliforme dans la fleur mâle.

Originaire de la Tartarie méridionale, le *Melon* fut importé d'Italie en France vers 1680, et l'une des variétés les plus estimées tire son nom de *Cantalupo*, maison de campagne des papes, aux environs de Rome, où elle fut d'abord cultivée. Indépendamment des *cantaloups*, à côtes saillantes, recouvertes d'excroissances, on peut citer les *maraîchers*, dont la surface présente des sortes de broderies, et les Melons d'hiver, improprement appelés *Melons d'eau*, à écorce lisse, ordinairement verte. — Le *Concombre* (*Cucumis sativus*) est également originaire de l'Asie. Les fruits, à l'état de maturité, fournissent un légume assez apprécié; cueillis très jeunes, confits dans le vinaigre, ils prennent le nom de *cornichons*. — La *Coloquinte* (*Cucumis colocynthis*) appartient au même genre, mais se distingue des espèces précédentes par l'amertume insupportable de son fruit. La pulpe desséchée de la Coloquinte est un purgatif très énergique.

La corolle de la *Citrouille* (*Cucurbita pepo*) est campanulée; la fleur mâle a quatre étamines diadelphes, un pistil rudimentaire; la fleur femelle a ses étamines avortées, réunies en anneau; le pistil a un style trifide, avec stigmates bilobés.

Le genre *Cucurbita* comprend : le *Potiron*, la *Citrouille*, le *Giraumont*, la *Pastèque*, l'*Artichaut d'Espagne*, la *Fausse-Orange*, la *Coloquinelle*, et quelques autres espèces de Courges, plus ou moins recherchées, à cause de la forme bizarre de leur fruit. La *Calebasse* fournit des gourdes aux voyageurs et aux jardiniers.

La *Momordique* (*Momordica elaterium*) est une plante rampante des contrées méridionales; ses fruits, au moindre contact, s'ouvrent et projettent avec force les semences et le jus visqueux et caustique qu'ils renferment. — La *Bryone* (*Bryonia dioica*) à tige grimpante, hérissée de poils rudes, à petites baies globuleuses d'un rouge vif, se trouve parmi les haies et les buissons; ses racines, grosses et succulentes, s'enfoncent profondément dans le sol.

Fig. 121. — Bryone.

On cultive en pleine terre deux variétés très propres à garnir les berceaux et les treillages, la *Grenadille incarnate* (*Passiflora incarnata*) et la *Grenadille à fleurs bleues* (*Passiflora cærulea*).

FAMILLE DES GROSSULARIÉES OU RIBÉSIACÉES

Caractères. — Calice monosépale à quatre ou cinq divisions; corolle à quatre ou cinq pétales; quatre ou cinq étamines libres; un style bifide; ovaire soudé avec le calice; baie globuleuse, à une loge et à plusieurs graines.

Espèces principales : le *Groseillier rouge*, le *Groseillier noir*, le *Groseillier épineux*.

Le *Groseillier rouge* (*Ribes rubrum*) doit son nom à la couleur de son fruit; il existe cependant des variétés blanches. — Les baies du *Groseillier noir* ou *Cassis* (*Ribes nigrum*) sont employées pour la confection d'une liqueur. Le *Groseillier épineux* (*Ribes grossularia*) se distingue par la grosseur de son fruit et par les épines qui hérissent sa tige. Le nom de *Groseillier à maquereau* donné souvent à cette dernière espèce lui vient par corruption de son ancien nom spécifique *Ribes macrocarpos* (*Groseillier à gros fruits*).

FAMILLE DES CACTÉES OU NOPALÉES.

Caractères. — Plantes à tige charnue, de forme souvent très bizarre, présentant, au lieu de rameaux, des pièces diversement articulées, ordinairement dépourvues de véri-

Fig. 122. — Cactus.

tables feuilles, assez fréquemment parsemées d'épines ; fleurs solitaires, quelquefois très éclatantes ; fruit charnu.

Les Cactées sont toutes originaires des régions tropicales. Quelques espèces sont cultivées dans nos serres pour la beauté de leurs fleurs ou la singularité de leur forme. Nous possédons en Afrique deux espèces précieuses à différents titres, l'*Opuntia vulgaris* et le *Cactus coccinilifer*.

L'*Opuntia vulgaris* a pour fruit la *figue de Barbarie*, aliment très sain et d'un goût très agréable, dont les Arabes et les Européens font une consommation énorme pendant la saison des chaleurs. — La Cochenille vit, comme on le sait, sur le *Cactus coccinilifer*.

FAMILLE DES RHAMNÉES.

Caractères. — Fleurs régulières; calice monosépale à quatre ou cinq divisions; pétales et étamines en même nombre; ovaire à plusieurs loges; fruit charnu.

Espèces principales : le *Nerprun*, le *Jujubier*.

Les *Nerpruns* sont nombreux. Plusieurs, comme l'*Alaterne* (*Rhamnus alaternus*), figurent dans la décoration des jardins. — Les baies du *Nerprun purgatif* (*Rhamnus catharticus*) sont employées pour la confection du *sirop de nerprun*. De ces mêmes baies on retire une couleur verte. L'écorce fournit une couleur jaune. — Les semences du *Nerprun des teinturiers* (*Rhamnus infectorius*) constituent ce que l'on appelle la *graine d'Avignon;* on en retire un jaune peu solide. — Le bois carbonisé du *Nerprun bourdaine* (*Rhamnus frangula*) est employé pour la confection de la poudre. Il en est de même de celui du *Fusain commun* (*Evonymus europæus*), grand arbrisseau d'une famille voisine, celle des Célastrinées. Le *Jujubier* (*Rhamnus ziziphus*), originaire de la Syrie, se cultive depuis longtemps en Italie, en Espagne, dans la France méridionale et sur tout le littoral algérien.

CHAPITRE XVII

POLYPÉTALES PÉRIGYNES (*Suite*).

FAMILLE DES OMBELLIFÈRES.

Caractères. — Plantes herbacées, à tige *fistuleuse*, à feuilles alternes, presque toujours profondément divisées;

fleurs très petites, *réunies en ombelle;* calice entier ou à cinq dents; cinq pétales, ordinairement infléchis en dedans; cinq étamines; ovaire à deux loges; deux styles divergents; pour fruit un *diakène* se séparant ordinairement à la maturité en deux akènes suspendus au sommet

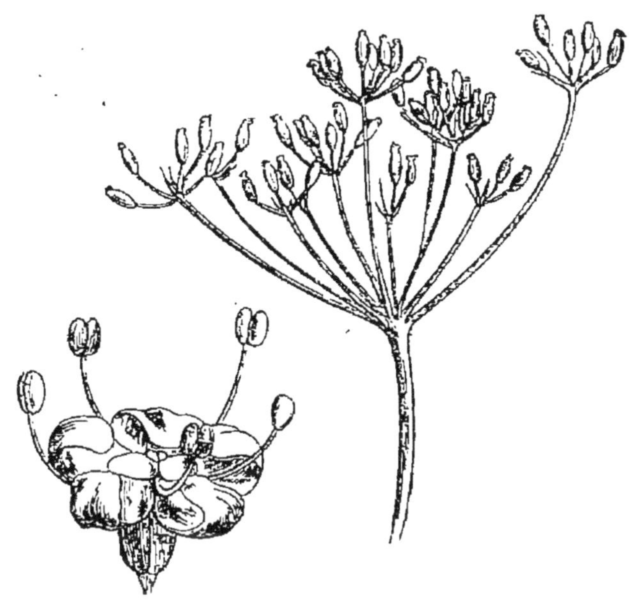

Fig. 123. — Fleur très grossie, inflorescence et fruit très grossi du Fenouil.

d'une colonne centrale, appelée *carpophore*. La surface des akènes est relevée de *côtes* longitudinales, plus ou moins saillantes suivant les genres et qui laissent entre elles des *vallécules* ou sillons parcourus par des canaux résineux désignés sous le nom de *bandelettes*. La graine possède un albumen *corné*.

Les Ombellifères constituent par leurs caractères botaniques, aussi bien que leurs propriétés, un groupe très naturel. La plupart renferment un principe vireux et un principe aromatique. Lorsque le premier prédomine, ces plantes deviennent des poisons et agissent avec d'autant plus d'énergie qu'elles habitent des climats plus chauds. La Ciguë, si dangereuse en France, se mange impunément en Russie. La culture peut affaiblir considérablement l'action du principe vireux chez les Ombellifères; c'est ainsi que le Céleri est devenu un légume dans nos jardins.

Espèces principales: le *Fenouil*, le *Cumin*, la *Coriandre*, l'*Anis*, le *Persil*, le *Céleri*, le *Cerfeuil*, le *Panais*, la *Carotte*, l'*Angélique*, la *Ciguë*, l'*Ethuse*, l'*Assa Fœtida.*

Le *Persil* (*Apium petroselinum*) entre dans tous nos assaisonnements; de sa graine, on retire une huile essentielle utilisée. — Le *Céleri* (*Apium graveolens*) porte à l'état sauvage le nom d'*Ache;* ses feuilles s'emploient alors pour aromatiser les potages. Cultivé, il donne des tiges longues, tendres, blanches, douées d'une saveur très aromatique. Le *Céleri-rave* est une variété à racine grosse et arrondie. — Le *Cerfeuil* (*Scandix sativum*) est encore un des auxiliaires indispensables de la cuisine.

Le *Panais* (*Pastinaca sativa*) se trouve surtout employé comme condiment; dans certains pays, on en fait des confitures. — La Carotte (*Daucus carotta*) figure parmi nos légumes les plus populaires. — L'*Angélique* (*Angelica archangelica*) est pour la confiserie l'objet d'une fabrication assez importante, centralisée aujourd'hui dans la ville de Niort.

Parmi les Ombellifères vireuses, nous avons à citer principalement cinq espèces: la *Grande Ciguë* (*Conium maculatum*), la *Ciguë vireuse* ou *Cicutaire aquatique* (*Cicutaria aquatica*), la *Petite Ciguë* ou *Faux Persil* (*Œthusa cynapium*), le *Fenouil* d'eau (*Œnanthe phellandrium*), enfin, l'*Œnanthe safranée* (*Œnanthe crocata*). Ces plantes sont d'autant plus dangereuses qu'elles sont susceptibles d'être confondues avec d'autres espèces tout à fait inoffensives. La *Petite Ciguë*, par exemple, présente une certaine analogie avec le Persil, et cette ressemblance a souvent causé de très graves accidents.

Diverses gommes-résines, l'*Assa Fœtida*, l'*Opoponax*, le *Galbanum*, etc., sont produits par des Ombellifères.

FAMILLE DES ARALIACÉES.

Les *Araliacées* sont des arbres, des arbrisseaux ou des herbes, qui, par la plupart de leurs caractères, tiennent aux

Ombellifères. Les fleurs sont disposées en ombelles ou en capitules ; mais le fruit, au lieu d'être un *diakène*, est un fruit *charnu* bacciforme. L'albumen est *corné*.

A cette famille appartient le *Lierre* (*Hedera helix*), dont le fruit est une sorte de baie à cinq loges, et diverses espèces exotiques utilisées comme plantes d'ornement.

FAMILLE DES TÉRÉBINTHACÉES.

La famille des Térébinthacées ne possède en France qu'un très petit nombre de représentants ; il serait inutile d'entrer dans le détail des caractères botaniques; mais nous devons mentionner les espèces intéressantes au point de vue des produits qu'elles fournissent, par exemple, les *Pistachiers*, les *Sumacs*, le *Manguier*, l'*Anacardium*, le *Stigmaria*, les *Amyris*, les *Boswellia*.

Le *Pistachier térébinthe* (*Pistacia terebinthus*) donne par incision une résine jaunâtre, la *térébenthine* de *Chio*, dont on fait une grande consommation dans tout l'Orient. — Le *Pistachier lentisque* (*Pistacia lentiscus*) laisse exsuder une résine dont la valeur est plus considérable ; c'est le *mastic*. Le Lentisque et le Térébinthe sont deux arbres de l'Europe méridionale et de l'Asie Mineure. — Le *Pistachier vrai* (*Pistacia vera*) réussit parfaitement dans le midi de la France. La pistache est la graine contenue dans une

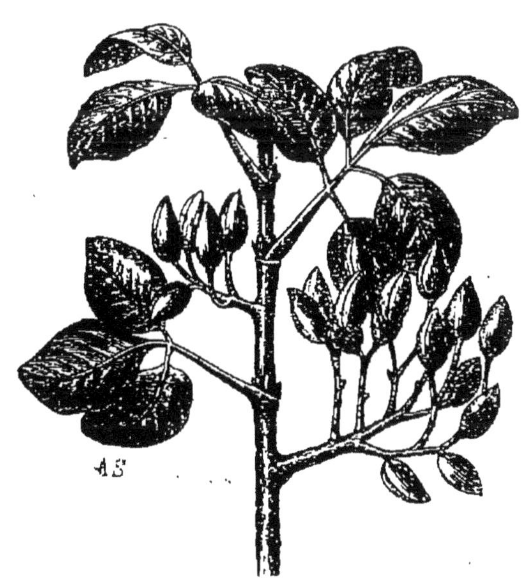

Fig. 124. — Pistachier.

drupe à parenchyme mince et de la grosseur d'une olive. — L'*Anacardium occidentale* (Amérique méridionale, Antilles) a pour fruit une sorte de noix, désignée très mal à propos sous le nom de *noix d'acajou*, et dont l'amande est bonne à manger, tandis que le péricarpe, pénétré d'une liqueur très corrosive, détermine, lorsqu'on le met en contact avec la peau du visage, une violente irritation. La *pomme d'acajou* est le réceptacle renflé et succulent qui porte la noix.

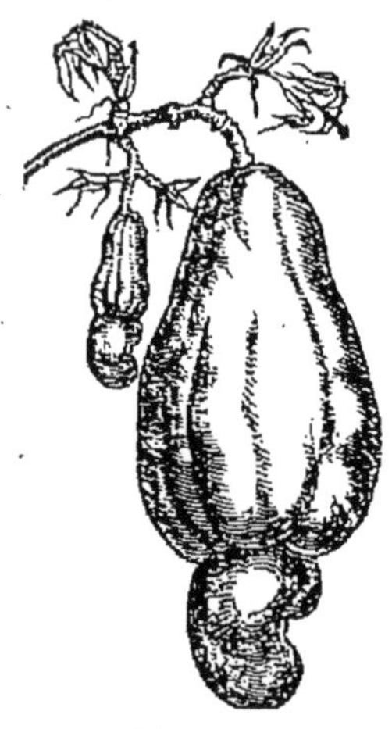

Fig. 125. Noix d'acajou.

On distingue différentes espèces de *Sumacs*. L'écorce et les feuilles, très riches en acide gallique, du *Sumac des corroyeurs* (*Rhus coriaria*), sont employées dans le midi de l'Europe pour la préparation des cuirs, particulièrement pour celle des maroquins. — Le *Sumac fustet* (*Rhus cotinus*, France méridionale) a des usages plus étendus; l'écorce sert au tannage; le bois agréablement veiné de jaune, de blanc et de vert, est recherché par les ébénistes et les luthiers; les racines fournissent une couleur jaune orange. — Le *Sumac copal* (*Rhus copallinum*) donne par incision une résine jaune et transparente, le *copal d'Amérique*. — Le *Sumac vernis* (*Rhus vernix*, Amérique du Nord, Japon) laisse exsuder un suc blanc qui noircit à l'air et devient un excellent vernis. — La laque rouge du Japon provient d'un arbre de la même famille, le *Stigmaria verniciflua*.

Le *baume de la Mecque* ou de *Judée* est une résine fluide que l'on obtient de l'*Amyris opobalsamum*, arbrisseau d'Arabie. — Une autre résine, la *myrrhe*, provient d'un autre arbrisseau des mêmes régions, l'*Amyris myrrha*. — Les *Boswellia* (Abyssinie et Arabie) fournissent l'*encens*, qui n'est autre chose non plus qu'une gomme résine.

FAMILLE DES CRASSULACÉES.

Reconnaissables à la nature de leur tige et de leurs feuilles, les quelques plantes de cette famille que nous possédons représentent les Cactées exotiques. — Espèces principales : la *Joubarbe* et l'*Orpin*.

La *Joubarbe des toits* (*Sempervivum tectorum*) recherche les toits de chaume, les vieux murs en ruine. Elle a des fleurs rougeâtres et des feuilles épaisses, disposées en rosette, dont la verdure est persistante. — On distingue

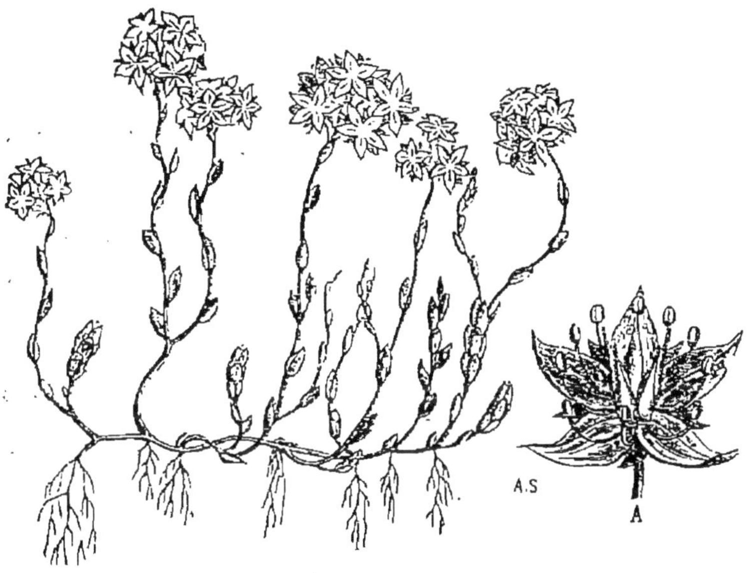

Fig. 126. — Sedum âcre; A, fleur isolée

plusieurs espèces d'*Orpin*, les unes à fleurs blanches ou roses, les autres à fleurs jaunes. Dans le premier groupe, on range le *Sédum Orpin* (*Sedum telephium*) qui doit à de prétendues propriétés astringentes le nom d'*Herbe à la coupure*, le *Petit Orpin* (*S. anacampseros*); dans le second, l'*Orpin brûlant* ou *Poivre de muraille* (*S. âcre*), dont la saveur est âcre et caustique.

CHAPITRE XVIII

POLYPÉTALES PÉRIGYNES (*Suite*).

FAMILLE DES LÉGUMINEUSES.

Caractères généraux. — Dans cette famille, le caractère constant est celui qu'offre le fruit, qui est toujours une *gousse* ou *légume*. Le calice est à 5 sépales souvent soudés à la base ; la corolle a 5 pétales libres, parfois irréguliers ; il existe en général 10 étamines.

Ce groupe comprend plus de 400 espèces ; c'est un des plus nombreux du règne végétal. On l'a divisé en tribus, dont les 3 principales se distinguent comme suit :

Fleur *papilionacée*; 10 étamines *diadelphes* : PAPILIONACÉES.

Fleur *presque régulière*; 10 étamines *libres* : CASSIÉES.

Fleur *régulière*; étamines *libres* en *nombre indéfini* : MIMOSÉES.

Tribu des Papilionacées.

On range dans cette tribu toutes les Légumineuses dont la corolle est papilionacée par conséquent le

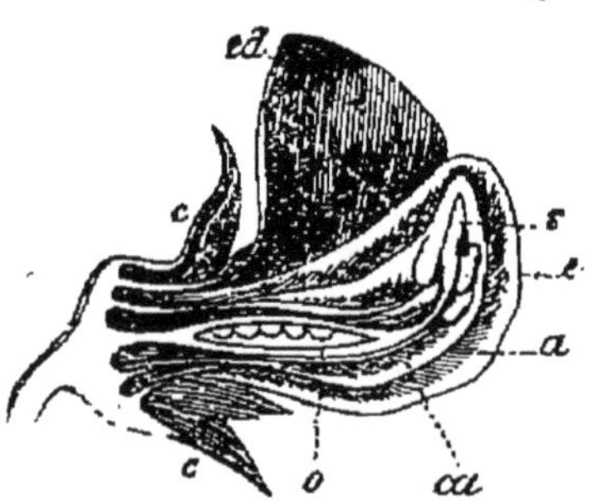

Fig. 127. — Pois de senteur ; coupe de la fleur et fruit ouvert.

cc, calice. — *o*, ovaire. — *s*, stigmate. — *e*, étamine. — *ed*, étendard. — *ca*, carène. — *a*, ailes.

plus grand nombre des espèces dont se compose le groupe.

On peut citer comme dignes d'intérêt : la *Luzerne*, le *Trèfle*, le *Sainfoin*, la *Gesse*, le *Pois*, le *Lupin*, le *Galéga*, la *Lentille*, le *Haricot*, la *Fève*, l'*Arachide*, l'*Ajonc*, le *Genêt*, le *Cytise*, l'*Arbre de Judée*, le *Faux Ebénier*, le *Sophora*, le *Faux Acacia*, le *Baguenaudier*, la *Glycine*, la *Réglisse*, l'*Indigotier*, le *Palissandre*. Nous donnerons la description botanique de deux espèces, le *Haricot*, et le *Trèfle*.

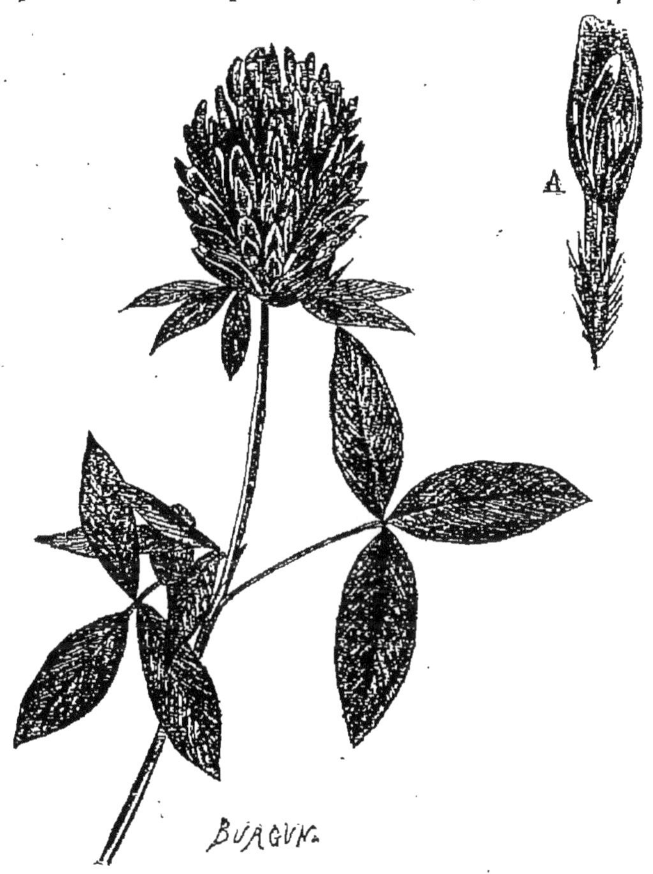

Fig. 128. — Trèfle. — A, fleur isolée.

Haricot cultivé (*Phaseolus vulgaris*) : plante herbacée annuelle ; *tige* ordinairement grimpante et volubile, presque lisse ; *feuilles* à folioles rudes ; *fleurs* blanches ou violacées, portées sur des pédoncules plus courts que les feuilles ; *bractées* courtes ; *calice* à deux lèvres, la supérieure à 2, l'inférieure à 3 divisions ; *corolle* papilionacée, à étendard réfléchi en arrière; carène contournée en spirale avec le style et les étamines; 10 *étamines*, réunies par leur partie inférieure, sauf une qui est libre. 1 *style*; pour *fruit*, une gousse blanche, rouge, violette ou panachée, comprimée, très allongée, souvent arquée, pendante, terminée en bec aigu, renfermant plusieurs graines de couleur variable.

Fig. 129. — Luzerne.

Trèfle commun (*Trifolium pratense*) : plante herbacée vivace, à *souche* gazonnante, à *racine* pivotante, mais moins longue que celle de la Luzerne; *tige* de 3 à 6 décimètres, ascendante, légèrement pubescente; *feuilles* stipulées, à trois folioles; *fleurs* généralement roses ou purpurines, à pédicelles à peine distincts, disposées en capitule presque globuleux; *calice* velu, à 5 divisions filiformes; *corolle* papilionacée, persistante; 10 *étamines*, diadelphes; 1 *style*; pour *fruit*, un légume droit, généralement à une seule graine.

La *Luzerne*, le *Trèfle*, le *Sainfoin*, sont des plantes fourragères, que l'on cultive en prairies artificielles, et qui, par leurs propriétés améliorantes, occupent une grande place dans toutes les exploitations. La *Luzerne cultivée* (*Medicago sativa*) tient dans nos provinces méridionales la même place que le Trèfle dans celles du nord. — La *Luzerne lupuline* (*M. lupulina*) est une plante bisannuelle, à fleurs jaunes réunies en épis, dont la culture est actuellement très répandue dans le centre et le nord de la France.

Le *Sainfoin commun* (*Onobrychis sativa*) se maintient plus longtemps que le Trèfle, mais bien moins que la Luzerne. C'est le fourrage qui convient le mieux pour les terrains secs et calcaires.

Fig. 130. — Sainfoin.

Le *Sainfoin oscillant* du Bengale (*Hedysarum gyrans*) est remarquable par les mouvements continuels qu'exécutent ses folioles. On trouve, du reste, fréquemment dans la famille des Légumineuses des exemples de mouvement et d'irritabilité. La nuit, les folioles d'un grand nombre d'espèces se rapprochent, pour reprendre ensuite leur position première lorsque reparaît la lumière du soleil.

Les *Pois* (*Pisum sativum*), les *Lentilles* (*Ervum lens*), les *Haricots* (*Phaseolus vulgaris*), les *Fèves* (*Vicia faba*), constituent un groupe de plantes alimentaires très important.

La *Gesse odorante* (*Lathyrus odoratus*), originaire de Ceylan, figure dans l'ornementation des jardins sous le nom de *Pois de senteur*.

Parmi les *Genêts*, nous citerons : le *Genêt à balai* (*Sarothamnus scoparius*), arbrisseau qui croît spontanément dans les bois, les bruyères, les lieux incultes ; le *Genêt d'Espagne* (*Genista juncea*), à fleurs jaunes odorantes, cultivé dans le midi de la France pour la filasse que l'on en retire par le rouissage; le *Genêt des teinturiers* ou *Genestrolle* (*Genista tinctoria*), à fleurs jaunes également, et qui fournit aux teinturiers une couleur solide.

L'*Arbre de Judée* (*Cercis siliquastrum*) est remarquable par la précocité de sa floraison. Dès les premiers jours du printemps, et plusieurs semaines avant l'apparition des feuilles, il commence à se couvrir d'une multitude de fleurs purpurines, disposées en bouquets tout le long des rameaux, sur le tronc même. — Les *Cytises* fournissent à l'horticulture diverses espèces d'ornement, telles que le *Faux ébénier* (*Cytisus laburnum*), bel arbre à fleurs jaunes odorantes, dont le bois très dur et très compact s'emploie dans l'ébénisterie. — Le *Baguenaudier* (*Colutea arborescens*) a des gousses gonflées d'air. — Les *Glycines* contribuent, comme les espèces précédentes, à la décoration des jardins.

Les *Robinia*, vulgairement *Acacia*, ne doivent pas être confondus avec les Acacia vrais, lesquels appartiennent à la tribu des Mimosées. Le *Robinia pseudo-acacia* porte de belles fleurs blanches, très odorantes, disposées en grappes allongées. C'est un des arbres que l'on plante le plus fréquemment dans les promenades publiques. — La *Réglisse* (*Glycyrhiza glabra*) possède une tige souterraine très allongée, dont on extrait un suc adoucissant. On cultive principalement cette plante dans le midi de l'Europe. — Les espèces exotiques du genre *Astragale* fournissent la gomme adragante, employée dans la pharmacie.

L'*Arachide* (*Arachis hypogea*), plante herbacée très répandue dans toutes les régions chaudes de l'ancien et du nouveau continent, doit le nom de *Pistachier de terre* à la singulière évolution de ses graines, qui, dès la fin de la floraison, se recourbent vers le sol, s'y enfoncent et complètent leur développement à plusieurs centimètres de la surface. Ces graines ont la grosseur d'une noisette; leur saveur est agréable; on en retire beaucoup de matière huileuse.

Le *Palissandre*, bois d'ébénisterie remarquable par sa dureté et par ses belles veines foncées, est fourni par une papilionacée exotique du genre *Dalbergia*.

L'*Indigotier* (*Indigofera tinctoria*), originaire de l'Inde, actuellement cultivé aux Antilles et dans toutes les parties chaudes de l'Amérique, est un arbuste d'environ un mètre de hauteur, d'un aspect très agréable, dont les fleurs ont les ailes rouges, la carène bleue, et dont les gousses, en forme de faux, sont couvertes de poils argentés. L'indigo le plus estimé dans le commerce est celui du Bengale.

Tribu des Cassiées

Les plantes qui composent cette tribu sont presque toutes exotiques. Nous avons dit en quoi elles diffèrent des Papilionacées. Parmi les produits que fournissent les Cassiées, nous citerons : les bois de Fernambouc, du Brésil, de sapan, de campêche, de santal rouge; le bois de fer, le sang-dragon, le séné, la casse, le tamarin, la caroube, les baumes du Pérou et de Tolu.

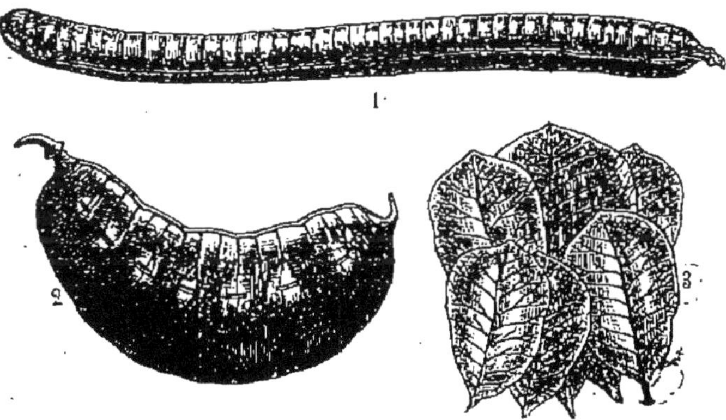

Fig. 131. — 1. Bâton de casse. — 2 et 3. Follicule et folioles de Séné.

Les bois du Brésil, de Fernambouc, de Sapan sont employés pour la teinture en rouge. Ils sont désignés dans le commerce sous le nom des pays d'où on les tire habituellement. Le campêche ou bois d'Inde nous est apporté des Antilles et de l'Amérique du Sud en bûches rouges, qui deviennent noires quand on les coupe. — Le bois de fer doit son nom à son extrême dureté. C'est un bois de charpente et d'ébénisterie; il vient de l'Amérique. — La résine de sang-dragon, autrefois employée dans la médecine, ne sert plus guère actuellement qu'à la confection des vernis et des poudres dentifrices. On l'obtient du *Pterocarpus draco*, grand arbre de l'Inde et de l'Amérique.

Sous le nom de *follicules de Séné*, on fait un grand usage, comme purgatif, des fruits séchés des *Cassia lanceolata*, *obovata*, etc., petits arbustes qui croissent spontanément en Egypte, en Syrie et en Arabie. — La *casse* est le fruit du *Canéficier* (*Cassia fistula*), bel arbre originaire de l'Egypte et de l'Inde, aujourd'hui naturalisé en Amérique et dans les Antilles. La gousse, noire, cylindrique, longue de 30 à 40 centimètres, porte le nom de *bâton de casse;* la pulpe intérieure, celui de *casse*. Cette substance est employée comme purgatif. — Le *tamarin* est la pulpe des fruits du *Tamarinier* (*Tamarindus indica*), grand arbre des parties chaudes de l'ancien continent. — La *caroube* est le fruit du *Caroubier* (*Ceratonia siliqua*). Cet arbre, haut de 7 à 8 mètres, croît spontanément en Italie, en Espagne, dans le midi de la France, en Corse, en Algérie. Ses gousses, remplies d'une pulpe sucrée, sont utilisées pour l'alimentation.

Le *baume de Tolu* et le *baume du Pérou* sont deux résines extraites par incision, l'une du *Myroxylon toluiferum*, l'autre du *Myroxylon peruiferum* (Amérique du Sud).

Tribu des Mimosées.

Les Mimosées, à l'exception d'une ou deux espèces, sont toutes exotiques. Un grand nombre de Mimosa sont aujourd'hui très recherchés pour leurs fleurs très odorantes et très précoces.

Le *Mimosa pudica*, vulgairement *Sensitive*, est, de tous les végétaux, celui qui donne les preuves les plus remarquables de sensibilité et de mobilité. Ses folioles, largement épanouies sous l'influence directe d'un beau soleil, se rapprochent aussitôt qu'un nuage obscurcit le ciel. Elles se contractent à l'approche de la main, à plus forte raison lorsqu'on les touche. Les anesthésiques, tels que le chloroforme, l'éther, agissent sur la Sensitive d'une manière très énergique et anéantissent son irritabilité; en l'arrosant avec une solution d'opium, on la plonge dans un véritable sommeil. Il n'est point très difficile de se procurer des Sensitives et de les conserver dans les serres ou même dans les appartements. On peut ainsi répéter une foule d'expériences intéressantes.

Diverses espèces d'Acacia (A. *Arabica, vera, senegalensis*) fournissent la gomme arabique.

Le *cachou* est l'extrait très riche en tanin que l'on prépare avec les fruits verts et la partie centrale du bois de l'*Acacia catechu*, grand arbre des Indes Orientales. Un Palmier, l'*Areca catechu*, fournit un extrait analogue et désigné sous le même nom.

De l'*Hymenœa verrucosa*, on retire par incision la résine *copal*, très utile pour la confection des vernis ; de l'*Hymenœa courbaril*, la résine *animé*, qui sert aux mêmes usages;

CHAPITRE XIX

POLYPÉTALES PÉRIGYNES (*Suite*).

FAMILLE DES ROSACÉES.

Par leurs caractères généraux, les Rosacées peuvent être dites des *Renonculacées à réceptacle concave et à feuilles stipulées*.

Ce groupe très naturel comprend des herbes, des arbrisseaux et des arbres à *feuilles* alternes, à *inflorescence* variable; les *fleurs*, régulières, à 5 divisions, constituent un type floral, le type rotacé, à préfloraison quinconciale. Les *étamines* sont en nombre indéfini ; les carpelles nombreux, ou solitaires par avortement, donnent des fruits assez variables, qui ont servi à la division en tribus. — Parmi les tribus les plus importantes, nous citerons :

Les *Amygdalées*, dont les fruits sont des *drupes;*

Les *Dryadées*, dont les fruits sont des *akènes* ou de *drupes*, réunis sur un réceptacle convexe;

Les *Rosées*, dont les fruits sont des *akènes;*

Les *Pomacées*, dont les fruits sont des *pommes;*

Les *Spiréacées*, dont les fruits sont des *follicules.*

Tribu des Amygdalées.

Caractères. — Ovaire simple, libre, surmonté d'un seul style ; fruit drupacé.

Espèces principales : l'*Amandier*, le *Pêcher*, l'*Abricotier*, le *Prunier*, le *Cerisier*, le *Merisier*, le *Laurier-cerise.*

L'*Amandier* (*Amygdalus communis*), originaire de l'Orient, est un arbre peu élevé, chez lequel les fleurs viennent presque en même temps que les feuilles. Les *feuilles* sont elliptiques, lancéoles, lisses, dentées. Les *fleurs* sont blanches ou rosées. Le *fruit*, oblong comprimé, charnu coriace, reste vert à la maturité et porte un duvet adhérent. L'espèce de brou qui entoure le noyau n'a que très peu d'épaisseur ; le *noyau* est oblong ; sa surface porte des vermiculations. Dans certaines variétés, la *graine* est douce ; dans d'autres elle est amère.

Le Pêcher (*Amygdalus Persica*) est un arbre ou arbrisseau peu élevé, très voisin de l'Amandier par les caractères botaniques. Les *feuilles* sont lisses, lancéolées, dentées; les *fleurs*, d'un rose vif, paraissent avant les feuilles; elles donnent naissance à des *fruits* d'un vert jaunâtre ou rougeâtre, ordinairement d'un rouge vif sur l'une de leurs faces, globuleux, très succulents, plus ou moins veloutés, à duvet non adhérent; *noyau* ovoïde, très rugueux, à anfractuosités profondes ; *graine* amère, renfermant des principes dangereux.

Originaire de l'Ethiopie, le pêcher passa de là en Perse, d'où les Romains l'apportèrent en Italie, sous le règne de Claude. Dans le Midi, le pêcher se cultive *en plein vent;* dans le Nord, il ne réussit qu'à la condition d'être appliqué contre des murs chaudement exposés. Parmi les variétés de pêches, on distingue les *pêches proprement dites*, à peau couverte d'un fin duvet, à chair fondante, quittant aisément le noyau; les *pavies*, à peau duveteuse également, mais dont la chair résistante adhère au noyau ; les *brugnons*, dont la peau est lisse et dont la chair est ferme et adhérente.

L'Abricotier (*Prunus armeniaca*) vient d'Arménie; c'est un arbre peu élevé, qui porte toujours des fleurs avant les feuilles. Les *feuilles* sont ovales, dentées, luisantes, lisses, coriaces: les *fleurs* sont blanches, et leur *pistil* donne naissance à un *fruit* volumineux.

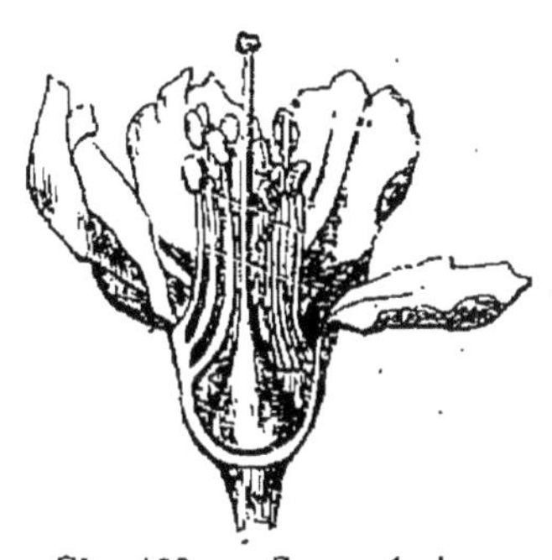

Fig. 132. — Coupe de la fleur de l'Abricotier.

Le *Prunier domestique* (*Prunus domestica*) a été introduit en France du temps des croisades; mais nous possédions déjà le *Prunier sauvage* (*Prunus insititia*), à petits fruits bleuâtres, à saveur douce plus ou moins sucrée, et le *Prunellier* (*Prunus spinosa*), dont les fruits, d'abord très acerbes, deviennent mangeables après les premières gelées. On distingue parmi les Pruniers cultivés un très grand nombre de variétés. Le bois du Prunier s'emploie pour certains ouvrages d'ébénisterie. On utilise, sous la dénomination de *gomme de pays*, la gomme qui découle de l'arbre.

Le Cerisier (*Cerasus vulgaris*) a été apporté par Lucullus de Cérasonte, ville du royaume de Pont. Mais il existait déjà à cette époque en Europe le *Merisier* (*Cerasus avium*). Ces deux espèces ont donné naissance à toutes les variétés actuellement cultivées, variétés qui peuvent se rapporter à quatre types : la *cerise proprement dite*, la *guigne*, le *bigarreau* et la *merise*. Les cerises entrent sous toutes sortes de formes dans l'alimentation. La gomme du Cerisier figure à côté de celle du Prunier comme *gomme du pays*.

Tribu des Dryadées.

Caractères. — Le fruit consiste en petits akènes ou parfois en petites drupes, réunis en assez grand nombre sur le réceptacle convexe.

Espèces principales : la *Ronce*, le *Framboisier*, le *Fraisier*, la *Benoîte*, la *Potentille*, la *Tormentille*, la *Quintefeuille* et l'*Aigremoine*. Les cinq dernières n'offrent d'intérêt que comme plantes médicinales.

On désigne sous le nom de *Ronces* (*Rubus fruticosus*, *cœsius*, etc.) un certain nombre de plantes à tige ligneuse, rampante, généralement armée d'aiguillons, très communes sur le bord des routes et parmi les broussailles. Leurs fruits, dont la couleur varie du rouge au noir, suivant l'état de maturation, possèdent une saveur aigrelette. Le nom de *mûres* pourrait les faire confondre avec le fruit du Mûrier. — Le *Framboisier* (*Rubus idœus*) n'est qu'une espèce de ronce. C'est un arbrisseau de 1 à 2 mètres, à *tige* dressée, à *rameaux* arqués, couvert d'aiguillons faibles et droits, à *feuilles* composées de 3 à 5 folioles, duveteuses et comme argentées en dessous. Les *fleurs* sont blanches. Le *calice* est composé de 5 pièces réunies par la base ; la *corolle*, de 5 pièces également. Les fruits sont de petites drupes ovoïdes, succulentes, réunies ensemble pour former un *fruit* généralement rouge, quelquefois blanc, auquel le calice sert de collerette.

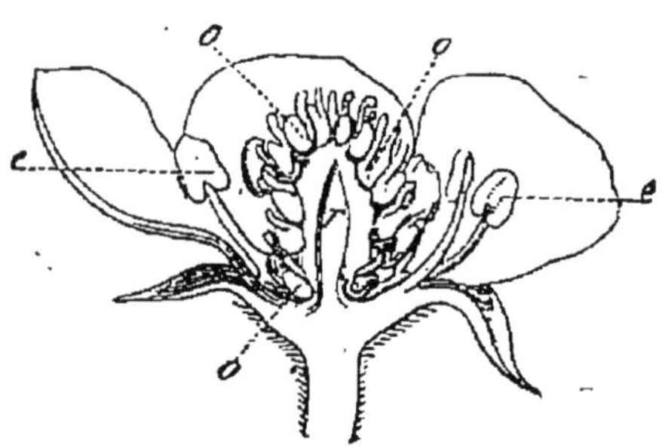

Fig. 133. — Coupe de la fleur du Fraisier.

o, o, o, pistils. — r, réceptacle. — e, e, e, étamines.

Le Fraisier n'est pas un arbuste ; c'est une humble plante herbacée, vivace par ses racines, mais perdant chaque année la partie aérienne de sa tige. Cette *tige*, très courte, émet, pendant sa période de vitalité, des prolongements filiformes, les *coulants* des jardiniers, qui courent sur le sol, s'y enracinent et constituent pour la plante un excellent moyen de propagation. Les *feuilles* naissent pour la plupart de la souche même ; elles se composent de 3 folioles oblongues et sont duveteuses et blanchâtres en dessous. La *fleur* est blanche. Le *calice*, à 5 divisions, est muni d'une sorte de second calice extérieur, également à 5 divisions. La *corolle* se compose de 5 pièces.

Les fruits sont des *akènes* espacés sur un réceptacle convexe, très développé, charnu et succulent à maturité ; après la floraison, il reste de la fleur le réceptacle, qui est notre fraise comestible, avec les petits akènes disséminés à la surface.

Fig. 134. — Fraise.

Tribu des Rosées

Caractères. — Akènes nombreux, enfermés dans un réceptacle profondément concave. Le fruit composé reçoit le nom de *cynorrhodon.*

Espèces principales : l'*Eglantier*, le *Rosier*.

L'*Églantier sauvage* (*Rosa canina*) se rencontre communément sur la lisière des bois taillis ; sa tige et ses branches sont couvertes d'aiguillons recourbés ; sa fleur se compose de cinq pétales d'un blanc lavé de rose ; elle s'ouvre en mai ; le fruit, d'une couleur rouge foncé, mûrit en septembre ; — L'*Églantier odorant* (*Rosa rubiginosa*) se plaît dans les localités arides ; il se reconnaît à l'odeur de pomme de reinette que répandent les feuilles, couvertes de petites aspérités rougeâtres ; la fleur est d'un rose vif. — Le *Rosier églantier* (*Rosa eglan-*

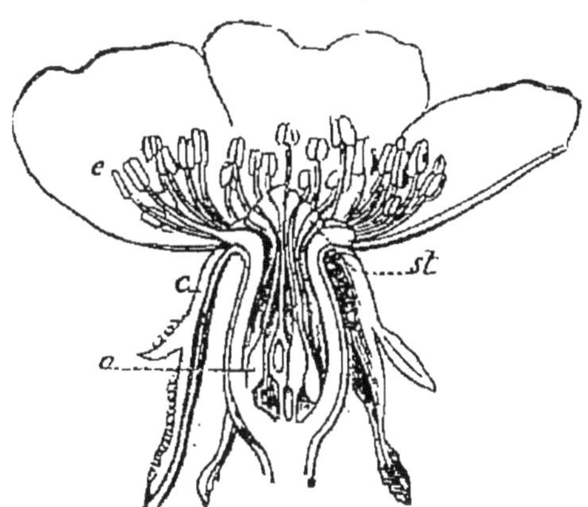

Fig. 135. — Coupe de la fleur de l'Églantier. c, calice. — o, carpelles. — st, stigmates. — e, étamines.

teria), à fleurs simples comme les espèces précédentes, se fait remarquer par la belle couleur jaune de ses pétales; dans une variété, cette couleur passe au rouge écarlate. — On peut rapprocher des Églantiers proprement dits les différentes espèces agrestes désignées sous les noms botaniques de *Rosa arvensis* (fleurs blanches), *Rosa tomentosa* (fleurs roses), *Rosa pimpinellifolia* (fleurs blanches avec teinte jaune à l'onglet). — Le Rosier de Provins (*Rosa gallica*) porte à l'état sauvage des fleurs simples, peu odorantes, d'un beau rouge cramoisi.

Tribu des Pomacées.

Caractères. — Le fruit est une *pomme*.

Espèces principales :

1° Le fruit est une pomme à osselets : *Néflier, Alizier, Azérolier, Aubépine.*

2° Le fruit est une pomme à pepins, à une ou deux graines dans chaque loge : *Poirier, Pommier, Sorbier;* à dix ou quinze graines dans chaque loge : *Cognassier.*

Le *Néflier* (*Mespilus germanica*) croît à l'état sauvage dans les forêts du nord et du centre de l'Europe. Son fruit, très acerbe lorsqu'on vient de le cueillir, acquiert, en s'altérant par une conservation de plusieurs mois, une saveur assez agréable. Le bois du Néflier est d'un grain fin, mais il présente l'inconvénient de se fendiller. — Les diverses espèces d'*Alisier*, au contraire, *Alisier blanc* (*Cratægus aria*), *Alisier de Fontainebleau* (*Cratægus latifolia*), *Alisier des bois* (*Cratægus torminalis*), fournissent un excellent bois, très dur, très serré, facile à teindre et à polir. Leurs fruits, assez voisins des nèfles, entrent comme elles dans la composition d'une espèce de cidre. — L'*Azérolier* (*Cratægus azarolus*) appartient aux climats méditerranéens. Il donne un fruit d'une saveur aigrelette. — L'*Aubépine* ou *Épine blanche* (*Cratægus oxyacantha*) croît sans culture dans les forêts; elle doit son nom aux épines qui hérissent ses rameaux et, en même temps, à la couleur de ses fleurs, qui forment d'odorants bouquets.

Le *Pommier* est un arbre indigène, auquel l'art du jardinier a donné bien des formes, mais qui, livré à lui-même, porte une *tige* élevée, à *branches* étalées, à *feuilles* assez brièvement pétiolées, ovales, dentées. Les *fleurs*, disposées en petits bouquets, sont rosées en dehors ou entièrement blanches, à pédicelles courts; *calice* à 5 divisions; *corolle* à 5 pétales; *étamines* en nombre indéfini; ovaire à 5 loges, contenant chacune deux ovules; 5 styles, soudés à la base. *Fruit* subglobuleux, plus ou moins déprimé; le pédoncule, très court, s'insère dans une concavité correspondant à une dépression du même genre qui existe au sommet du fruit et au fond de laquelle s'aperçoivent les vestiges des divisions du calice; au centre, 5 loges cartilagineuses, renfermant ordinairement chacune deux graines.

Le *Poirier* a subi, comme le Pommier, l'influence de la culture sous le rapport de la forme, etc. C'est, livré à lui-même, un arbre souvent très élevé, à *branches* moins étalées que le Pommier, à *feuilles* longuement pétiolées. Les *fleurs*, longuement pédiculées, forment des bouquets; elles sont blanches, constituées par les mêmes éléments, avec les mêmes dispositions que celles du Pommier. Les *fruits*, en forme de toupie, ont habituellement une longue queue, et l'insertion du pédoncule n'a pas lieu comme dans la pomme, au fond d'une dépression. Les graines sont enfermées dans des loges membraneuses. Le Poirier sauvage porte des épines à l'extrémité des rameaux.

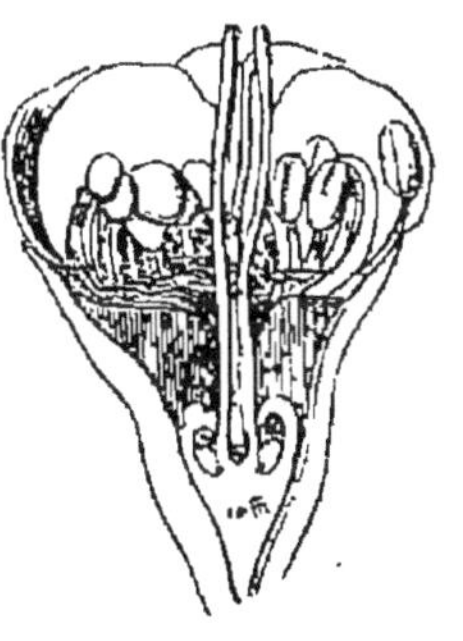

Fig. 136. — Coupe de la fleur du Poirier.

Le *Sorbier des oiseaux* (*Sorbus aucuparia*) est recherché pour la beauté de son feuillage, de ses feuilles et de ses fruits. Les fleurs assez petites, blanches, sont disposées en corymbes rameux. Les fruits, rouges, renferment une seule graine dans chacune des quatre loges inégalement développées qui les composent. — Le bois du *Cormier* ou *Sorbier domestique* est très employé par les tourneurs.

Le *Cognassier* (*Cydonia vulgaris*) a des fleurs rosées ou blanches. Son fruit est à 5 loges, renfermant chacune dix à quinze graines à testa entouré de mucilage. Cet arbre est surtout cultivé pour fournir des sujets sur lesquels on greffera d'autres espèces de la même tribu.

FAMILLE DES MYRTACÉES.

Il serait assez difficile d'assigner aux plantes qui composent cette famille un ensemble de caractères communs. Nous citerons comme espèces intéressantes : le *Myrte*, le *Grenadier*, le *Giroflier*.

Le *Myrte commun* (*Myrtus communis*) est un élégant arbrisseau, à feuillage toujours vert, exhalant une odeur suave. Ses fleurs sont blanches ; ses baies varient du bleu clair au noirâtre.

Le *Grenadier* (*Punica granatum*) croît naturellement dans l'Europe méridionale ; sous le climat de Paris, c'est une plante d'orangerie, à fleurs éclatantes, composées d'un calice épais et coloré et d'une corolle à pétales d'un rouge très vif. Le fruit (*balauste*), volumineux, enveloppé d'un péricarpe coriace, renferme intérieurement des graines nombreuses, noyées dans une pulpe acidule.

Fig. 137. — Fruit du Grenadier.

Le *Giroflier* (*Caryophyllus aromaticus*) est originaire des Moluques. Les Hollandais ont longtemps conservé le commerce exclusif des *clous de Girofle ;* c'est ainsi qu'on appelle les fleurs encore à l'état de bouton et complètement desséchées par une exposition continue à l'action de la fumée et du soleil.

CHAPITRE XX

DICOTYLÉDONES GAMOPÉTALES.

Le groupe des Dicotylédones gamopétales comprend un certain nombre de familles intéressantes, que l'on peut grouper de la façon suivante :

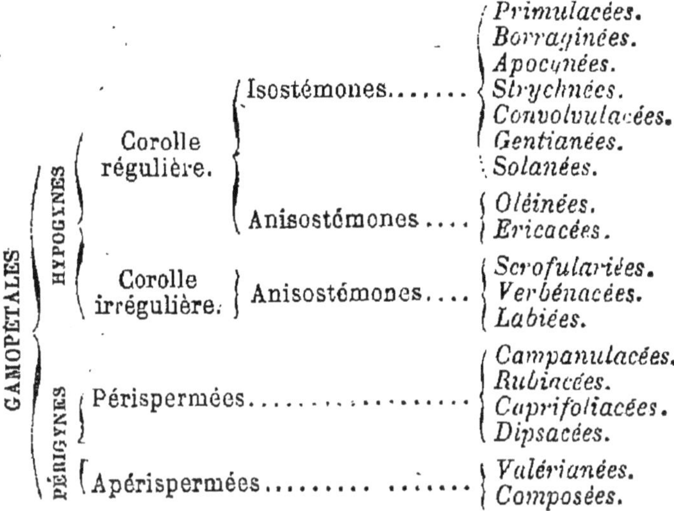

GAMOPÉTALES HYPOGYNES.

FAMILLE DES PRIMULACÉES.

La famille des Primulacées comprend un certain nombre de petites plantes herbacées, à fleurs régulières, à corolle quadri ou quinquélobée, avec autant d'étamines que de lobes, un ovaire libre, uniloculaire, un style simple, et, pour fruit, une capsule uniloculaire, ou bien une pyxide.

Nous donnerons comme exemple la description de la Primevère.

La *Primevère officinale* (*Primula officinalis*), vulgairement Coucou, est une plante vivace, à *rhizome* (portion souterraine de la tige) épais, tronqué, perdant chaque année sa partie extérieure ; *feuilles* toutes radicales, ovales ou oblongues, avec pétiole ailé, ondulées, dentées ou crénelées, ridées, réticulées, glabres supérieurement, pubescentes inférieurement; *pédoncules* floraux partant de la racine et dépassant

Fig. 138. — Primevère.

longuement les feuilles; *inflorescence* en ombelle simple; *fleurs* jaunes; *pédicelles* munis de bractées à la base; *calice* tubuleux, à 5 divisions, persistant; *corolle* infundibuliforme à 5 lobes; 5 *étamines*, insérées sur la corolle; *ovaire* libre, un style; *fruit* capsulaire à plusieurs graines.

Outre la *Primevère*, les espèces principales de la famille des primulacées sont l'*Oreille-d'ours* (*Pr. auricula*), le *Mou-*

ron rouge (*Anagallis phœnicea*, le *Mouron bleu* (*A. cœrulea*), le *Mouron d'eau* (*Samolus valerandi*), la *Lysimaque* (*Lysimachia officinalis*), la *Monnayère* (*L. nummularia*). — (Le *Mouron des oiseaux* appartient à la famille des Caryophyllées.)

FAMILLE DES BORRAGINÉES

Caractères. — Cette famille très naturelle est composée de plantes herbacées à *tige* cylindrique, hérissée, comme les feuilles, de poils rudes. Les *feuilles* sont alternes, simples, sans stipules. Le plus souvent les *fleurs* sont disposées en cyme scorpioïde. *Calice* gamosépale à 5 divisions; *corolle* gamopétale, tantôt régulière comme dans la Grande Consoude, tantôt labiée, comme dans la Vipérine. La gorge de la corolle porte souvent 5 appendices en forme de petites écailles (Bourrache, Grande Consoude); ces écailles peuvent manquer (Vipérine) ou être remplacées par 5 faisceaux de poils (Pulmonaire). *Étamines* au nombre de 5. *Style* parfois bifide; *ovaire* infère à 4 loges. Pour *fruit*, 4 akènes.

Si nous prenons pour type la *Bourrache* (*Borrago officinalis*), l'analyse de la fleur nous montre les caractères suivants : *calice* à 5 divisions; *corolle* rotacée, à 5 divisions ovales, acuminées, à *gorge* munie de 5 écailles; 5 étamines à filet très court (fig. 141), donnant naissance à un long appendice linéaire; *style simple;* ovaire à 4 loges monospermes.

Fig. 139. — Bourrache.
1. Fleur. — 2. Étamine. — 3. Pistil.

Les principales espèces que comprend la famille des Borraginées sont : la *Bourrache*, la *Buglosse*, la *Consoude*, le *Cynoglosse*, la *Pulmonaire*, le *Myosotis*, l'*Héliotrope*, la *Vipérine*.

Un grand nombre de ces plantes figurent parmi les espèces médicinales.

La racine de la *Buglosse tinctoriale* (*Anchusa tinctoria*), celle de la *Vipérine* (*Echium rubrum*) donnent la couleur

Fig. 140. — Pulmonaire. Fig. 141. — Vipérine.

rouge connue sous le nom d'*orcanette*. — Le *Myosotis* est une des plus gracieuses fleurs des champs; les poètes en ont fait l'emblème du souvenir; on en distingue un grand nombre d'espèces. — L'*Héliotrope* (*Heliotropium peruvianum*), remarquable par son odeur de vanille, n'est connu en Europe que depuis deux siècles.

FAMILLE DES APOCYNÉES

Caractères. — Calice à 5 divisions; corolle à 5 lobes; 5 étamines; 1 style; 2 ovaires libres ou soudés; pour fruit, 2 follicules conjugués.

Espèces principales : la *Pervenche*, le *Laurier-rose*, l'*Asclépiade*.

On distingue plusieurs espèces de *Pervenches :* la *Petite Pervenche* (*Vinca minor*), charmante plante à fleurs bleues, à tige semi-rampante, qui croît spontanément dans les prés et les haies; la *Grande Pervenche* (*V. major*), à fleurs bleues, et la *Pervenche de Madagascar* (*V. rosea*), à fleurs roses, ces deux dernières cultivées dans les jardins. — Le *Laurier-rose* (*Nerium oleander*) croît sur le bord des routes, dans l'Europe méridionale. Sous le climat de Paris, c'est un arbuste de serre tempérée, qu'on laisse dehors seulement pendant la saison d'été. — L'*Asclépiade dompte-venin* (*Asclepias vincetoxicum*) ne possède, malgré sa dénomination, aucune efficacité contre les venins et les poisons.

FAMILLE DES STRYCHNÉES OU LOGANIACÉES.

Dans les Strychnées, rentrent les diverses espèces de *Strychnos*, plantes qui renferment presque toutes un principe toxique d'une énergie extrême, la strychnine. La *noix vomique* est la graine du *Strychnos nux vomica* (Inde, Archipel indien), la *fève de Saint-Ignace*, celle du *Strychnos ignatia* (Iles Philippines). L'extrait de ces semences s'emploie dans la thérapeutique. L'*upas tieuté*, dont les Javanais se servent pour empoisonner leurs flèches, est fourni par le *Strychnos tieuté*. — Il existe dans les drupes du *Tanghin* de Madagascar (*Tanghinia venenifera*) un principe vireux qui les fait employer par les indigènes de l'île comme moyen d'épreuve juridique.

FAMILLE DES CONVOLVULACÉES

Caractères. —Calice à 5 divisions ; corolle plissée, souvent campanulée, à 5 lobes; 5 étamines ; 1 style ; 1 ovaire, libre, simple, biloculaire ou quadriloculaire; pour fruit, une capsule.

Espèces principales : le *Liseron des champs*, le *Liseron des haies*, le *Liseron tricolore* ou *Belle-de-jour*, le *Liseron à balais*, la *Scammonée*, le *Jalap*, le *Turbith*, la *Patate*, la *Cuscute*.

La *Cuscute d'Europe* (*Cuscuta europæa*) est une espèce parasite, dépourvue de feuilles, dont la tige, dès sa sortie

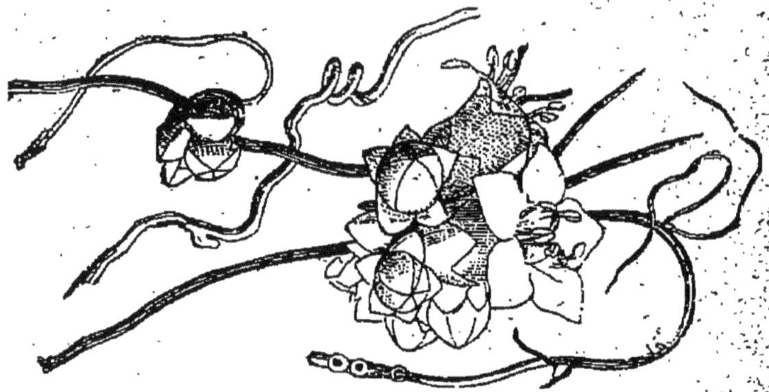

Fig. 142. — Cuscute.

de terre, après la germination, se détache de la racine et s'accroche à quelque plante aux dépens de laquelle elle se nourrit. Les espèces fourragères et le Chanvre sont particulièrement exposés aux ravages de la Cuscute.

Fig. 143. — Gentiane.

La famille des GENTIANÉES, assez voisine de la précédente, nous offre quelques espèces dignes d'intérêt. Telles sont : la *Gentiane jaune* (*Gentiana lutea*), dont la racine extrêmement amère est employée comme tonique et comme fébrifuge, la *Petite Centaurée* (*Erythræa centaurium*), le *Trèfle d'eau* (*Menyanthes trifoliata*).

CHAPITRE XXI

GAMOPÉTALES HYPOGYNES (*Suite*).

FAMILLE DES SOLANÉES

Caractères. — Calice à 4 divisions ; corolle le plus souvent régulière et à 5 lobes plissés, tantôt tubuleuse (Belladone), tantôt campanulée (Jusquiame), tantôt rotacée (Pomme de terre) ; 5 étamines ; ovaire biloculaire ; 1 style ; 1 stigmate ; le *fruit*, de nature assez variable, permet de caractériser les principales tribus de cette importante famille.

On trouve, en effet :

Une *baie* dans les *Solanées* proprement dites (Pomme de terre) et les *Atropées* (Belladone) ;

Une *capsule* à déhiscence *septicide* dans les *Nicotianées* (Tabac) ;

Une *pixide* ou capsule à déhiscence *transversale* dans les *Hyoscyamées* (Jusquiame) ;

Enfin, une *capsule* à 4 loges incomplètes dans les *Daturées* (Stramoine).

L'embryon est le plus souvent courbe ; il est droit dans quelques genres.

Un grand nombre de Solanées renferment un principe vireux ; leur aspect est généralement sombre ; leur odeur est repoussante.

Espèces principales : la *Pomme de terre*, la *Tomate*, l'*Aubergine*, l'*Alkékenge*, le *Piment*, le *Bouillon-blanc*, la *Morelle*, la *Douce-amère*, la *Mandragore*, la *Belladone*, la *Stramoine*, la *Jusquiame*, le *Tabac*.

La *Pomme de terre* fut apportée en Europe par les Espagnols, peu de temps après la conquête de Pérou. Sa culture se répandit assez rapidement dans les différentes contrées soumises à leur domination. Vers 1586, l'amiral W. Raleigh l'introduisit en Angleterre. Jusqu'à la fin du XVIIIe siècle, on montra en France peu d'empressement à utiliser cette précieuse conquête. C'est à Parmentier que l'on doit surtout d'avoir fait passer la pomme de terre dans l'alimentation. Aujourd'hui, des millions d'individus en Europe ne connaissent guère d'autre nourriture.

Fig. 144. — Pomme de terre; tige avec ses tubercules et fleur isolée.

La *Tomate* ou *Pomme d'amour* (*Solanum lycopersicum*), originaire de l'Amérique méridionale, porte des fruits volumineux, dont la pulpe acide est agréable. — Le fruit de l'*Aubergine* (*Solanum melongena*), plus gros que celui de la Tomate, de couleurs jaune ou violette, de forme parfois très bizarre, est également comestible.

Le *Piment* (*Capsicum annuum*) paraît originaire de l'Amérique. Dans les pays chauds, on recherche ses fruits à cause de leur saveur âcre et brûlante ; en France, c'est une plante d'ornement, dont les baies d'un rouge vif produisent un agréable effet. Il en est de même du *Faux Piment* (*Solanum pseudo-capsicum*), petit arbrisseau à fruits globuleux d'un beau rouge, originaire de Madère.

Chez la *Morelle noire* (*Solanum nigrum*) et la *Morelle douce-amère* (*Solanum dulcamara*), deux espèces très voisines, les fruits commencent à présenter un caractère vireux fortement prononcé.

Le *Tabac* (*Nicotiana tabacum*) est originaire du Mexique. Nicot, ambassadeur de France en Portugal, reçut d'un marchand étranger quelques pieds de cette plante et les offrit à la reine Catherine de Médicis; de là les noms de *Nicotiane* et d'*Herbe à la reine*.

Fig. 145. — Tabac.
A, fleur. — B, fruit. — C, graine.

L'espèce *usuelle* est une plante annuelle, à *tige* dressée, de 10 à 15 décimètres, rameuse, lanugineuse; *feuilles* très grandes, alternes, embrassant à demi la tige, ovales, oblongues, entières, les supérieures lancéolées ; *inflorescence* en panicule terminale ; *calice* visqueux, à 5 divisions ; *corolle* rose, monopétale, régulière, infundibuliforme ; *tube* très allongé, renflé vers le sommet ; *limbe* à 5 divisions aiguës ; 5 *étamines*, avec filaments velus à leur base ; 1 *style* ; pour *fruit*, une capsule à deux loges, contenant un grand nombre de graines.

La *Belladone* (*Atropa belladona*) est une plante vivace, herbacée ; *tige* de 5 à 15 décim., dressée, robuste, rameuse,

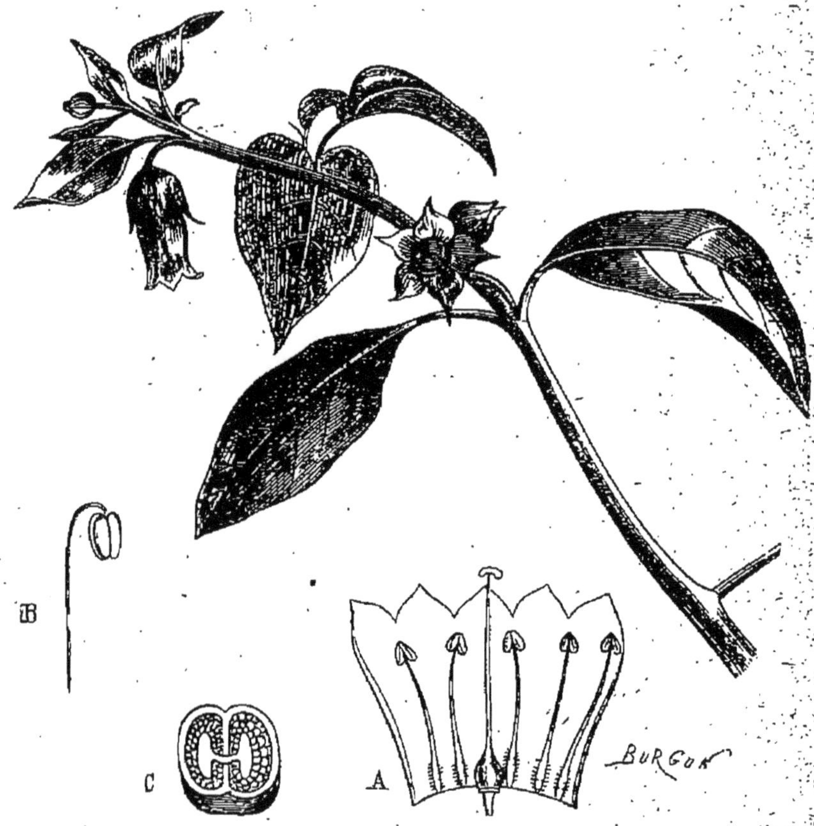

Fig. 146. — Belladone.
A, corolle ouverte. — B, étamine. — C, coupe transversale du fruit.

finement pubescente ; *feuilles* glabres ou un peu pubescentes, grandes, entières, acuminées : *fleurs* pourpre obscur veiné de brun, solitaires ou géminées ; *calice* à 5 divisions, ovales, acuminées; *corolle* campanulée, monopétale, régulière, plissée, à 5 lobes courts; 5 *étamines*, poilues à la base; 1 *style;* pour *fruit*, une baie indéhiscente, biloculaire, à plusieurs graines. — Toutes les parties sont dangereuses.

La *Jusquiame* (*Hyosciamus niger*) est une plante annuelle ou bisannuelle, à odeur vireuse; *tige* de 3 à 8 déc., robuste, dressée, rameuse, d'un vert grisâtre, couverte de

Fig. 147. — Jusquiame.

longs poils glanduleux; *feuilles* d'un vert sombre, molles, pubescentes, semi-amplexicaules (embrassant à demi la tige); *fleurs* jaunâtres, brièvement pédicellées; *calice* à tube poilu, à limbe veiné, réticulé, devenant presque épineux après la floraison; *corolle* monopétale, infundibuliforme, à gorge marquée de pourpre, à tube court, à 5 lobes veinés de brun ou de noir; 5 *étamines;* 1 *style;* pour *fruit,* une capsule bi-loculaire, s'ouvrant par une fente circulaire. — Toutes les parties sont dangereuses.

La *Stramoine* ou *Pomme épineuse* (*Datura stramonium*)

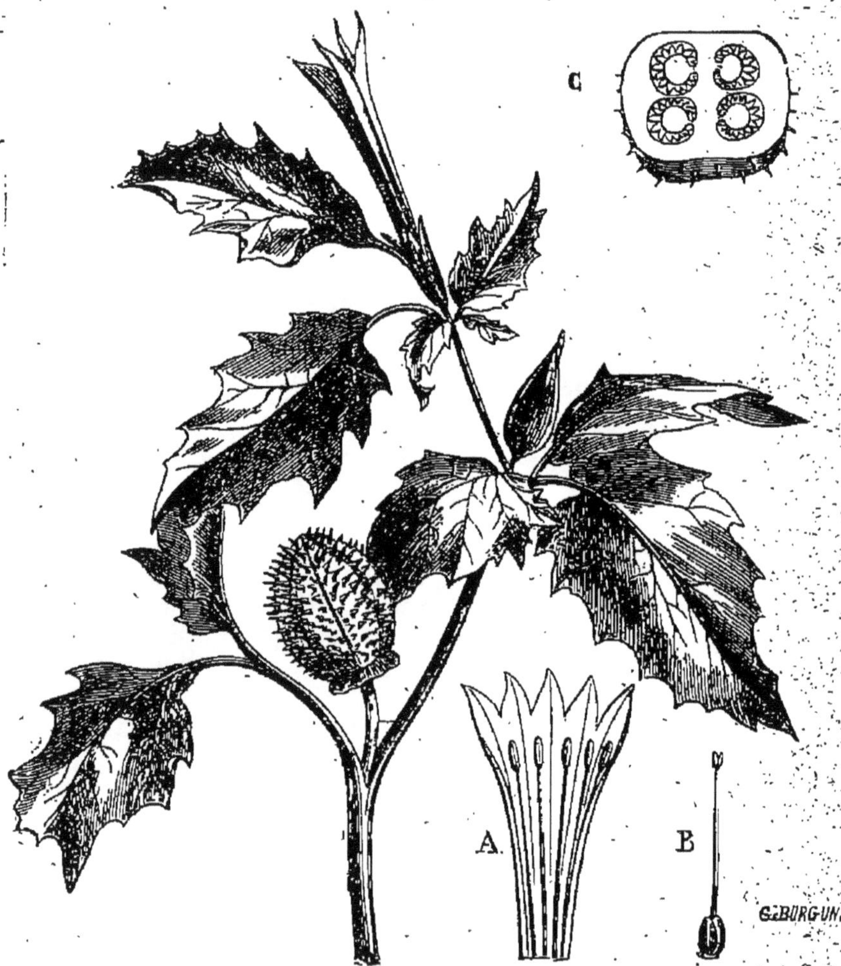

Fig. 148. — Stramoine,
A, corolle ouverte. — B, pistil. — C, coupe transversale du fruit.

est une plante annuelle, à odeur vireuse; *tige* de 4 à 10 déc., robuste, dressée, rameuse, glabre, ainsi que les feuilles;

feuilles d'un vert sombre, longuement pétiolées, amples, ovales, profondément dentées; *fleurs* blanches, solitaires a l'angle de bifurcation des rameaux; *calice* long et tubuleux, à 5 divisions; *corolle* infundibuliforme, à lobes aigus, à tube dépassant très longuement le calice; 5 *étamines;* 1 *style; capsule* épineuse; graines noires; fruit très vénéneux.

On cultive à cause de leurs belles fleurs un grand nombre de Datura exotiques. Il ne faut pas oublier qu'ils ont les propriétés vénéneuses de la Stramoine.

CHAPITRE XXII

GAMOPÉTALES HYPOGYNES (*Suite*).

FAMILLE DES JASMINÉES OU OLÉINÉES.

Caractères. — Arbustes, arbrisseaux ou arbres, à feuilles opposées, à fleurs disposées en grappe, panicule ou thyrse; corolle régulière, monopétale, manquant quelquefois; 2 étamines; 1 style; ovaire à 2 loges; fruit capsulaire ou charnu.

Espèces principales: le *Jasmin*, le *Lilas*, le *Troëne*, l'*Olivier*, le *Frêne*.

On distingue plusieurs espèces de *Jasmins*. La plus répandue est le *Jasmin commun* (*Jasminum officinale*) à tige grimpante, à rameaux simples et déliés, à petites fleurs blanches, très odorantes. Le *Jasmin à fleurs jaunes* (*J. fruticans*) donne peu d'odeur. Le *Jasmin d'Espagne* (*J. grandiflorum*) et le *Jasmin jonquille* (*J. odoratissimum*) sont cultivés principalement pour les besoins de la parfumerie.

Le *Lilas* a été apporté du Levant à la fin du XVIe siècle. On distingue le *Lilas commun* (*Syringa vulgaris* et le *Lilas de Perse* (*S. Persica*). — Le *Seringat* des jardiniers (*Phila-*

delphus coronarius), remarquable par la beauté et le parfum de ses fleurs, appartient à une famille différente, celle des Philadelphées). — Le *Troëne* (*Ligustrum vulgare*) est un arbrisseau d'environ deux mètres, à fleurs blanches et odorantes, à petites baies noires, arrondies. Ces baies renferment uu suc très foncé, dont on se sert pour colorer les vins.

L'*Olivier* (*Olea europæa*), cultivé très anciennement dans la Grèce, paraît avoir été introduit en Provence par les Phocéens, fondateurs de Marseille, environ 600 ans avant l'ère chrétienne. C'est un arbre à feuilles persistantes, de nature très rustique et s'accommodant de tous les terrains. Les régions méridionales de l'Europe sont éminemment propres à sa culture.

Le *Frêne* (*Fraxinus excelsior*) est un des plus grands arbres de nos forêts; son tronc est droit, son écorce, unie et cendrée; ses fleurs dépourvues de calice et de corolle, sont les unes hermaphrodites, les autres unisexuées; son bois, blanc, dur, et cependant souple, élastique, est employé par les charrons, les tourneurs, les ébénistes, les armuriers. — Le *Frêne à fleurs* (*Fraxinus ornus*), bien moins élevé que le précédent, porte des fleurs pétalées et d'une odeur suave. — Il découle naturellement de la plupart des Frênes, surtout du *Frêne à fleurs* et du *Frêne à feuilles rondes* (*F. rotundifolia*, Sicile, Calabre), un suc désigné sous le nom de *manne*.

Les Ilicinées ou Aquifoliacées, qui font suite aux Jasminées, nous offrent comme espèce intéressante le *Houx* (*Ilex aquifolium*), arbrisseau fort commun dans toute l'Europe tempérée. Les rameaux très souples du Houx servent à faire des baguettes de fusil, des houssines, etc. ; le bois, d'un grain très fin, très serré, s'emploie pour les ouvrages de tour et de marqueterie. Les feuilles de l'*Ilex paraguariensis* fournissent le *matté*, boisson qui remplace le thé dans l'Amérique méridionale.

FAMILLE DES ÉRICACÉES.

Espèces principales : la *Bruyère*, le *Rhododendron*, l'*Azalée*, la *Pyrole*, la *Busserole*, l'*Airelle*.

Les *Bruyères* se trouvent dans toutes les parties du monde ; mais les espèces des pays chauds atteignent une taille plus élevée que les nôtres, et l'emportent également par la dimension et l'éclat de leurs fleurs. La *Bruyère commune* (*Erica cinerea*) se montre sur les sols arides, que sa présence caractérise, et à la surface desquels ses débris constituent un dépôt de terreau très propre au développement des plantes de serre ; c'est la *terre de bruyère* des jardiniers. — La *Bruyère à balais* (*E. scoparia*) s'emploie dans le midi de la France pour la confection des balais. — Les *Rhododendron* et les *Azalées* sont les derniers arbustes que l'on rencontre sur les escarpements les plus élevés des chaînes de montagnes. Plusieurs de ces espèces sont cultivées dans les jardins. — La *Pyrole* (*Pyrola rotundifolia*) et la *Busserole* ou *Raisin d'ours* (*Arbutus uva ursi*) sont des plantes médicinales. — L'*Airelle myrtille* (*Vaccinium myrtillus*) a pour fruit des baies noires, de la grosseur des grains de cassis, qui donnent une matière colorante violette. Les feuilles et l'écorce sont employées pour le tannage.

Fig. 149. — Bruyère commune.

FAMILLE DES SCROFULARIÉES.

Caractères. — *Calice* monosépale, généralement irrégulier ; *corolle* monopétale, le plus souvent irrégulière et présentant quelque analogie avec un mufle d'animal ; régulière dans la Digitale ; 4 *étamines* didynames, quelquefois 2 seulement ; *ovaire* biloculaire ; *style* simple, terminal ou latéral ; pour *fruit*, une capsule.

Espèces principales : la *Scrofulaire*, la *Gratiole*, la *Gueule de loup*, la *Linaire*, la *Digitale*, le *Mélampyre*, le *Rhinanthe*, la *Calcéolaire*, la *Véronique*. Presque toutes ces plantes jouissent de certaines propriétés médicinales.

Nous donnerons comme type d'étude pour les Scrofulariées à fleur personée l'espèce connue sous le nom de Gueule de loup. La Digitale nous servira pour les Scrofulariées à fleur régulière.

La *Gueule de loup* (*Antirrhinum majus*) est une plante vivace, à *tige* de 4 à 8 décimètres, robuste, dressée, simple ou rameuse, pubescente ; *feuilles* lan-

Fig. 150. — Gueule de loup ; fleurs et fruit.

Fig. 151. — Linaire. — *a*, fleur ; *b*, fruit.

céolées, glabres ou légèrement pubescentes ; *fleurs* en grappes terminales, rougeâtres, munies de bractées courtes ;

calice à 5 divisions ; *corolle* monopétale, bossue à la base, en forme de mufle, dite personée ; 4 *étamines* didynames ; 1 *style ;* pour *fruit*, une capsule à deux loges, à plusieurs graines.

La *Digitale pourprée* (*Digitalis purpurea*) est une plante bisannuelle ou vivace, à *racine* pivotante, à *tige* simple, dressée, très pubescente, de 5 à 10 décimètres ; *feuilles* ovales, dentées, à nervures saillantes en dessous, à face supérieure d'un vert foncé, à face inférieure velue ; *fleurs*

Fig. 152. — Fleur de la Digitale.

Fig. 153. — Bouillon-blanc.

pourpres, disposées en grappe ; *calice* à 5 divisions, avec 2 *bractées* à la base, *corolle* tubuleuse, subbilabiée, c'est-à-dire offrant deux lèvres faiblement accusées ; 4 *étamines ;* 1 *style ; capsule* à 2 loges et à plusieurs graines.

Le *Bouillon-blanc* ou *Molène* (*Verbascum thapsus*), souvent placé dans les Scrofulariées, se distingue par ses larges feuilles molles et cotonneuses, par sa haute tige que termine un long épi de fleurs jaunes, sessiles.

FAMILLE DES LABIÉES.

Caractères. — Plantes herbacées, à *tige* quadrangulaire, à *feuilles* simples, opposées, non stipulées; *fleurs* disposées en verticilles à l'aisselle des feuilles supérieures; *calice* monosépale, à 5 dents, en général régulières; *corolle* monopétale labiée; 2 *étamines*, ou bien 4 didynames; *ovaire* supère, quadriloculaire; *style* à 2 branches; pour *fruit*, 4 akènes. L'ensemble de ces caractères n'est point constant dans chaque espèce; cependant la famille des Labiées est une des plus naturelles de la classification. Toutes les plantes qui la composent renferment une huile essentielle aromatique et jouissent de propriétés toniques plus ou moins prononcées.

Espèces principales : La *Sauge*, le *Romarin*, la *Germandrée*, l'*Ivette*, la *Cataire*, la *Bugle*, le *Scordium*, le *Basilic*, la *Sarriette*, la *Marjolaine*, le *Thym*, le *Serpolet*, la *Mélisse*, la *Menthe*, la *Lavande*, le *Marrube*, la *Bétoine*, l'*Origan*, l'*Hysope*, le *Lierre terrestre*, l'*Ortie blanche*, l'*Ortie jaune*, l'*Ortie rouge*, le *Patchouly*.

Le *Basilic* (*Ocymum basilicum*), la *Sarriette* (*Satureia hortensis*), la *Marjolaine* (*Origanum marjorana*), le *Thym* (*Thymus vulgaris*), le *Serpolet*, (*Thymus serpyllum*), le *Romarin* (*Rosmarinus officinalis*), sont employés comme condiments. — La *Sauge officinale* (*Salvia officinalis*) et différentes espèces de *Menthes* (*Mentha piperita, rotundifolia*, etc.) servent à faire des infusions stimulantes. Il en est de même de la *Mélisse* (*Melissa officinalis*), de la *Bétoine* (*Betonica officinalis*), de l'*Hysope* (*Hyssopus officinalis*), du *Marrube* (*Marrubium vulgare*), de la *Bugle* (*Ajuga reptans*), de la *Germandrée petit chêne* (*Teucrium chamædris*), du *Scordium* (*Teucrium scordium*), de l'*Origan* (*Origanum vulgare*), de l'*Ivette* (*Teucrium chamæpitys*), du *Lierre terrestre* (*Glechoma hederacea*), de l'*Ortie blanche* (*Lamium album*). — Le *Patchouly* des parfumeurs est fourni par une Labiée indienne d'une odeur extrêmement pénétrante, le *Pogonostemon patchouly*. — L'*Ortie puante* ou *Ortie jaune* (*Sta-*

chys sylvatica) fait exception dans la famille des Labiées par son odeur très désagréable.

Dans cette famille, on étudiera quelques types des plus répandus :

La *Sauge des prés* (*Salvia pratensis*), remarquable par ses *étamines*, dont les 2 supérieures sont rudimentaires et sans anthères, les 2 inférieures fertiles, avec anthères oscillantes au bout d'un appendice transversal du filet (connectif) ;

Le *Thym* (*Thymus vulgaris*), plante vivace, à *souche* traçante, ligneuse, très rameuse ; *calice* tubuleux, campanulé, bilabié ; *corolle* monopétale, labiée ;

La *Menthe à feuilles rondes* (*Mentha rotundifolia*), plante vivace, à *inflorescence* en glomérules ou petits assemblages de fleurs, naissant à l'aisselle de *bractées* ovales ou lancéolées ; *fleurs* très petites, de couleur blanche ou rose ; *corolle* presque régulière ;

Le *Lamier blanc* ou *Ortie blanche* (*Lamium album*),

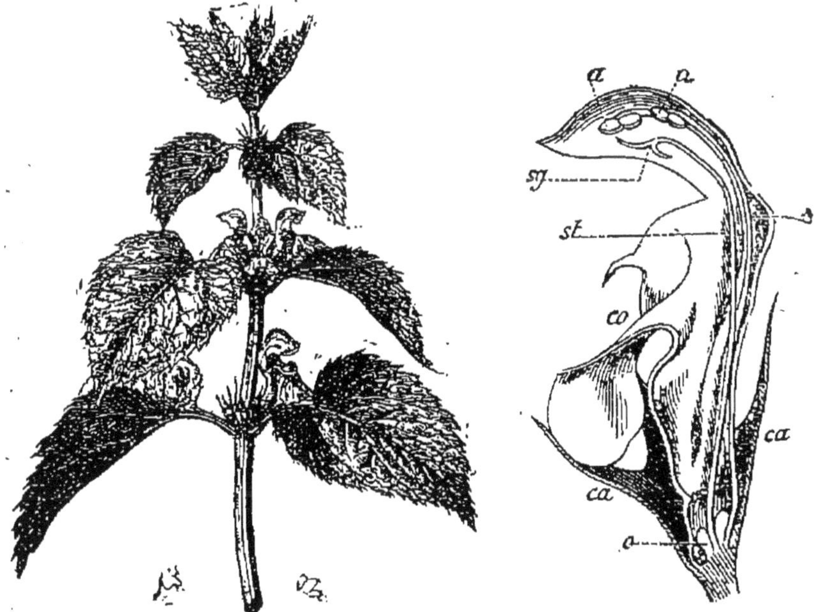

Fig. 154. — Lamier blanc.

Fig. 155. — Coupe de la fleur *.

ca, calice. — *co*, corolle. — *o*, ovaire. — *st*, style. — *sg*, stigmate. — *e*, étamines. — *a*, *a*, anthères.

plante vivace, à *fleurs* blanches, d'une odeur peu agréable ;

calice pubescent, denté; *corolle* monopétale, irrégulière, à lèvre un peu jaunâtre en dedans; tube rétréci à la base, avec anneau de poils intérieur; lèvre supérieure velue en dehors.

La famille des BIGNONIACÉES se compose de plantes exotiques, à tige ligneuse ou herbacée, droite ou sarmenteuse, à corolle labiée, à fruit capsulaire. Plusieurs espèces, telles que le *Bignonia*, le *Catalpa*, le *Martynia*, ont été introduites dans nos jardins. Le *Sésame* (*Sesamum orientale*) renferme dans ses semences une huile estimée dans tout l'Orient à l'égal de l'huile d'olive. Il en est de même d'une espèce voisine, le *Sesamum indicum*, particulièrement cultivée aujourd'hui en Afrique et en Amérique.

La famille des VERBÉNACÉES diffère peu de celle des Labiées quant aux caractères réellement importants. Nous ne possédons en France, comme représentants de cette famille, que la *Verveine* et l'*Agnus-castus*.

CHAPITRE XXIII

GAMOPÉTALES PÉRIGYNES

Fig. 156. — Fleur de la Campanule.

FAMILLE DES CAMPANULACÉES.

Caractères. — Fleurs ordinairement de couleur bleue; calice à 5 divisions; corolle campanulée à 5 lobes; 5 étamines, libres et distinctes dans toute leur longueur, au lieu d'être insérées sur le tube de la corolle; ovaire à 5 loges; 1 style, souvent divisé au sommet; pour fruit, une capsule.

Espèces principales: les *Campanules*; les *Phyteuma*.

Les *Campanules* sont des plante agrestes, dont plusieurs espèces, ont été transportées dans les jardins. D'autres, comme la *Raiponce* (*Campanula rapunculus*) et la *Fausse Raiponce* (*Campanula rapunculoïdes*), sont cultivées dans les potagers et nous fournissent des salades. On donne souvent le nom de *Raiponce* au *Phyteuma*, espèce très voisine, bien qu'à fleurs beaucoup plus petites, et dont les jeunes pousses s'emploient de la même manière.

FAMILLE DES RUBIACÉES.

Caractères. — Fleurs en grappe, ordinairement hermaphrodites; calice petit à 4-6 dents; corolle régulière à 4 ou 5 divisions; un même nombre d'étamines; 2 styles, souvent soudés : 2 stigmates; fruit très variable, baie, capsule, etc.

Espèces principales : le *Caféier*, la *Garance*, l'*Aspérule*, le *Caille-lait*, le *Quinquina*, l'*Ipécacuanha*.

Le *Caféier* (*Coffea arabica*) est un grand arbrisseau de 6 à 8 mètres de hauteur, portant des fleurs blanches à odeur suave, assez semblables à celles du Jasmin, et des fruits rouges, de la grosseur d'une cerise. Les fruits renferment, dans une pulpe visqueuse, deux coques très minces qui servent chacune d'enveloppe à une graine dure, ovale, convexe sur le dos, creusée en dedans d'un sillon.

Fig. 157. — Caféier. *a*, fleur. — *b*, fruit.

La *Garance* (*Rubia tinctorum*) n'est plus guère cultivée aujourd'hui. La racine de cette plante renferme divers principes colorants, employés dans la teinture et qui fournissent des couleurs d'une extrême solidité. — La racine de l'*Aspérule des teinturiers* (*Asperula tinctoria*) donne un rouge très inférieur, utilisé dans certains pays. On rencontre dans les herborisations d'autres Aspérules : l'*Aspérule des champs* (*A. arvensis*), l'*Aspérule odorante* ou *Petit Muguet* (*A. odorata*), l'*Aspérule à l'esquinancie* (*A. cynanchica*). — Les

Fig. 158. — Garance.

diverses espèces de *Caille-lait* (*Galium verum*, *G. cruciatum*, etc.) participent, comme les Aspérules, aux propriétés tinctoriales de la Garance. Très communes dans les régions tempérées, elles se font remarquer par la délicatesse de leur tige, la légèreté de leur feuillage, l'élégance de leurs feuilles verticillées et de leurs petites fleurs disposées en bouquets axillaires.

L'écorce précieuse désignée sous le nom de *quinquina* provient de plusieurs arbres du genre *Cinchona*, très répandus dans les forêts de la Bolivie, de la Colombie et du Pérou. — L'*Ipécacuanha* est la racine ou la tige souterraine d'un petit arbuste rampant, le *Cephœlis ipecacuanha*, assez commun dans les forêts du Brésil.

FAMILLE DES CAPRIFOLIACÉES.

Caractères. — Calice adhérant en partie à l'ovaire; corolle à 4-5 lobes ou à 4-5 pétales; étamines en même nombre; plusieurs styles libres ou soudés en un seul; stigmates quelquefois sessiles; fruit variable, baie, drupe, etc.

Espèces principales : le *Chèvrefeuille*, le *Sureau*, la *Viorne*, le *Cornouiller*.

Le *Chèvrefeuille des jardins* (*Lonicera caprifolium*), originaire du midi de l'Europe, s'est promptement naturalisé dans nos jardins. Indépendamment de ce charmant arbrisseau, le genre *Lonicera* comprend encore le *Chèvrefeuille des bois* (*L. periclymenum*), le *Chèvrefeuille des buissons* (*L. xilosteum*), *le Chèvrefeuille des Alpes* (*L. alpigena*), etc.

On distingue parmi les *Sureaux* : le *Sureau à fruits noirs* (*Sambucus nigra*), espèce à bois très dur, bien que les jeunes rameaux contiennent une grande quantité de moelle ; le *Sureau hyèble* (*Sambucus ebulus*) à tige moins haute et simplement herbacée.

Le genre *Viorne* comprend : le *Laurier-tin* (*Viburnum tinus*), dont le feuillage reste toujours vert, et qui porte, dès la fin de l'hiver, de jolis bouquets de petites fleurs blanches, odorantes ; la *Boule-de-neige* ou *Rose de Gueldre* (*Viburnum opulus*), dont les fleurs, très grandes, se réunissent au sommet des rameaux en boules volumineuses et d'une blancheur éblouissante ; la *Viorne cotonneuse* (*Viburnum lantana*), dont les feuilles et les jeunes rameaux sont couverts d'un duvet farineux.

La petite famille des LORANTHÉES, voisine de celle des CAPRIFOLIACÉES, ne comprend guère que le *Gui* (*Viscum album*), plante parasite pour laquelle les anciens Gaulois professaient un respect religieux. Tous les ans, au solstice d'hiver, les Druides, accompagnés du peuple, se rendaient dans une forêt pour cueillir la plante sacrée.

FAMILLE DES DIPSACÉES.

Caractères. — Inflorescence en capitule; calice double; corolle à 4-5 lobes, généralement irréguliers : 4 étamines; anthères libres; ovaire uniloculaire; 1 style; pour fruit, un akène à graine albuminée.

Espèces principales : la *Scabieuse* et la *Cardère.*

On rencontre dans les herborisations plusieurs espèces de *Scabieuses,* telles que la *Scabieuse des champs* (*Scabiosa arvensis*), la *Scabieuse des bois* (*S. sylvatica*), la *Scabieuse succise* ou *Morsure du diable* (*S. succisa*); dans les jardins, la *Scabieuse des veuves* (*S. atropurpurea*). — Les capitules desséchés de la *Cardère* ou *Chardon à foulon* (*Dipsacus fullonum*) fournissent à l'industrie lainière d'excellentes cardes naturelles; dans le voisinage des villes manufacturières, on cultive en grand cette plante.

FAMILLE DES VALÉRIANÉES.

Caractères. — Corolle tubuleuse à 5 lobes, souvent inégaux; 1-3 étamines; 1 style; 1-3 stigmates; fruit sec, indéhiscent, uniloculaire ou pluriloculaire.

Espèces principales : la *Valériane,* le *Nard,* la *Mâche.*

La *Valériane officinale* (*Valeriana officinalis*) et la *Grande Valériane* (*V. phu*) sont utilisées par la médecine. La *Valériane rouge* (*V. rubra*) est cultivée dans les jardins. Le *Nard,* si célèbre comme aromate chez les anciens, est la racine d'une Valériane de l'Inde. — La *Mâche* (*Valerianella olitoria*) croît en grande abondance et spontanément dans tous les endroits cultivés, sans que l'hiver, à moins de froids très rigoureux, arrête sa végétation. Elle s'emploie comme salade.

CHAPITRE XXIV

GAMOPÉTALES PÉRIGYNES (*Suite*)

FAMILLE DES COMPOSÉES OU SYNANTHÉRÉES.

Caractères. — Famille extrêmement nombreuse, comprenant à elle seule la dixième partie des plantes phanérogames ; *fleurs* réunies en capitule sur un réceptacle très évasé ; l'inflorescence, entourée d'un involucre commun, offre l'apparence d'une fleur unique, d'où le nom de Composées. Les fleurs qui peuvent entrer dans la constitution du capitule sont de deux sortes; les unes, appelées *fleurons*, ont une corolle monopétale régulière, tubuleuse, ordinairement à 5 lobes ; les autres, appelées *demi-fleurons*, ont une corolle monopétale tout à fait irrégulière, déjetée d'un seul côté en une sorte de languette dentelée au sommet. Le *calice* est tantôt réduit à l'état de bourrelet, tantôt transformé en aigrette. Les *étamines*, au nombre de 4 ou 5, sont toujours soudées par les anthères, de manière à former un tube par lequel passe le style, unique et terminé par deux stigmates. De cette soudure des anthères est venu le nom de Synanthérées. Le fruit est un akène ; les graines sont dépourvues d'albumen.

Fig. 159. — Capitule du Séneçon.

M. de Candolle a partagé la famille des Synanthérées en un certain nombre de tribus, dont les principales sont : les Chicoracées, les Cynarées, les Sénécionidées, les Astéroïdées, les Eupatoriacées.

Tribu des Chicoracées.

Caractères. — Inflorescence entièrement composée de demi-fleurons ; fleurs hermaphrodites ; calice en aigrette simple, plumeuse ou écailleuse. Plantes herbacées, à suc laiteux, à propriétés amères et même narcotiques plus ou moins prononcées. La plupart, au moins pendant leur jeunesse, sont comestibles. Les principes actifs se développent en général dans certaines parties déterminées du végétal et pendant une certaine période de son accroissement.

Fig. 160. — Chicorée sauvage.

Espèces principales : la *Chicorée*, la *Laitue*, le *Pissenlit*, le *Laiteron*, le *Salsifis*, la *Scorsonère*, le *Scolyme*, l'*Épervière*.

La *Chicorée sauvage* (*Cichorium intybus*), qui croît spontanément sur le bord des chemins, peut nous servir de type pour l'étude de cette tribu. C'est une plante bisannuelle ou vivace ; *tige* de 6 à 8 déc., dressée, robuste, anguleuse, pubescente, rude, à rameaux étalés ; *feuilles* inférieures déchiquetées, les supérieures lancéolées, sessiles ; *fleurs* bleues ; pour *fruit*, des akènes comprimés, tétragones, surmontés d'une aigrette très courte, composée de soies membraneuses disposées sur deux rangs. — La Barbe de capucin est la racine arrachée à la fin de l'hiver et mise en cave dans le sable; les feuilles se sont développées en s'étiolant.

On cultive dans les jardins la *Chicorée-endive* (*C. endivia*), dont on distingue plusieurs variétés, telles que la *Chicorée escarole* ou *à larges feuilles* et la *Chicorée frisée.* — La fabrication d'un café factice, au moyen des racines torréfiées de la Chicorée, a pris naissance en Hollande. Elle est passée de là en Belgique, puis en France.

Nous citerons également la *Laitue* (*Lactuca sativa*), plante bisannuelle, à *tige* de 6 à 12 déc., dressée, pleine, feuillée, ordinairement très rameuse, supérieurement glabre, très lisse; *rameaux* grêles, ascendants, ou dressés, *feuilles* succulentes, *capitules* pédicellés ou sessiles le long des rameaux; *demi-fleurons* jaunes; *akènes* présentant 5 stries sur chaque face. — On cultive 3 variétés : la Laitue romaine, à feuilles imbriquées avant la floraison, oblongues, carénées, concaves, pédonculées; la Laitue pommée, à feuilles imbriquées avant la floraison, suborbiculaires, très concaves et plus ou moins ondulées; la Laitue frisée, à feuilles ordinairement étalées en rosette avant la floraison, profondément découpées, sinuées, fortement ondulées, crispées.

Le *Pissenlit* (*Leontodon taraxacum*) et le *Laiteron* (*Sonchus oleraceus*) se mangent, le premier surtout, comme salade. — Le *Salsifis cultivé* (*Tragopogon porrifolium*), dont les fleurs sont violettes, et les racines blanches extérieurement comme intérieurement, se trouve souvent confondu avec la *Scorsonère d'Espagne* (*Scorsonera hispanica*), dont les fleurs sont jaunes, et les racines noires en dehors et blanches en dedans. Cette confusion tient aux rapports de saveur qui existent entre les deux espèces. — On utilise comme aliment, dans le Midi, les racines et les feuilles naissantes du *Scolyme d'Espagne* (*Scolymus hispanicus*).

Tribu des Cynarées.

Caractères. — Inflorescence entièrement composée de fleurons; fleurs très généralement hermaphrodites; les extérieures quelquefois stériles (Centaurée); aigrette simple, plumeuse; réceptacle charnu, très souvent alimentaire. Quelques Cynarées contiennent des principes amers, stimulants, et sont utilisées par la médecine.

Espèces principales : l'*Artichaut*, le *Cardon*, l'*Onopordon*, le *Chardon*, la *Quenouille des prés*, le *Carthame*, la *Sarrette*, la *Jacée*, le *Bluet*, la *Centaurée*, la *Chausse-trappe*, la *Carline*, la *Bardane*.

L'*Artichaut* (*Cynara scolymus*) ne serait considéré que comme une espèce de Chardon, si la culture n'avait pas donné à son réceptacle et à ses bractées le développement charnu qui le place au nombre de nos aliments les plus agréables. — Le *Cardon* (*Cynara carduncculus*) n'est point mangeable à l'état sauvage. En enveloppant sa tige, on en modifie la saveur par l'étiolement; on obtient ainsi les *cardes* ou *cardons*, que l'on sert sur nos tables, et qui ne sont autre chose que les pétioles et les côtes longitudinales des feuilles. — L'*Onopordon* (*Onopordum acantheum*), grande et belle plante de plus d'un mètre de haut, est abandonné aux ânes, ainsi que les divers espèces de *Chardons*.

Le *Carthame des teinturiers* ou *Safran bâtard* (*Carthamus tinctorius*) est une plante annuelle, originaire de l'Égypte ou de l'Inde, et que l'on cultive dans le midi de la France, particulièrement aux environs de Lyon, à cause de la matière colorante très belle, mais très fugace, que l'on extrait de ses fleurons. La graine est oléagineuse. — De la *Sarrette des teinturiers* (*Serratula tinctoria*), de la *Jacée* (*Centaurea jacea*) on retire une couleur jaune assez solide. — Le *Bluet* (*Centaurea cyanus*) renferme dans ses fleurons si élégamment découpés une matière colorante violette.

On pourra prendre comme type de cette tribu le Chardon vulgaire.

Chardon vulgaire (*Carduus nutans*) : plante bisannuelle; *tige* de 5 à 10 déc., ailée, épineuse, dressée, ordinairement rameuse; *feuilles* presque glabres en dessus et pubescentes en dessous, profondément divisées, dentées, épineuses, décurrentes dans toute la longueur des entre-nœuds; *pédoncule* ordinairement tomenteux (laineux); *fleurs* terminales, formant un capitule ordinairement gros, subglobuleux ; *involucre* commun, légèrement pubescent, imbriqué, à folioles extérieures déjetées en dehors dans leur partie

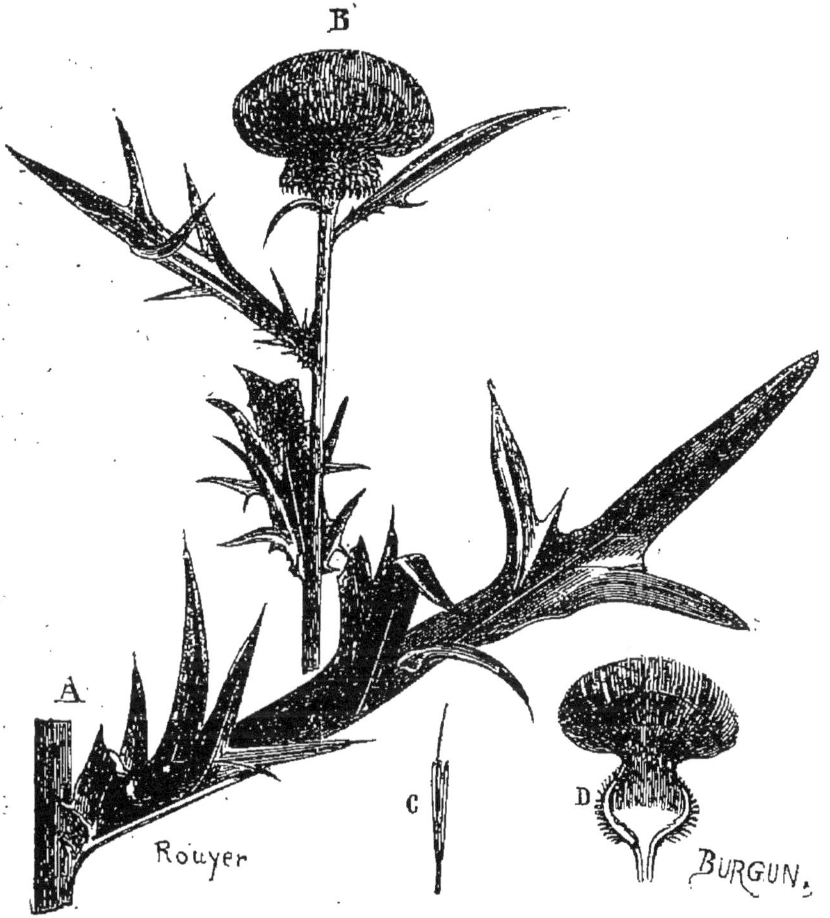

Fig. 161. — Chardon.

A, tige et feuille. — B, capitule. — C, fleur isolée. — D, coupe du capitule.

moyenne, terminées par une épine plus ou moins forte ; *réceptacle* hérissé de soies ; *capitule* composé d'une quantité de petites fleurs non pédiculées, se groupant sur un réceptacle commun ; *corolle* monopétale, régulière, à 5 dents, purpurine, odorante, entourée par des soies réunies à leur base en anneau ; 5 *étamines*, soudées par les anthères, insérées sur le tube de la corolle; 1 *style* engaîné; pour *fruit*, un akène.

Tribu des Sénécionidées

Caractères. — Inflorescence composée, soit entièrement de fleurons, soit, plus ordinairement, de fleurons au centre et de demi-fleurons à la circonférence. La même disposition se retrouve dans les deux tribus dont il sera question plus loin. Les caractères différentiels sont fondés principalement sur la structure du style et des stigmates.

Fig. 162. — Capitule du Souci.

Espèces principales : le *Séneçon*, la *Jacobée*, le *Souci*, l'*Œillet d'Inde*, les *Cinéraires*, les *Chrysanthèmes*, les *Immortelles*, l'*Absinthe*, l'*Armoise*, l'*Estragon*, la *Tanaisie*, la *Balsamite*, la *Mille-feuille*, la *Ptarmique*, le *Cresson du Para*, la *Pyrèthre*, la *Camomille*, la *Santoline*, l'*Arnica*, le *Madia sativa*, le *Soleil*, le *Topinambour*.

Le *Séneçon* (*Senecio vulgaris*) et la *Jacobée* (*Senecio jacobæa*) sont d'humbles plantes des champs. — Le *Souci* (*Calendula arvensis*) a fourni par la culture diverses variétés à fleurs d'un jaune plus ou moins intense. — Nous pouvons ranger encore dans la catégorie des plantes de jardin : l'*Œillet d'Inde* (*Tagetes erecta*), importé du Mexique, et dont les fleurs orangées, rayées de jaune, exhalent une odeur forte peu agréable; les *Cinéraires* (*Cineraria integrifolia*, etc.), pour la plupart d'origine étrangère; les *Chrysanthèmes* (*Chrysanthemum leucanthemum*, *C. segetum*, etc.), à larges capitules radiés, dont les fleurons sont d'un jaune d'or éclatant, et les demi-fleurons, du blanc le plus pur; les *Immortelles* (*Gnaphalium eximium*, etc.) célèbres par la longue durée de leurs fleurs desséchées.

Parmi les *Artémises*, on distingue de nombreuses espèces. L'*Artemisia dracunculus* est l'*Estragon* des cuisines. —

La *Tanaisie* (*Tanacetum vulgare*), la *Balsamite odorante* (*Tanacetum balsamita*), se rapprochent des Artémises par leur odeur aromatique et leurs propriétés stimulantes. — La racine de la *Pyrèthre indigène* (*Anthemis pyrethrum*) stimule la sécrétion salivaire. Les fleurs de la *Pyrèthre du Caucase*, comme celles de presque toutes les Composées à odeur aromatique, jouissent de propriétés insecticides aujourd'hui bien constatées. — Les fleurs de la *Camomille romaine* (*Anthemis nobilis*), de la *Camomille ordinaire* (*Matricaria chamomilla*), de la *Santoline odorante* (*Santolina fragrantissima*), renferment une huile essentielle qui rend leur infusion très agréable et lui communique une action tonique et stimulante. — L'*Achillæa millefolium* ou *Millefeuille*, à feuilles finement découpées, appartient au même groupe.

Fig. 163. — Millefeuille.

Comme plantes tinctoriales, nous pouvons citer le *Cornuet* (*Bidens tripartita*) et la *Camomille des teinturiers* (*Anthemis tinctoria*), qui fournissent une couleur jaune; comme plantes oléagineuses, le *Madia sativa*, originaire du Chili, le *Guizotia oleïfera*, originaire du Mysore et de l'Abyssinie, le *Soleil* (*Helianthus annuus*), originaire du Pérou.

Les sommités de plusieurs espèces asiatiques appartenant au même groupe constituent le *semen-contra*, vermifuge très employé.

Le *Topinambour* (*Helianthus tuberosus*), apporté du Chili, il y a trois siècles, possède de grosses racines tuberculeuses, utilisées pour la nourriture de l'homme et celle des animaux domestiques.

Tribu des Astéroïdées.

Espèces principales : la *Reine-Marguerite*, le *Dahlia*, la *Pâquerette*, la *Verge d'or*, l'*Aulnée*, la *Pulicaire*.

La *Reine-Marguerite* ou *Aster de la Chine* (*Aster sinensis*), une de nos plus belles fleurs d'automne, nous est venue de l'Asie orientale. — Le *Dahlia* (*Dahlia variabilis*), à peine connu en Europe à la fin du XVIIIe siècle, époque à laquelle il fut apporté du Mexique, se trouve aujourd'hui dans les plus modestes jardins. — La *Pâquerette* (*Bellis perennis*) doit son nom à ce que ses fleurs commencent à paraître vers les fêtes de Pâques. Elle a donné naissance à un grand nombre de variétés, parmi lesquelles une des plus remarquables est la variété *prolifère*, à demi-fleurons périphériques portant d'autres fleurs plus petites, disposées en ombelles. — La *Verge d'or* (*Solidago virga aurea*) doit son nom au beau jaune doré de ses fleurs rangées en grappes le long de la tige. — La racine de l'*Aulnée* (*Inula helenium*) est employée comme tonique et stimulante. On y trouve une fécule particulière, différente de l'amidon du blé, l'*inuline*. — Les fleurs de la *Pulicaire* (*Pulicaria vulgaris*) répandent une odeur qui chasse certains insectes.

Tribu des Eupatoriacées.

Espèces principales : le *Tussilage*, les *Eupatoires*, plantes assez répandues, mais de peu d'usage.

CHAPITRE XXV

DICOTYLÉDONES APÉTALES

Ce groupe de plantes comprend deux sections, que l'on désigne généralement sous les noms d'Apétales *angiospermes* et d'apétales *Gymnospermes*. Chez les premières, les graines, comme chez les Dicotylédones étudiées jusqu'ici, sont enfermées dans un ovaire. Chez les Gymnospermes, au contraire, les graines sont fixées à la base d'écailles qui ne les enveloppent pas. Le tableau suivant indique les principales familles du groupe des Dicotylédones apétales :

APÉTALES	ANGIOSPERMES	ordinairement hermaphrodites. Graines	avec albumen.....	*Polygonées.* *Chénopodées.* *Aristolochiées.*
			sans albumen.....	*Laurinées.* *Thymélées.*
		diclines. Inflorescence	non en chaton....	*Euphorbiacées.* *Myristicées.* *Urticacées.* *Ulmacées.* *Artocarpées.*
			en chaton (Amentacées).........	*Pipéracées.* *Salicinées.* *Betulinées.* *Juglandées.* *Cupulifères.*
	GYMNOSPERMES		....	*Conifères.* *Cycadées.*

DICOTYLÉDONES APÉTALES ANGIOSPERMES

FAMILLE DES POLYGONÉES.

Caractères. — Périanthe simple, à 3-6 divisions, soudées à leur base et formant souvent deux verticilles imbriqués; 4-10 étamines; ovaire simple et généralement supère; 2-3 styles ou 2-3 stigmates sessiles; pour fruit, caryopse ou akène triangulaire à périsperme farineux.

Espèces principales : le *Sarrasin*, la *Bistorte*, le *Poivre d'eau*, la *Persicaire*, la *Renouée*, la *Patience*, l'*Oseille*, la *Rhubarbe*.

Le *Sarrasin* (*Fagopyrum vulgare*) est une plante annuelle, à *tige* dressée, haute de 3 à 6 décimètres, rameuse, rougeâtre; *feuilles* grandes, presque sagittées, les supérieures sessiles; *inflorescence* en grappes terminales; *fleurs* blanches ou rosées; point de *corolle; calice* coloré, à 5 divisions; 8 *étamines ;* 3 *styles ; fruit* triangulaire, entouré par le calice. — L'espèce connue sous le nom de Sarrasin de Tartarie se distingue par la couleur verdâtre de ses fleurs, par la raideur de sa tige et quelques caractères tirés du fruit.

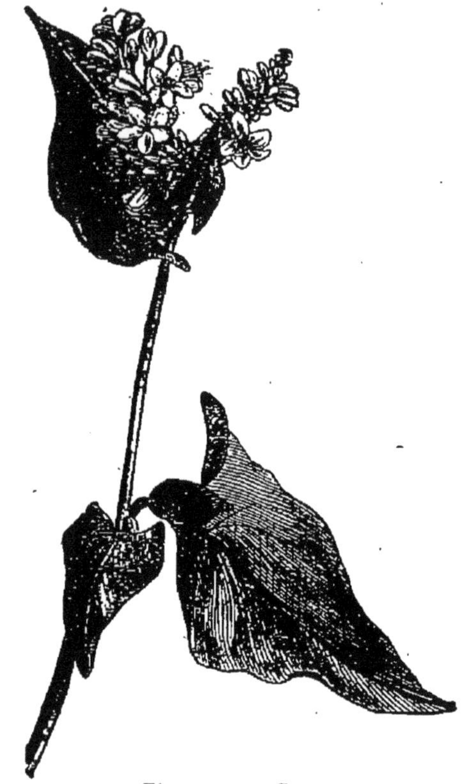

Fig. 164. — Sarrasin.

Le Sarrasin fournit une farine très employée dans les pays pauvres en blé.

La *Bistorte* (*Polygonum bistorta*) doit son nom à sa tige souterraine bizarrement contournée; la *Persicaire* (*Polygonum persicaria*) à ses feuilles qui rappellent par leur forme les feuilles du Pêcher; le *Poivre d'eau* (*Polygonum hydropiper*), au suc âcre et brûlant dont sa tige est remplie. — Les feuilles de la *Persicaire des teinturiers* (*Polygonum tinctorium*) donnent un produit analogue mais bien inférieur à l'indigo.

Les jeunes feuilles de la *Patience* (*Rumex patientia*) se mangent à la façon des épinards. — L'*Oseille* (*Rumex acetosa*), qui appartient au même genre, perd par la culture une partie de l'extrême acidité qui la caractérise à l'état sauvage. — La *Petite Oseille* (*Rumex acetosella*), beaucoup plus acide, fournissait autrefois presque exclusivement le *sel d'oseille.*

La racine de *Rhubarbe*, si employée comme tonique et

Fig. 165. — Rhubarbe.

comme purgatif, vient de la Chine ; elle appartient à divers *Rheum*. Ce n'est pas, en réalité, la racine, mais la souche de cette plante, qui est utilisée.

FAMILLE DES CHÉNOPODÉES OU ATRIPLICÉES.

Caractères. — Beaucoup d'analogie avec les Polygonées. Fleurs petites, verdâtres ou rougeâtres, hermaphrodites ou unisexuées; périanthe à 2, 3 ou 5 divisions; 1-5 étamines; ovaire généralement supère; plusieurs styles; fruit à une seule graine, indéhiscent.

Espèces principales : l'*Épinard*, l'*Épinard-Fraise*, l'*Arroche*, la *Toute-Bonne*, la *Poirée*, la *Betterave*, la *Soude*, la *Salicorne*, le *Raisin d'Amérique*, l'*Ambroisie*.

L'*Épinard* (*Spinacia oleracea*) était inconnu des anciens. Depuis deux siècles environ, il est cultivé dans nos potagers. — Les feuilles de l'*Arroche des jardins* ou *Bonne-dame* (*Atriplex hortensis*), celles de la *Toute-bonne* (*Chenopodium bonus Henricus*), celles de la *Poirée* (*Beta vulgaris*) nous offrent une nourriture d'une digestion facile. Les côtes de la *Poirée à cardes* sont employées comme celles du Cardon, du Céleri, etc.

La *Betterave*, variété du *Beta vulgaris*, est une plante bisannuelle à *racine* grosse, charnue, sucrée, à *tige* de 3 à 10 décimètres, glabre, anguleuse et cannelée ; *feuilles* grandes, ovales, échancrées à la base, dégénérant en un large pétiole, tendres, succulentes, vertes ou d'un vert blanchâtre plus ou moins foncé, quelquefois à grosses veines rouges; *fleurs* verdâtres, petites, sessiles, réunies par groupes de 3 à 5, de manière à former de longs épis feuillés, simples et peu serrés; point de *corolle ; calice* persistant, à 5 divisions en carène, contenant 5 *étamines; ovaire* surmonté de 5 *styles ; fruit* capsulaire, à la constitution duquel prend part le calice, et renfermant une graine réniforme (en forme de rein).

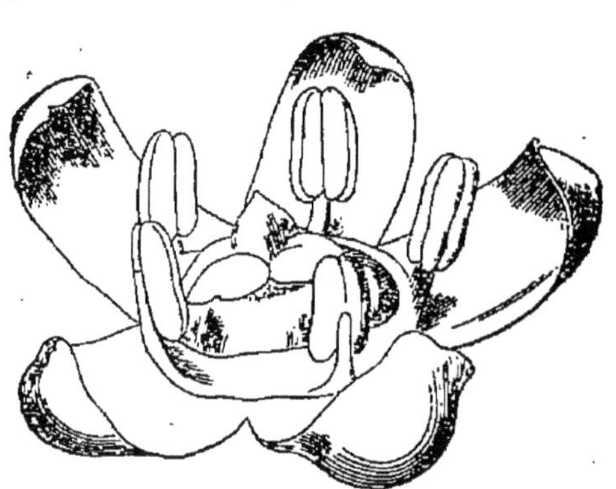

Fig. 160. — Fleur grossie de la Betterave.

La Betterave est employée dans l'alimentation de l'homme et dans celle des animaux domestiques ; mais ce qui nous rend avant tout cette plante précieuse, c'est le sucre qu'elle fournit en concurrence avec la Canne des pays chauds. La fabrication du sucre de betterave a pris naissance à l'époque où la France était privée par la guerre de toute communication avec ses colonies. Depuis, cette industrie a reçu un énorme développement.

Les différentes espèces de *Soudes* (*Salsola soda*, *S. kali*, *S. sativa*) habitent les grèves sablonneuses et à demi submergées du littoral méditerranéen. On extrait de ces plantes, par la combustion, du carbonate de soude, et, avant les travaux de Leblanc, c'était à peu près le seul procédé par lequel on pût se procurer une matière indispensable à tant d'industries. La meilleure soude venait d'Espagne, on l'appelait *soude d'Alicante*. La soude fabriquée en France portait le nom de *soude de Narbonne*. — La *Salicorne* (*Salicornia herbacea*) se trouve dans les mêmes régions que les Soudes et donne par incinération le même produit.

Le *Raisin d'Amérique* (*Phytolacca decandra*), originaire de la Caroline, se distingue des autres Chénopodées par la hauteur de sa tige, qui dépasse parfois 2 mètres. Ses baies, d'un très beau rouge, disposées en grappes, sont employées en Portugal pour la coloration des vins. — L'*Ambroisie* ou *Thé du Mexique* (*Chenopodium ambrosioïdes*), aujourd'hui naturalisée dans toute l'Europe, est une plante aromatique, dont l'infusion n'est pas sans quelque analogie avec le thé.

FAMILLE DES ARISTOLOCHIÉES.

Caractères. — Plantes à tige grimpante, à feuilles simples, alternes; périanthe simple, campanulé ou de forme parfois très bizarre; 6-12 étamines, souvent soudées avec le style; pour fruit, une capsule.

Espèces principales : la *Serpentaire*, l'*Aristoloche-clématite*, l'*Asaret*.

La *Serpentaire* (*Aristolochia serpentaria*), originaire de la Virginie, doit son nom à la propriété qu'on lui supposait de neutraliser les effets de la morsure des serpents venimeux.

L'*Aristoloche-clématite* (*Aristolochia clematitis*), à fleurs jaune pâle, est très commune aux environs de Paris. — L'*Asaret* (*Asarum europæum*) est une plante rampante, à fleurs d'un rouge noirâtre.

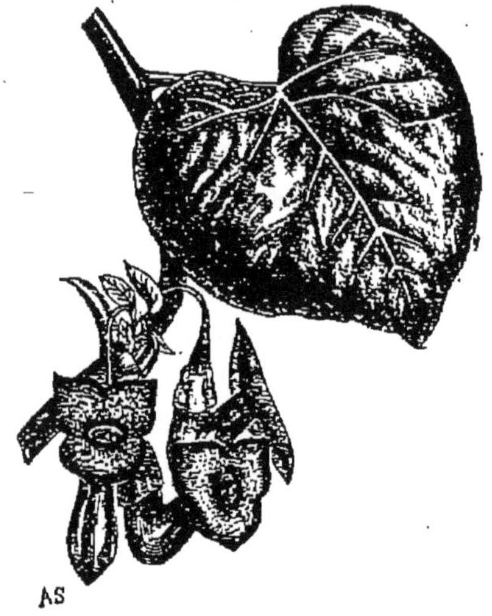

Fig. 167. — Aristoloche sipho.

Fig. 168. — Feuille du Népenthès.

Les *Népenthès* (Inde et Madagascar) appartiennent à une famille voisine des Aristolochiées. Ils sont remarquables par la singulière disposition de leurs feuilles, qui forment des sortes d'urnes, presque constamment remplies d'eau et fermées par un opercule mobile.

CHAPITRE XXVI

APÉTALES ANGIOSPERMES (*Suite*).

FAMILLE DES LAURINÉES.

Caractères. — Arbrisseaux ou arbres à feuilles généralement alternes, simples, entières, persistantes; périanthe à 4-5 divisions; 8-12 étamines; style simple; pour fruit, une baie ou une drupe. La plupart des espèces renferment une huile essentielle ou du camphre.

Espèces principales : le *Laurier commun*, le *Sassafras*, le *Camphrier*, le *Cannellier*.

Le *Laurier commun* ou *Laurier* d'*Apollon* (*Laurus nobilis*) atteint dans l'Europe méridionale 8 à 10 mètres d'élévation. Les anciens l'avaient consacré au dieu de la poésie; ses branches chargées de baies ceignaient le front des vainqueurs. — Le *Sassafras* (*Laurus sassafras*), originaire de la Floride et de la Caroline, est cultivé en Europe comme arbre d'ornement.

Le *Camphrier* (*Laurus camphora*) est un arbre de la grandeur du Tilleul, qui croît au Japon et dont on extrait la plus grande partie du camphre importé en Europe. Le reste est fourni par le *Dryobalanops camphora* (Guttifères).

Le *Cannellier* (*Laurus cinnamonum*), aujourd'hui cultivé aux Antilles, à l'Ile de France, etc., n'existait primitivement que dans l'île de Ceylan, sur un espace assez étroit nommé *Champ de la cannelle,* qui faisait partie des possessions hollandaises. La cannelle est l'écorce que l'on recueille sur les jeunes rameaux âgés de trois ans.

FAMILLE DES THYMÉLÉES.

Cette petite famille, très voisine des Laurinées, comprend des arbrisseaux à feuilles alternes. Les espèces principales sont le *Garou* (*Daphne Gnidium*) et le *Bois-Gentil* (*D. Mezereum*). L'écorce du Garou est employée pour son action vésicante.

FAMILLE DES EUPHORBIACÉES.

Caractères. — Plantes à suc généralement laiteux ; fleurs unisexuées, monoïques ou dioïques, quelquefois, comme dans les Euphorbes, dépourvues de périanthe et réunies dans un involucre commun, de manière à simuler une fleur hermaphrodite, chaque fleur femelle, réduite à un ovaire, étant entourée de plusieurs fleurs mâles, réduites chacune à une seule étamine. Dans le Buis, les fleurs sont monoïques, avec 4 étamines; dans la Mercuriale, elles sont dioïques, avec 8-12 étamines. La plupart des Euphorbiacées renferment des principes âcres, extrêmement dangereux, et cependant cette famille est une de celles qui fournissent le plus grand nombre de plantes utiles.

Espèces principales : le *Buis*, les *Euphorbes*, la *Mercuriale*, le *Ricin*, le *Croton*, le *Manioc*, l'*Hevea guyannensis*, le *Siphonia elastica*, le *Mancenillier*.

Le *Buis* (*Buxus perennis*), indépendamment de son emploi pour bordures ou massifs dans les jardins, mérite une mention toute particulière à cause de l'excellente qualité de son bois, si dur, si serré, si pesant, si peu altérable. — On trouve dans toutes les *Euphorbes* un suc âcre et purgatif. La tige de l'*Euphorbe officinale* (*Euphorbia officinalis*) laisse exsuder une sorte de gomme désignée sous le nom de gomme d'Euphorbe. Les graines de l'*Euphorbia lathyris* donnent l'huile d'épurge. — La *Mercuriale annuelle* (*Mercurialis annua*) possède des propriétés légèrement laxatives. — L'huile de Ricin ou de Palma-Christi est extraite des graines du *Ricinus communis*.

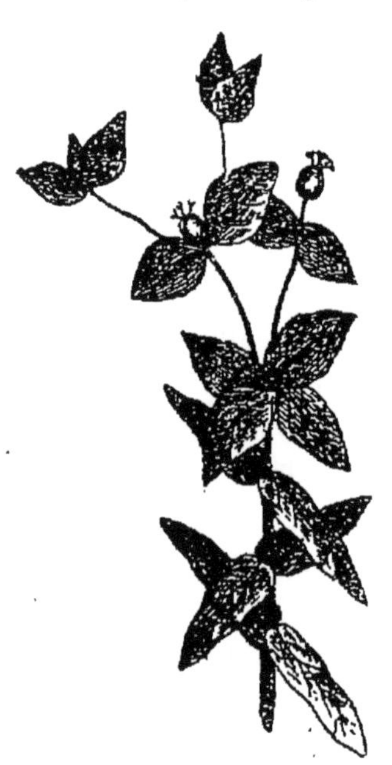

Fig. 160. — Euphorbe épurge.

Les graines du *Croton tiglium*, arbuste de l'île de Ceylan et de la côte de Malabar, fournissent l'huile de croton, un des agents les plus violents et les plus actifs de la thérapeutique moderne.

Le *Manioc* (*Jatropha manihot*, Amérique méridionale) est un arbuste de 2 à 3 mètres, dont les racines, très volumineuses, sont presque entièrement constituées par une matière féculente. Débarrassée des fibres ligneuses, et surtout d'un suc blanchâtre extrêmement caustique qui s'y trouve incorporé, cette matière arrive en Europe sous le nom de *tapioca*. Les Américains font avec la pulpe râpée des racines le *pain de cassave*. Il suffit, pour détruire le principe nuisible, de soumettre cette pulpe à une forte pression et de l'exposer au soleil.

L'*Hevea guyannensis* et le *Siphonia elastica* (Para) donnent par incision un suc laiteux qui se concrète et devient notre *caoutchouc*. Le caoutchouc du commerce doit sa forme de bouteille aux moules sur lesquels on le laisse figer, sa couleur brune à la fumée qui se dépose lorsque l'on active la dessiccation au moyen du feu. On apporte quelquefois en Europe le caoutchouc encore à l'état liquide ; c'est une espèce de crème jaunâtre, à saveur aigrelette. Dans la famille des Urticées, nous rencontrerons des espèces également utilisées pour la production du caoutchouc, les *Ficus elastica*, *indica*, etc.

Le *Mancenillier* (*Hippomane mancenilla*), grand et bel arbre des régions tropicales, laisse exhaler, au dire des anciens voyageurs, des émanations tellement délétères que l'on ne peut sans périr s'asseoir sous son ombre. Il est bien vrai que le suc du Mancenillier est âcre et caustique, que les fruits renferment un principe vireux ; mais plusieurs explorateurs récents ont constaté, à leurs propres risques, que les émanations n'ont rien de plus dangereux que celles de notre Noyer indigène.

La famille des Myristicées compte une espèce importante, le *Muscadier* (*Myristica aromatica*), grand arbre des îles Moluques, actuellement naturalisé dans presque toutes nos colonies. Le fruit est de la grosseur d'une pêche brugnon, et, autour de l'amande ou *muscade* proprement dite, se trouvent trois enveloppes, dont la moyenne, désignée sous le nom de *macis*, est employée comme aromate.

CHAPITRE XXVII

APÉTALES ANGIOSPERMES (*Suite*).

FAMILLE DES URTICACÉES.

Caractères. — Fleurs petites, verdâtres, unisexuées, monoïques ou dioïques; les fleurs mâles composées d'un périanthe sépaloïde à 3-6 folioles ou 3-5 divisions, avec 3-5 étamines; les fleurs femelles comprenant un périanthe analogue, souvent peu distinct et enveloppant l'ovaire; un ovaire uniloculaire, 1-2 styles; fruit variable, akène, caryopse ou sycône.

Division. — Nous réunissons sous la dénomination commune d'*Urticacées* un grand nombre d'espèces assez habituellement réparties en quatre familles; ces familles deviendront pour nous les tribus des *Urticées*, des *Cannabinées*, des *Morées* et des *Artocarpées*.

Tribu des Urticées.

Espèces principales : les *Orties*, le *China Grass*, la *Pariétaire.*

L'*Ortie dioïque* (*Urtica dioïca*) et l'*Ortie brûlante* (*Urtica urens*) se rencontrent à peu près partout. Ce sont deux espèces voisines, et dont le contact détermine des démangeaisons également désagréables. On les emploie pour la nourriture de la volaille et des bestiaux.

Le *China Grass* ou *Ramier* n'est qu'une espèce d'Ortie, l'*Urtica nivea*, ainsi nommée à cause de la blancheur éclatante des fibres textiles qu'elle fournit. Ces fibres servent depuis bien des siècles, en Chine et dans l'Inde, à fabriquer des tissus renommés. L'industrie européenne commence à les employer de préférence au Chanvre et au Lin.

Tribu des Cannabinées.

Espèces principales : le *Chanvre*, le *Houblon*.

Le *Chanvre* (*Cannabis sativa*) fut connu dès la plus haute antiquité, et ses fibres étaient utilisées pour la confection des cordages, des filets, etc. ; ce ne fut néanmoins qu'à une époque assez rapprochée de nous que l'on réussit à en obtenir des toiles fines. Le Chanvre à l'état frais contient environ 6 à 8 pour 100 de fibres textiles. Pour les obtenir, on commence par

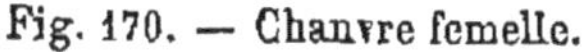

Fig. 170. — Chanvre femelle.

Fig. 171. — Chanvre mâle.

faire tremper la tige dans l'eau pendant plusieurs jours, jusqu'à ce que la fermentation ait détruit la matière gommeuse qui maintient la cohésion des diverses parties. C'est là ce qui constitue le *rouissage*, opération très insalubre lorsqu'elle s'effectue dans des eaux dormantes, à cause des miasmes que la décomposition du tissu végétal répand au loin dans l'atmosphère. Après que le chanvre a été retiré du *routoir* et séché à l'air, vient le *teillage*, qui consiste à séparer la filasse de la *chènevotte*.

La graine du Chanvre porte le nom de *chènevis*. Tous les oiseaux la recherchent. On en retire une huile bonne à brûler, et les tourteaux qui restent après l'expression sont donnés au bétail.

Le *Houblon* (*Humulus lupulus*) a pour fruit un cône à écailles membraneuses. Ces écailles sont recouvertes à

Fig. 172. — Houblon.

Fig. 173. — Cône de houblon.

leur base par une sorte de poussière jaunâtre, renfermant un principe spécial, la lupuline, qui communique à la bière une amertume caractéristique et la garantit contre les altérations.

Tribu des Morées.

Espèces principales : le *Mûrier*, le *Morin*, le *Broussonnetia*, les *Figuiers*.

Le *Mûrier noir* (*Morus nigra*) et le *Mûrier rouge* (*Morus rubra*) portent des fruits pulpeux, beaucoup plus agréables que ceux du *Mûrier blanc* (*Morus alba*); mais les feuilles des deux premières espèces n'entrent que pour une part médiocre dans l'alimentation des vers à soie, tandis que l'existence de ces insectes précieux est pour ainsi dire attachée à celle du Mûrier blanc. Ce fut sous Charles VII que le Mûrier blanc fut introduit en France, et sous Henri IV que la culture commença, malgré l'opposition de Sully, à prendre une véritable importance. Aujourd'hui, on trouve des plantations de Mûriers dans tous les pays à l'abri des froids trop vifs et des gelées, non seulement dans le Midi de la France, mais dans la Bretagne et jusqu'en Suède. — Le *Morin* (*Morus tinctoria*, Brésil et Antilles) fournit au commerce de grosses bûches, désignées sous le nom de *bois jaune*, et dont on extrait une matière tinctoriale. — L'écorce du *Broussonnetia papyracea* ou *Mûrier à papier*

Fig. 174. — Broussonuetia papyracea.

est employée depuis longtemps en Chine pour la fabrication du papier.

Le *Figuier commun* (*Ficus carica*) est largement répandu dans tout le Midi de la France ; sa culture, grâce à des pratiques habiles, a pu descendre jusqu'aux environs de Paris. La figue est un réceptacle enfermant une quantité de fleurs intérieures, les unes mâles, les autres femelles. Après la fécondation, ces dernières ont donné des akènes, tandis que le réceptacle s'épaississait et se modifiait à la manière du péricarpe dans les drupes. — Plusieurs espèces indiennes, le *Ficus elastica*, le *Ficus toxicaria*, etc., plusieurs espèces américaines, le *Ficus radula*, le *Ficus elliptica*, etc., fournissent, concurremment avec les Euphorbiacées dont il a déjà été fait mention, le suc laiteux appelé *caoutchouc*; d'autres espèces, la *gomme laque*.

Tribu des Artocarpées.

Espèces principales : l'*Antiar*, l'*Arbre à pain*, le *Jaquier*, l'*Arbre à lait*, le *Teck*.

Le suc de l'*Antiar* (*Antiaris toxicaria*, Moluques, Philippines) est employé par les Malais pour empoisonner leurs armes. C'est un des poisons les plus actifs que l'on connaisse. — L'*Arbre à pain* (*Artocarpus rima*), originaire des îles de la mer du Sud, a été introduit dans un grand nombre de colonies européennes. Ses fruits, du poids de 15 à 20 kilogrammes, renferment intérieurement une matière féculente, dont le goût, après la cuisson, est tout à fait analogue à celui de la mie de pain. —Les fruits du *Jaquier* (*Artocarpus jaca*, Indes Orientales) rivalisent pour les dimensions avec ceux de l'Arbre à pain; un seul suffit pour l'alimentation de dix personnes. — L'*Arbre à lait* (*Galactodendron utile*, Amérique méridionale)

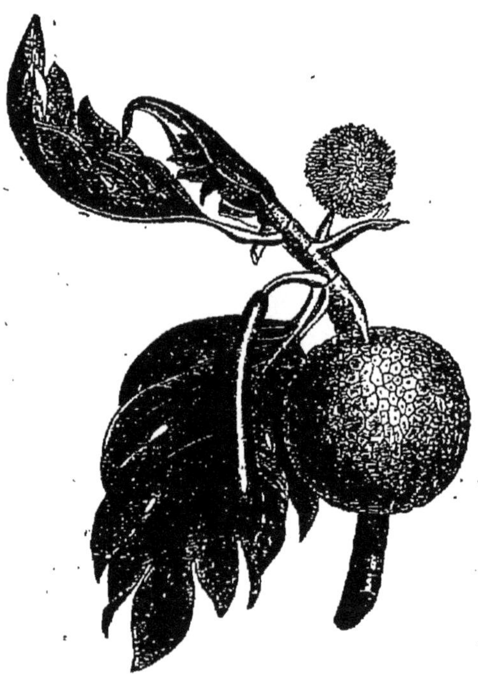

Fig. 175. — Fruit de l'Arbre à pain.

est une des curiosités de la nature. Croissant dans les contrées les plus stériles, les plus absolument dépourvues d'eau, il laisse couler, par les incisions que l'on pratique sur sa tige, un lait végétal renfermant tous les éléments du lait de vache. — Le *Teck* (*Tecktena grandis*, Inde et Ceylan) fournit à la marine un bois d'une extrême dureté, et qui résiste beaucoup mieux que le meilleur chêne à toutes les influences extérieures.

Tout à côté de la tribu des Artocarpées vient prendre place la famille des Ulmacées, dans laquelle on trouve deux beaux arbres, l'*Orme* et le *Micocoulier*. — L'*Orme* (*Ulmus campestris*) est employé surtout pour border les routes; son bois est un excellent bois de charronnage, surtout celui de l'Orme tortillard. — Le *Micocoulier* (*Celtis australis*) est commun dans le Midi de la France. Son bois l'emporte sur presque tous les autres sous le rapport de la force et de la souplesse.

CHAPITRE XXVIII

APÉTALES ANGIOSPERMES. — AMENTACÉES

FAMILLE DES PIPÉRACÉES.

Cette famille peut être considérée comme tenant de très près à la famille des Urticées. Elle comprend un certain nombre d'espèces exotiques, dont les plus intéressantes appartiennent au genre *Piper*. Le *Poivrier* (*Piper nigrum*) doit son nom à l'intendant Poivre, qui, des Indes Orientales, le fit transporter à l'île de France, à Cayenne et dans nos autres colonies. Les fruits, d'abord rouges, puis noirs en mûrissant, conservent le nom de *poivre noir* tant qu'ils ne sont pas dépouillés de leur écorce, et prennent celui de *poivre blanc* lorsque le tégument extérieur a été enlevé. Le *Poivre long* est produit par le *Piper longum*, et son nom lui vient de ce que les fruits sont réunis en chatons très allongés. Le *Poivrier bétel* (*Piper betel*) a des feuilles amères,

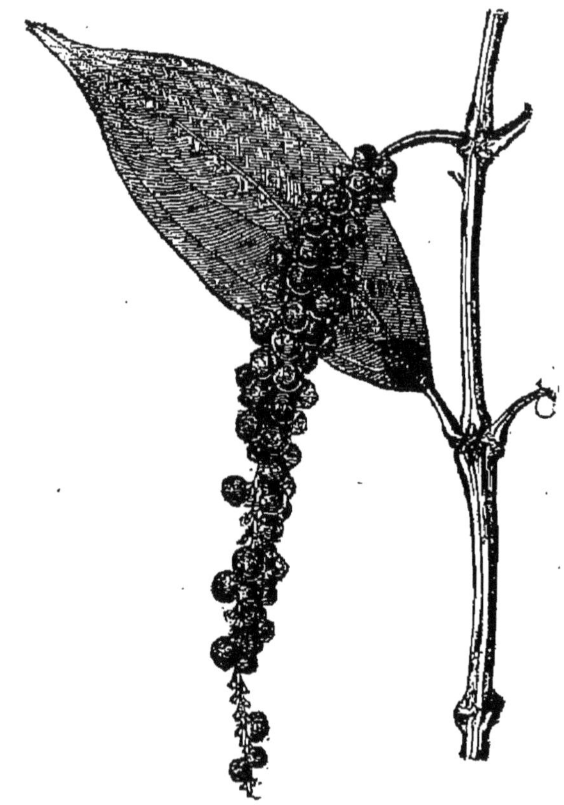

Fig. 176. — Poivrier.

aromatiques, que les Indiens mâchent continuellement avec un mélange de chaux et de noix d'Arec.

FAMILLE DES SALICINÉES.

Caractères. — Arbres et arbrisseaux à feuilles caduques; fleurs dioïques et disposées, les femelles comme les mâles, en *chatons* cylindriques ; pour fruit, une capsule.

Espèces principales : les différentes espèces de *Saules* et de *Peupliers*.

Les *Saules* se plaisent dans les lieux humides, sur le bord des ruisseaux, sur les terrains fréquemment inondés;

leurs racines maintiennent les berges et forment des digues naturelles contre les empiétements de l'eau. Cependant certaines espèces, telles que le *Saule marceau* (*Salix capræa*), croissent de préférence sur les sols arides et rentrent dans la catégorie des espèces forestières. — Le *Saule blanc* (*Salix alba*) s'élève à une hauteur de plus de 10 mètres. Son bois, souple et tenace, s'emploie pour faire des cercles de tonneaux, son écorce pour le tannage. — Les *Saules osiers* (*Salix viminalis*, *triandra* et *purpurea*), ordinairement coupés en *têtards*, fournissent à la vannerie les matériaux nécessaires pour la confection des claies et des paniers. — Le *Saule pleureur* (*Salix babylonica*), originaire de l'Asie, partage avec le Cyprès le privilège d'ombrager les tombeaux,

Fig. 177. — Tremble.

Les *Peupliers*, bien supérieurs aux Saules par la force et la grandeur, se plaisent comme eux dans les endroits humides. On en distingue un grand nombre d'espèces, telles que le *Peuplier blanc*, le *Peuplier noir*, le *Peuplier d'Italie*, le *Peuplier tremble*.

FAMILLE DES BÉTULINÉES.

Caractères. — Arbres et arbrisseaux à feuilles caduques; fleurs monoïques, les mâles et les femelles réunies à la base de bractées écailleuses, et formant des chatons cylindriques ou ovoïdes. Pour fruit, un akène (Bouleau) ou une samare (Aune).

Espèces principales : le *Bouleau*, l'*Aune*.

On peut citer parmi les Bouleaux : le *Bouleau blanc* (*Betula alba*), dont le bois est recherché des tourneurs, des menuisiers, des sabotiers ; le *Bouleau nain* (*Betula nana*), petit arbrisseau d'un mètre à peine de hauteur, très commun en Laponie; le *Bouleau à canots* (*Betula nigra*), dont l'écorce sert à faire des pirogues au Canada.

L'*Aune* (*Alnus glutinosa*) s'élève jusqu'à 15 et 20 mètres. Son accroissement est très prompt, surtout dans les endroits humides. Les sabotiers, les tourneurs, recherchent le bois d'Aune; les boulangers l'emploient comme bois de chauffage. L'écorce sert pour les tanneurs et les teinturiers.

Fig. 178. — Bouleau blanc.

Fig. 179. — Platane d'Orient.

Nous n'avons à citer, dans la famille des PLATANÉES, que les *Platanes*, *Platane d'Orient* et *Platane d'Occident*. Le *Platane d'Orient* (*Platanus orientalis*), grand et bel arbre, originaire de l'Asie Mineure et de la Grèce, a été introduit en France vers 1750 ; il est aujourd'hui très commun dans nos parcs et dans nos promenades.

FAMILLE DES JUGLANDÉES.

Les Juglandées sont des arbres à feuilles caduques, alternes, à fleurs monoïques, les mâles disposées en chatons, les femelles réunies en petit nombre à l'extrémité des rameaux ; le fruit est drupacé.

Espèces principales : le *Noyer commun*, le *Noyer noir*, le *Noyer cendré*.

Le *Noyer commun* (*Juglans regia*), originaire de la Perse, s'est multiplié depuis un temps immémorial dans toute l'Europe tempérée. Ses fruits, d'une conservation facile,

Fig. 180. — Noyer commun.

sont une des ressources de l'hiver. Avant leur parfaite maturité on les mange sous le nom de *cerneaux*. L'huile, qu'on en exprime à froid, est très douce lorsqu'elle est récente ; mais elle rancit vite et n'est plus utilisable alors que pour l'éclairage et les divers besoins de l'industrie. Le brou fournit une couleur brune très solide. Le bois du Noyer est doux, liant, flexible, agréablement veiné ; on l'emploie pour les meubles. Aucun autre bois ne peut lui être substitué pour la monture des fusils. Les différentes parties du Noyer exhalent une odeur forte et pénétrante. — Le *Noyer noir* (*Juglans nigra*) et le *Noyer cendré* (*Juglans cærulea*) sont deux espèces américaines, assez répandues aujourd'hui comme arbres d'ornement.

FAMILLE DES QUERCINÉES OU CUPULIFÈRES.

Caractères. — Arbres ou arbrisseaux à feuilles tantôt caduques, tantôt plus ou moins persistantes, à fleurs monoïques, les mâles en chatons, les femelles solitaires, ou réunies en chatons ; l'involucre foliacé, coriace ou ligneux, quelquefois hérissé d'épines, forme une sorte de coupe à la base du fruit, ou même l'enveloppe complètement.

Espèces principales : les diverses espèces de *Chênes* (*Chêne rouvre*, *Chêne vert*, *Chêne liège*, *Chêne kermès*, *Quercitron*, etc.), le *Hêtre*, le *Châtaignier*, le *Noisetier*, le *Charme*.

Le *Chêne rouvre* (*Quercus robur*), le *Chêne pédonculé* (*Quercus pedunculata*), occupent le premier rang parmi nos essences forestières. Le bois de Chêne est le meilleur de nos bois de charpente, le meilleur de nos bois de chauffage. L'écorce fournit le tan. Les glands servent à la nourriture des porcs et du bétail. — Dans certaines espèces, telles que le *Quercus æsculus*, ces glands ont uue saveur douce et sont consommés par l'homme. Torréfiés, on en fait une sorte de café. — Le *Chêne vert* (*Quercus ilex*) rentre encore dans la catégorie des espèces à glands comestibles. Son bois est employé comme celui des chênes rouvres et pédonculés. — Le *Chêne liège* (*Quercus suber*), espèce particulière, comme le Chêne vert, aux contrées méridionales, nous fournit le liège. Cette matière est l'enveloppe subéreuse de l'écorce, très développée dans le Chêne liège, et que l'on peut enlever tous les huit ou dix ans, sans que la végétation de l'arbre en souffre. — Le *Chêne kermès* *Quercus coccifera*) est un arbrisseau toujours vert, sur les branches duquel on trouve le kermès, insecte voisin de la cochenille, et qui produit une couleur solide, d'un rouge assez vif, connue sous la dénomination de *graine d'écarlate*. — Les piqûres de certains cynips déterminent sur les feuilles et sur les rameaux de presque toutes les espèces de Chênes la formation d'excroissances auxquelles on a donné le nom de *galles*. ou *noix de galle*. Les noix de galle du commerce proviennent du *Chêne d'Alep* (*Quercus infectoria*), commun dans les pays du Levant. Le *Quercitron* (*Quercus tinctoria*, Amérique septentrionale) fournit une matière colorante jaune, très employée dans la teinture des étoffes de coton.

Le *Hêtre* (*Fagus sylvatica*) rivalise avec le chêne pour l'élévation de la tige et l'étendue du feuillage ; mais il lui est très inférieur comme qualité de bois et n'est guère employé dans les grandes constructions. Les semences ou *faînes* sont recherchées par les animaux domestiques ; on en retire une assez bonne huile à manger.

Le *Châtaignier* (*Fagus castanea*) est très voisin du Hêtre

Fig. 181. — Châtaignier commun.

au point de vue des caractères botaniques. Peu d'espèces sont aussi utiles aux régions pauvres. Dans les Cévennes le Limousin, les châtaignes forment presque la seule nourriture de la majeure partie de la population. On distingue sous le nom de *marron* une varieté de châtaigne beaucoup plus délicate, et qui ne renferme ordinairement qu'une seule semence dans chaque coque. Le bois de Châtaignier est pesant, élastique, d'une grande force et d'une grande durée. Les plus belles charpentes de nos vieux édifices en sont faites. On emploie beaucoup ce bois pour la tonnellerie. Les Châtaigniers parviennent souvent à une grosseur prodigieuse.

Le *Noisetier* ou *Coudrier* (*Corylus avellana*) est un arbrisseau commun dans toutes nos haies et nos bois taillis. Cultivé, il donne les grosses noisettes de table que l'on désigne souvent sous le nom d'*avelines*, de la ville d'Avellano, en Italie.

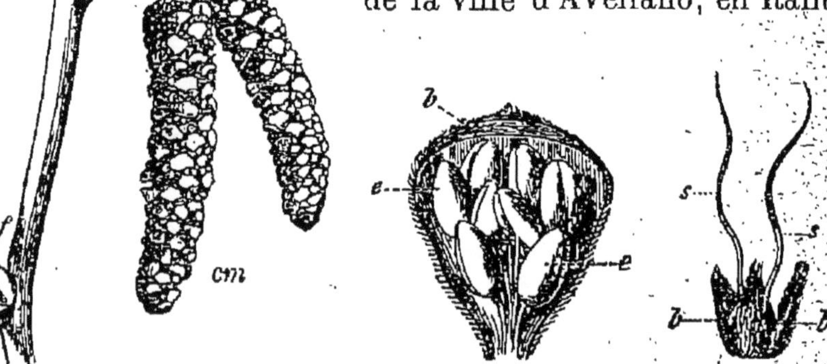

Fig. 182. — Fructification du Coudrier noisetier *.

Fig. 183. Fleur mâle **.

Fig. 184. Fleur femelle ***.

* *cm*, chatons mâles; *cf*, chatons femelles.
** *b*, bractées; *ee*, étamines.
*** *bb*, involucre; *ss*, styles.

Le bois du Noisetier est souple et tendre; on en fait des fourches, des échalas, des claies.

Le *Charme* (*Carpinus betulus*), s'il n'est point du nombre de nos plus grands arbres, est du moins l'un de ceux qui se développent le plus vite et le plus facilement. On emploie beaucoup le Charme pour la décoration des jardins, parce que ses feuilles durent longtemps, et parce que ses branches se prêtent à prendre toute sorte de formes dans l'établissement des *charmilles*. Le bois du Charme est blanc, dur, lourd, d'un grain serré. Les charrons en font un grand usage. Comme bois à brûler, il donne une chaleur vive et une braise ardente.

CHAPITRE XXIX

APÉTALES GYMNOSPERMES

FAMILLE DES CONIFÈRES.

Caractères. — Arbres et arbrisseaux résineux, à feuillage vert, presque toujours persistant; tronc ramifié de manière à présenter un ensemble pyramidal; fleurs monoïques ou dioïques, ordinairement disposées en chatons; chatons mâles constitués par des étamines nombreuses insérées sur l'axe, sans bractées qui les séparent; chatons femelles formés par des écailles dont chacune porte à l'aisselle un ou plusieurs ovules. Pour fruit, un cône résultant du développement du chaton femelle et formé d'*écailles*, tantôt ligneuses et plus ou moins indépendantes les unes des autres, tantôt charnues et soudées de manière à figurer une baie.

Division. — On partage les Conifères en trois tribus, qui sont: les *Abiétinées*, les *Cupressinées* et les *Taxinées*.

Tribu des Abiétinées.

Espèces principales : les *Sapins*, les *Pins*, le *Cèdre*, le *Mélèze*, l'*Araucaria*.

Le *Sapin commun* (*Picea vulgaris*) doit le nom de *Sapin argenté* à la teinte blanchâtre que présente le dessous de ses feuilles. Il est commun sur toutes les hautes montagnes de l'Europe, et sa tige dépasse souvent 40 mètres d'élévation. Le *Sapin élevé* ou *Epicéa* (*Abies excelsa*) habite les mêmes régions et atteint les mêmes dimensions. Ces deux arbres sont précieux pour la marine, la charpente et la menuiserie. On retire par incision de la tige du Sapin commun la résine liquide connue sous la dénomination de *térébenthine de Strasbourg*, et, de la tige de l'Epicéa, la poix improprement appelée *poix de Bourgogne*. — Parmi les espèces exotiques on distingue le *Sapin baumier* (*Abies balsamifera*, Amérique septentrionale), dont la résine, très aromatique, se vend dans le commerce sous le nom de *baume de Canada*; la *Sapinette noire* (*Abies nigra*, Amérique septentrionale), dont le bois est extrêmement recherché pour la mâture.

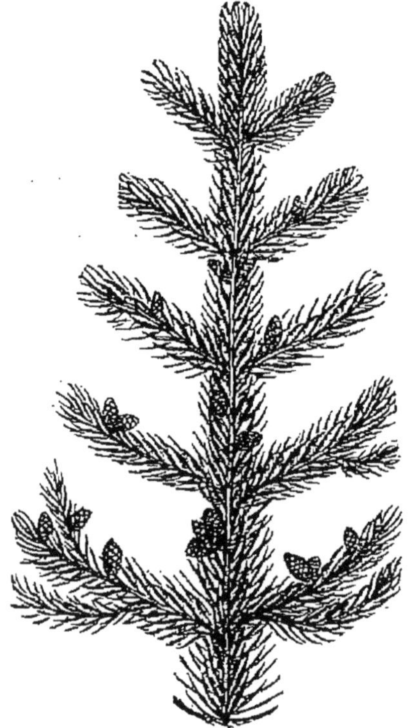

Fig. 185. — Sapin commun.

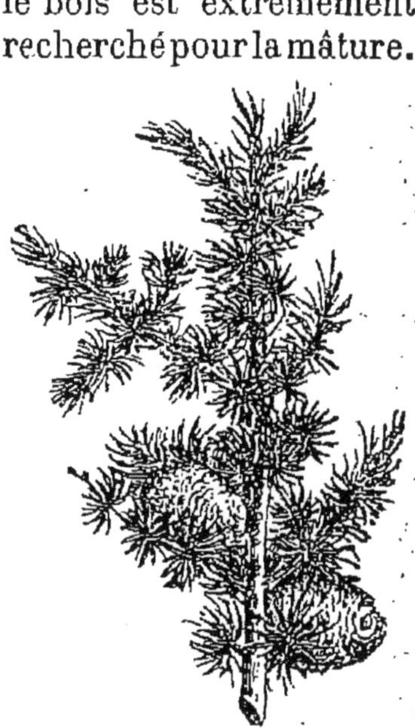

Fig. 186. — Rameau de Cèdre.

Le *Cèdre* (*Abies cedrus*) ne se trouve à l'état de nature que dans le Liban, l'Himalaya et quelques forêts de l'Algérie; encore paraît-il que le groupe historique du Liban est menacé d'une destruction prochaine. Cet arbre, qui présente de très précieuses qualités au point de vue industriel, s'accommode très facilement de notre climat. Le doyen des Cèdres français est celui que Bernard de Jussieu apporta d'Angleterre. Une tradition populaire attribue faussement à notre grand naturaliste l'honneur d'avoir apporté ce Cèdre du Liban même, et de l'avoir arrosé pendant la traversée aux dépens de sa ration personnelle. — Le *Mélèze* (*Larix europæa*) s'élève dans les Alpes au-dessus de la région des Sapins et tout auprès des glaciers. On en trouve qui dépassent 50 mètres de hauteur. C'est, avec le Cyprès chauve, le seul Conifère qui se dépouille de ses feuilles pendant l'hiver. Son bois, qui passe pour incorruptible, est excellent pour la charpente. La résine qui découle du tronc fournit la *térébenthine* de Venise. Des feuilles, suinte pendant l'été une sorte de manne analogue à celle du Frêne de Calabre ; on l'appelle *manne de Briançon*.

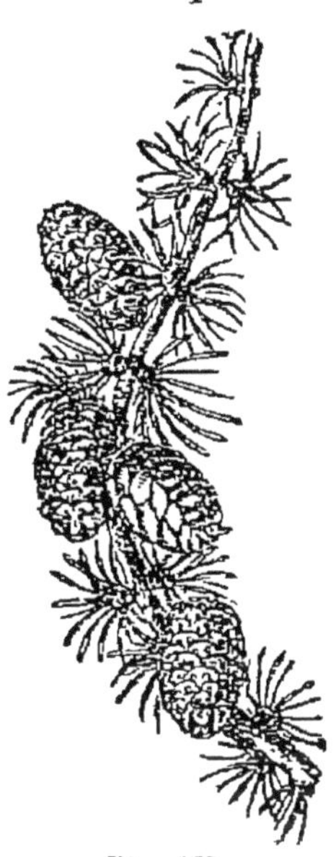

Fig. 187.
Rameau de Mélèze.

Les *Pins*, supportant le froid moins facilement que les Sapins, se trouvent en général à des altitudes moindres. Ils se plaisent sur les terrains arides et sablonneux, et conviennent admirablement pour la plantation des dunes et des landes. Leur bois s'emploie pour la mâture. De la plupart des espèces, on retire de la résine, et, par suite, du goudron et du brai gras. Le pollen est quelquefois emporté au loin par les vents en quantité assez considérable pour que l'on ait pu croire à des pluies de soufre. Les graines mûrissent lentement, et même seulement au bout de trois années dans le Pin pignon. Les principales espèces sont : le *Pin sylvestre* (*Pinus sylvestris*) ; le *Pin d'Ecosse* (*Pinus rubra*) ; le *Pin de Corse* (*Pinus laricio*) ; le *Pin austral* (*Pinus australis*) ; le *Pin de lord Weymouth* (*Pinus strobus*) ; le *Pin maritime* (*Pinus maritima*) ; le *Pin pignon* (*Pinus pinea*) ; le *Pin cimbra* (*Pinus cimbra*). — Les cinq premières espèces sont particulièrement utilisées pour les constructions navales. — Le *Pin maritime*, inférieur comme qualité de bois, impropre à la mâture par suite du peu de rectitude de sa tige, fournit une grande quantité d'oléo-résine. On l'a beaucoup multiplié dans les landes de Bordeaux. — Le *Pin pignon*, qui habite l'Europe méridionale, donne peu de résine; mais ses graines sont comestibles, et de plus servent à fabriquer une huile assez agréable au goût. — Le *Pin cimbra*, une des plus petites espèces, a des graines à peine de la grosseur d'un pois, mais bonnes à manger et susceptibles de fournir de l'huile. Cet arbre croît sur les hautes montagnes de l'Europe tempérée. Les montagnards du Tyrol et de la Suisse travaillent sous mille formes son bois résineux et odorant.

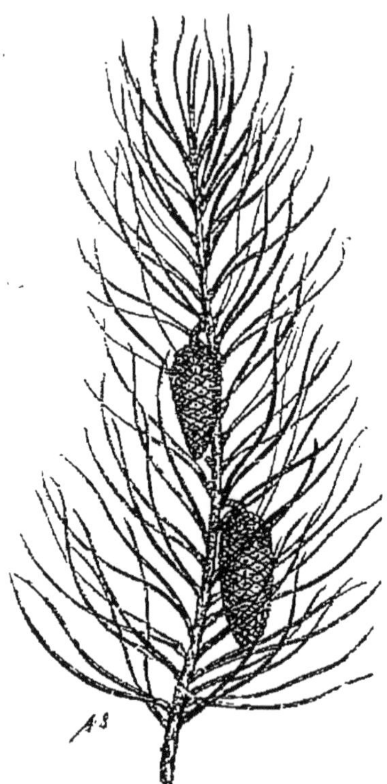
Fig. 188. — Pin maritime.

Les *Araucaria* (Amérique méridionale) ont été introduits en France pour l'ornementation des jardins.

Tribu des Cupressinées.

Espèces principales : les *Cyprès*, les *Thuya*, les *Genévriers*, la *Sabine*.

Le *Cyprès commun* (*Cupressus sempervirens*) doit à la sombre verdure de son feuillage d'être devenu le symbole de la douleur et de la mélancolie. Originaire de l'Asie-Mineure, cet arbre est aujourd'hui très répandu dans le Midi de la France. Son bois est solide, odorant et d'une durée pour ainsi dire indéfinie.

Les *Thuya* sont originaires de l'Amérique ou des Indes, à l'exception du *Thuya articulata* d'Algérie, dont le bois, sous le nom de *Citrus*, jouissait chez les anciens d'une réputation qu'il commence à reconquérir aujourd'hui. C'est cette même espèce qui fournit la résine appelée *sandaraque*. — Le *Thuya du Canada* (*Thuya occidentalis*) a été introduit en France sous François Ier.

Le *Genévrier commun* (*Juniperus communis*) est un arbrisseau généralement rabougri, qui croît spontanément dans le nord de l'Europe centrale. Son bois, aromatique et d'un grain très fin, est employé pour la fabrication des crayons, de même que celui du *Genévrier de Virginie* ou *Cèdre rouge* (*Juniperus virginiana*). Le genièvre s'obtient en faisant infuser dans de l'eau-de-vie de grain les baies du Genévrier.

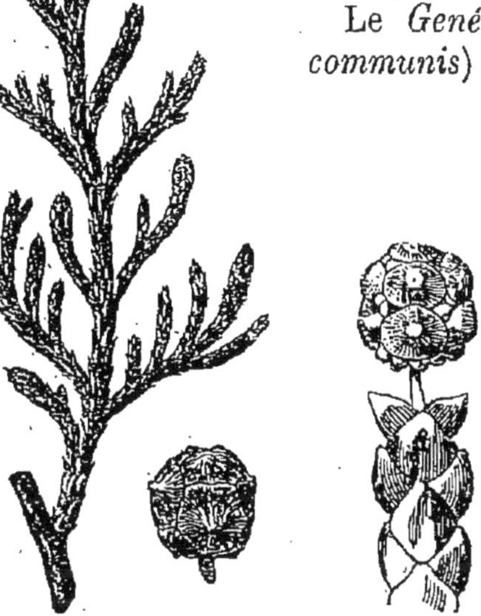

Fig. 189. — Cyprès.

Fig. 190. — Chaton du Thuya.

Fig. 191. — Cône du Thuya.

Tribu des Taxinées.

Espèce principale : l'*If*.

L'*If* (*Taxus baccata*) est assez commun dans les montagnes de la Suisse et de la Savoie ; les anciens horticulteurs l'avaient répandu à profusion dans les jardins, pour lui faire prendre sous le ciseau les formes les plus bizarres et les plus tourmentées. Le bois de l'If est un des meilleurs pour les ouvrages qui exigent de la force et de la durée ; il est très recherché, et cependant on plante peu d'Ifs, à cause de la lenteur avec laquelle ces arbres poussent. Les feuilles de

Fig. 192. — If.

Fig. 193. — A, fruit de l'If. — B, coupe du même. — C, calice.

l'If renferment un principe vénéneux et sont nuisibles pour les animaux domestiques ; mais les fruits sont inoffensifs.

FAMILLE DES CYCADÉES

Cette petite famille termine la série de plantes dicotylédones, et, par ses analogies avec les Conifères, les Fougères et les Palmiers, sert pour ainsi dire de trait d'union entre les trois embranchements du règne végétal. Elle se compose d'un nombre très restreint d'espèces, appartenant aux genres *Cycas* et *Zamia*, et toutes particulières aux régions les plus chaudes de l'ancien et du nouveau continent, principalement à l'Australie. La tige des Cycadées renferme une moelle féculente que l'on importe en Europe sous le nom de *sagou*, concurremment avec le produit similaire fourni par diverses espèces de Palmiers.

CHAPITRE XXX

MONOCOTYLÉDONES

CARACTÈRES GÉNÉRAUX

Les plantes comprises dans l'embranchement des Monocotylédones possèdent, comme celles du groupe précédent, des organes reproducteurs distincts et un embryon ; mais cet *embryon* n'a qu'un seul cotylédon, et sa radicule primaire atrophiée donne naissance à des axes secondaires caractérisés par l'espèce de colerette qui les entoure à leur base. — Les *racines* sont fasciculées ou fibreuses. — La tige est un *stipe* dans les Monocotylédones ligneuses (Palmiers); c'est un *chaume* dans les espèces herbacées, ou seulement une *hampe* (Lis, Oignon etc.). L'accroissement, dans les tiges ligneuses, n'a point lieu par la formation de couches concentriques de bois et d'écorce, et la solidité de la tige, à l'inverse de ce que l'on observe chez les Dicotylédones, diminue de la circonférence vers le centre. L'axe principal porte rarement des ramifications. — Les *feuilles*, ordinairement simples, présentent des nervures parallèles ou des nervures pennées sans réticulation. — Les *fleurs* sont disposées le plus généralement d'après le type ternaire; ainsi, dans le Muguet, par exemple, on trouve un périanthe à six dents, six étamines, un ovaire à trois loges.

L'embranchement des Monocotylédones, beaucoup moins nombreux que celui des Dicotylédones, ne comprend guère qu'une quarantaine de familles, dont les plus importantes seulement nous occuperont. On peut les répartir de la façon suivante :

- MONOCOTYLÉDONES
  - albuminées.
    - Ovaire supère.
      - Fleurs périanthées.. *Palmiers.* *Liliacées.* *Colchicacées.*
      - Fleurs apérianthées. *Aroïdées.* *Cypéracées.* *Graminées.*
    - Ovaire infère.................... *Amaryllidées.* *Iridées.* *Broméliacées.* *Amomées.*
  - sans albumen.
    - Ovaire infère.................... *Orchidées.*
    - Ovaire supère.................... *Fluviales.*

FAMILLE DES PALMIERS.

Caractères. — Plantes ligneuses, généralement arborescentes ; tige rarement ramifiée, terminée par un bouquet de feuilles ; inflorescence en spadice ; fleurs ordinairement unixuées, souvent dioïques ; périanthe double ; ovaire libre ; en général six étamines ; pour fruit, une noix ou une drupe. Toutes les espèces appartiennent aux pays chauds ; quelques-unes seulement se trouvent dans l'Italie méridionale.

Espèces principales ; le *Dattier*, le *Cocotier*, le *Sagoutier*, l'*Aréquier*, le *Palmier de Guinée*, le *Palmier nain*, le *Rotang*, le *Cirier des Andes*, le *Copernicia serifera.*

Le *Dattier* (*Phœnix dactylifera*) est l'arbre caractéristique du grand désert africain ; les tribus sahariennes vivent presque exclusivement de ses fruits, et il constitue pour elles le principal objet d'échange avec les populations du littoral. Cette espèce est dioïque ; le vent transporte le pollen, et les Arabes aident à cette dissémination naturelle en secouant les grappes de fleurs mâles sur les Dattiers femelles. — Ce qui vient d'être dit relativement à l'importance du Dattier pour certains peuples s'appliquerait exactement au *Cocotier* (*Cocos nucifera*) : la seule différence est dans la nature du fruit. La noix de coco, très volumineuse et couverte d'une bourre épaisse, employée en guise d'étoupe, renferme primitivement une sorte de crème très agréable au goût. Cette crème se transforme en une amande, d'abord excellente à manger, mais qui rancit à la longue et devient coriace. Les noix importées en France sont généralement parvenues à ce dernier état. Le Cocotier se trouve dans les Antilles, l'Amérique méridionale, l'Inde et l'Océanie. — Le *Sagoutier* (*Sagus farinifera*, Inde) renferme intérieurement une moelle farineuse que l'on retire après avoir abattu le tronc, et qui constitue le *sagou*, fécule tout à fait semblable à notre fécule de pomme de terre, mais d'un prix beaucoup plus élevé.

Fig. 194. — Cocotier et Pandanus.

On distingue parmi les *Aréquiers* : l'*Aréquier cachou* (*Areca catechu*), grand arbre de l'Inde, dont l'amande ou *noix d'arec* sert à la préparation du *bétel*. Après avoir coupé par tranches la noix d'arec, on saupoudre ces tranches de chaux et on les enveloppe dans une feuille de *piper betel*. Les Indous mâchent continuellement cette substance, dont l'effet le plus certain est la prompte destruction des dents. — L'*Aréquier d'Amérique* (*Areca oleracea*), porte un bourgeon terminal qui se mange sous le nom de *chou-palmiste* et dont la saveur approche beaucoup de celle de l'artichaut. — Le *Palmier de Guinée* (*Elais guineensis*, Afrique et Amérique) fournit l'*huile de palme*, objet d'un commerce considérable. — Les fibres du *Paimier nain* (*Chamærops humilis*) sont utilisées pour la fabrication du papier et pour celle des cordages. On confectionne avec les feuilles et les tiges quantité d'articles de sparterie.

FAMILLE DES LILIACÉES.

Caractères. — Plantes généralement herbacées, à souche bulbeuse ; fleurs solitaires ou bien groupées en épi, grappe ou ombelle au sommet de la tige, périanthe le plus souvent coloré, formé de six pièces libres ou soudées ; six étamines, entourant un ovaire composé de trois carpelles et que surmonte un style avec un stigmate trilobé ; pour fruit, une capsule à trois loges ou une baie.

Les nombreuses plantes de cette famille ont été réparties en plusieurs tribus dont nous indiquons les plus importantes :

FRUIT			
Capsulaire rarement charnu. (Liliacées vraies.)	Racines bulbeuses.	Périanthe à divisions libres....	*Tulipacées.*
		Périanthe tubuleux	*Hyacinthées.*
	Racines tubéreuses...........		*Agapanthées.* *Aloïnées.*
Bacciforme..................................			*Asparaginées.*

Tribu des Tulipacées.

A cette tribu appartiennent le *Lis* et la *Tulipe.* Nous donnerons la description détaillée du Lis blanc.

Lis blanc (*Lilium candidum*) : plante à *souche* bulbeuse, formée d'écailles ; à *tige* cylindrique, haute de 8 à 12 décimètres, garnie sur toute sa longueur de *feuilles* oblongues, lancéolées, éparses, sessiles, c'est-à-dire dépourvues de pétiole, à nervures parallèles, d'une belle couleur verte ; *fleurs* blanches, à odeur très forte, réunies, au nombre de 12 à 15, en une grappe terminale ; enveloppe florale ou *périanthe* pétaloïde, c'est-à-dire présentant les caractères d'une corolle ; 6 *pétales*, oblongs, à pointe ouverte et non roulée en dehors ; 6 *étamines* insérées sur le réceptacle ;

ovaire supère, c'est-à-dire dominant le point d'insertion des étamines; *style* cylindrique; *stigmate* à 3 lobes; pour *fruit*, une capsule trigone, à 3 loges contenant chacune plusieurs graines.

Outre le Lis blanc, on cultive le Lis *martagon* (*Lilium martagon*), à fleurs rougeâtres ou purpurines.

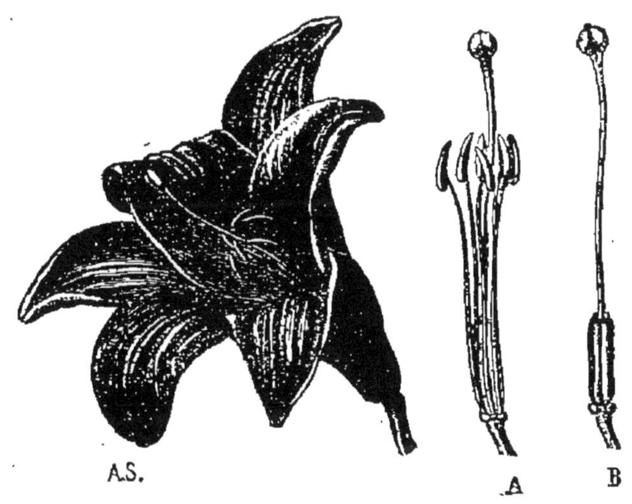

Fig. 195. — Fleur du Lis blanc. — A, Étamines et pistil. — B, Pistil.

Parmi les *Tulipes*, on distingue la *Tulipe des jardins* (*Tulipa gesneriana*), introduite de l'Orient en Europe à la fin du XVIᵉ siècle, et qui a donné naissance à des centaines de variétés; la *Tulipe odorante* (*Tulipa fragrans*), à hampe très courte, à fleur jaune et rouge, odorante; la *Tulipe sauvage* (*Tulipa sylvestris*), à fleur jaune, odorante

Citons encore parmi les Tulipacées, les *Yucca* originaires de l'Amérique, mais qui croissent très vigoureusement en Algérie et même en France. On a retiré de leurs feuilles une filasse blanche, lustrée, résistante, qui semble appelée à rendre d'importants service à l'industrie.

Tribu des Hyacinthées.

Cette tribu renferme les diverses espèces du genre *Allium*. Sous le nom générique d'*Allium*, on réunit le Poireau, l'Oignon, la Rocambole, l'Echalote, la Ciboule, la Civette, l'Ail proprement dit, et plusieurs autres espèces employées dans l'économie domestique. Toutes ces plantes sont des herbes à *souche* bulbeuse, à *feuilles* allongées, engainantes, c'est-à-dire formant une gaine à la tige ou hampe ; *fleurs* disposées en ombelle simple ; *périanthe* sépaloïde, à 6 *sépales* insérés sous l'ovaire ; 6 *étamines ; ovaire* arrondi, *style* grêle, *stigmate* pointu ; pour *fruit*, généralement une capsule à 3 loges (Oignon, Poireau, etc.). Dans plusieurs espèces (Rocambole, etc.), les capsules sont remplacées par des bulbilles. Les différentes espèces du genre *Allium* se distinguent assez facilement par la forme de leur souche, tantôt simple, tantôt composée de la réunion de bulbes plus petites, tantôt ronde, tantôt cylindrique.

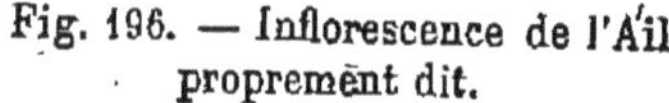

Fig. 196. — Inflorescence de l'Ail proprement dit.

Fig. 197. — Fritillaire.

Les nombreuses espèces de *Jacinthes*, la *Tubéreuse*, les *Hémérocalles*, la *Fritillaire* etc. sont des plantes d'ornement appartenant au même groupe.

L'*Asphodèle rameuse* (*Asphodelus ramosus*) est, comme le Palmier nain, une des plantes spontanées qui couvrent les terres incultes de l'Algérie.

Tribu des Agapanthées.

Dans cette tribu, nous signalerons le *Phormium tenax* ou *Lin de la Nouvelle-Zélande.* Ses longues feuilles fournissent des fibres dont la ténacité, d'abord très supérieure à celle du Chanvre, disparaît sous l'action de l'humidité. Cette circonstance a beaucoup diminué de l'intérêt qu'on avait attaché à l'acclimatation de ce textile dans nos provinces méridionales.

Tribu des Aloïnées.

Les différentes espèces d'*Aloès* fournissent la matière purgative connue sous le nom d'aloès. Cette matière est contenue dans les feuilles. Les fibres de ces mêmes feuilles possèdent une très grande ténacité et sont employées pour fabriquer des tissus et des cordages très solides.

Tribu des Asparaginées.

Les espèces à mentionner sont l'*Asperge*, le *Dragonnier*, le *Muguet*, le *Sceau de Salomon*, la *Salsepareille*, la *Squine*, le *petit Houx*.

L'*Asperge ordinaire* (*Asparagus officinalis*) est employée dans l'alimentation. — Le *Dragonnier* (*Dracæna draco*) est un grand arbre des régions tropicales, dont le stipe, bifurqué à son sommet, laisse exsuder un suc résineux rouge, le *sang-dragon*. — La *Salsepareille* vient de l'Amérique méridionale; la *Squine*, de la Chine et de l'Inde.

FAMILLE DES COLCHICACÉES

Cette famille comprend des plantes vireuses que la médecine emploie; telles sont : le *Colchique d'automne* et l'*Hellébore blanc*.

Le *Colchique d'automne* (*Colchicum autumnale*), vulgairement Safran bâtard, est une plante à *souche* bulbeuse, solide, ovale, pointue, enveloppée de quelques tuniques d'un brun noirâtre, et donnant naissance à une ou plusieurs *fleurs*, longues de 10 à 15 centimètres, d'une couleur rougeâtre ou lilas pâle. Ces fleurs paraissent à l'automne, et ce n'est qu'au printemps suivant que se développent les

Fig. 198. — Colchique d'automne; bulbe et fleur.

feuilles, lancéolées, droites, d'un vert foncé, longues de 15 à 20 centimètres, réunies en un faisceau au milieu duquel se trouve le fruit, porté sur un pédoncule à demi souterrain; *périanthe* pétaloïde, à 6 divisions profondes, tubuleux inférieurement; 6 *étamines*; 3 *ovaires*, réunis par la base; 3 *styles*, très longs, à *stigmates* crochus; pour-

fruit, 3 capsules uniloculaires, réunies par leur base. Toutes les parties de la plante sont vireuses. — L'*Hellébore blanc* (*Veratrum album*) croît sur les pentes des Alpes et des Pyrénées.

La petite famille des DIOSCORÉES comprend des espèces exotiques, à souche tuberculeuse et gorgée de fécule, parmi lesquelles nous citerons l'*Igname comestible* (*Dioscorea alata*), cultivé dans toutes les régions intertropicales des deux continents, et qui rend les mêmes services que la pomme de terre.

CHAPITRE XXXI

MONOCOTYLÉDONES (*Suite*).

FAMILLE DES AROÏDÉES.

Caractères. — Cette famille renferme des plantes généralement herbacées, pourvues d'un rhizome ou de tubercules ; feuilles à pétioles engainants ; inflorescence en *spadice*, enveloppée d'une *spathe ; fleurs* monoïques ; *périanthe* ordinairement nul ; étamines nombreuses ; ovaires agrégés ou distincts ; fruit bacciforme.

Fig. 199. — Arum, Pied-de-veau.

A cette famille appartiennent les *Arum*, les *Colocasia*, dont les rhizomes fournissent une abondante fécule. La fécule de l'*Arum maculatum* (Pied-de-Veau) se vend à Londres sous le nom de *Sagou de Portland*. Le rhizome aromatique et amer de l'*Acorus calamus* est parfois employé comme tonique.

FAMILLE DES CYPÉRACÉES.

Caractères. — Herbes vivaces, à tige cylindrique ou plus souvent triangulaire, ordinairement sans nœuds ; feuilles engainantes ; inflorescence en épi ; fleurs hermaphrodites ou monoïques ; périanthe nul, souvent remplacé par des bractées écailleuses ; 2-3 étamines ; un style ; 2-3 stigmates ; ovaire supère, uniloculaire ; pour fruit, un akène

Fig. 200. — Carex.

Espèces principales : les *Souchets*, les *Scirpes*, les *Laiches*.

Le *Souchet comestible* (*Cyperus esculentus*), commun dans le Midi de l'Europe, présente des racines tuberculeuses et féculentes, dont la saveur rappelle celle de la noisette. — Les racines du *Souchet odorant* (*Cyperus longus*) exhalent, lorsqu'elles sont séchées, une forte odeur de gingembre. — Le *Souchet à papier* (*Cyperus papyrus*), aujourd'hui rare en Égypte, servait à la fabrication du papyrus. — Les *Scirpes*, comme les Souchets, habitent le bord des eaux et les localités marécageuses ; nous en possédons en France un certain nombre d'espèces. — Parmi les *Carex* ou *Laiches*, il en est qui recherchent les terrains humides ou inondés ; d'autres, au contraire, se plaisent sur les pentes sablonneuses.

Le rôle essentiel des Cypéracées semble consister à fixer les terrains mouvants, au moyen de leurs souches souterraines à longues fibres traçantes ; en même temps, elles créent par leurs débris, au fond des eaux, les éléments de la tourbe.

FAMILLE DES GRAMINÉES.

Caractères. — Plantes pour la plupart herbacées, à tige cylindrique, fistuleuse et noueuse; à feuilles alternes, portant des nœuds et formant une gaine fendue; inflorescence en épi ou en panicule; fleurs ordinairement hermaphrodites; étamines en nombre variable, trois généralement; ovaire supère, uniloculaire; deux styles à stigmate plumeux. Pour fruit, une caryopse.

Au pourtour de l'ovaire sont insérées 2 ou 3 petites

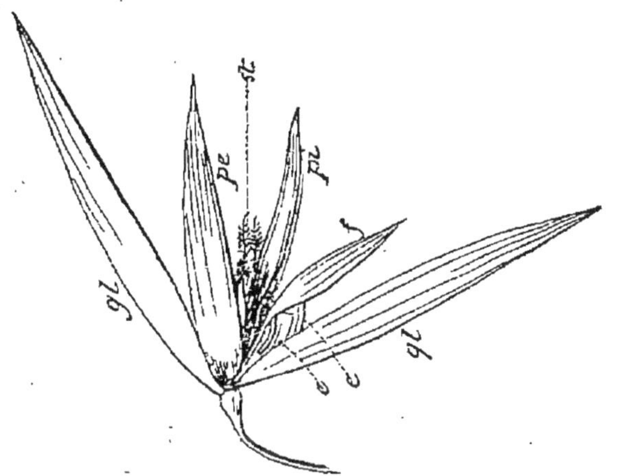

Fig. 201. — Fleur d'Avoine grossie.

st, styles; *ee*, étamines; *pi*, glumellule; *pe*, glumelle; *gl*, glume.

écailles (*glumellules*), qui paraissent représenter le périanthe. Les fleurs sont enfermées dans une enveloppe bivalve (*glumelle*), constituée par 2 bractées alternes, en forme d'écailles. Tout à fait extérieurement, se trouve une troisième enveloppe, la *glume*, qui recouvre une ou plusieurs fleurs, suivant la nature de l'inflorescence. La *balle* du Blé, de l'Avoine, est formée par ces enveloppes.

Division botanique. — D'après les caractères tirés de l'inflorescence, on partage la famille des Graminées en un certain nombre de tribus, parmi lesquelles nous citerons seulement les plus importantes, avec quelques exemples empruntés aux espèces utiles.

1. *Triticées* ; ex. : le *Froment*, le *Seigle*, l'*Orge*, l'*Ivraie*.

2. *Avénacées* ; ex. : l'*Avoine*.

3. *Orizées* ; ex. : le *Riz*.

4. *Phalaridées* ; ex. : le *Maïs*, le *Sorgho*, le *Dourra*, l'*Alpha*, le *Vulpin*, la *Phléole*, la *Flouve*.

5. *Panicées* ; ex. : le *Millet*.

6. *Bromées* ; ex. : le *Paturin*, le *Brome*, la *Fétuque*.

7. *Arundinées* ; ex. : le *Roseau à quenouille*, le *Roseau à balais*.

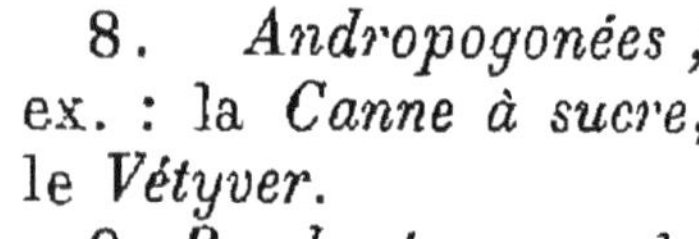

8. *Andropogonées* ; ex. : la *Canne à sucre*, le *Vétyver*.

9. *Bambusées* ; ex. : le *Bambou*.

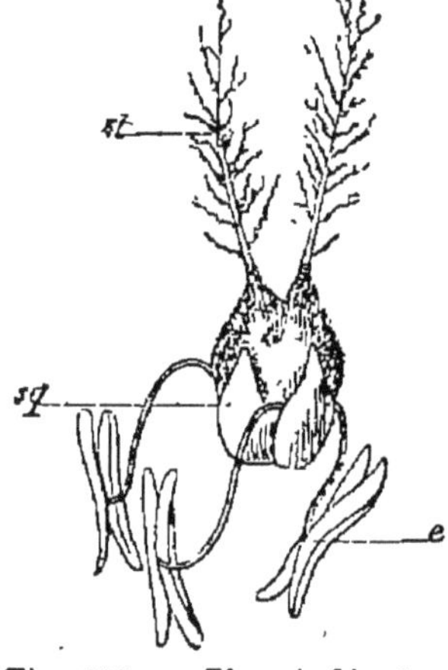

Fig. 202. — Fleur isolée du Froment.

sq, écailles. — *e*, étamines. — *st*, styles plumeux surmontant l'ovaire.

Fig. 03. Froment.

Il nous paraît indispensable de donner la description du Froment commun.

Froment commun (*Triticum æstivum*) : plante herbacée, à *racine* fibreuse ; *tige* cylindrique, creuse, à nœuds pleins ; *feuilles* alternes, naissant des nœuds, à pétiole en gaine fendue embrassant la tige ; *inflorescence* en épis composés ; *épillets* munis de deux bractées ou glumes ; *fleurs* munies de deux bractées secondaires ou glumelles ; *périanthe* représenté par deux écailles ou glumellules ; 3 *étamines* ; *ovaire* poilu au sommet ; 2 *styles* ; 2 *stigmates* ; *fruit* sec indéhiscent, renfermant une seule graine, soudée avec les enveloppes (caryopse).

Le *Froment*, originaire de l'Orient, mais introduit en Europe dès la plus haute antiquité, doit à une culture constante ses qualités comme plante alimentaire.

L'*Épeautre* (*Tricitum spelta*), intermédiaire entre le Froment proprement dit et l'Orge, présente ce caractère que l'enveloppe extérieure ou *balle* adhère fortement à la surface du grain. C'est une espèce particulièrement répandue dans nos provinces du Nord.

Le *Seigle* (*Secale cereale*), originaire de l'Asie-Mineure, se cultive spécialement dans les contrées septentrionales de l'Europe, et sur les terrains maigres, où le froment ne

Fig. 204. — Seigle. Fig. 205. — Orge. Fig. 206. — Avoine.

réussirait pas. Dans les terres médiocres, on sème souvent un mélange de Seigle et de Froment dont le produit constitue le *méteil.*

L'*Orge* (*Hordeum vulgare*), originaire de la Tartarie ou de la Perse, est, de toutes les céréales, celle qui s'avance le plus vers le nord et, en même temps, vers le midi, celle qui s'accommode le plus facilement des sols arides, celle, enfin, dont le rendement est le plus considérable

L'*Avoine* (*Avena sativa*) est cultivée dans toute l'Europe pour l'alimentation des chevaux et, dans quelques contrées pauvres, pour celle de l'homme. Son rendement considérable et sa rusticité compensent les désavantages qu'elle présente au point de vue de la panification.

Le *Maïs* (*Zea maïs*), improprement appelé *Blé de Turquie*, est originaire de l'Amérique du Sud. Cette céréale se

Fig. 207. — Touffe, épi mâle et épi femelle de Maïs.

cultive principalement dans nos provinces méridionales. Les graines servent à l'alimentation de l'homme et des animaux; les tiges vertes et fauchées avant la maturité constituent un excellent fourrage. La farine de Maïs est surtout consommée sous forme de bouillie (*polenta, gaudes*); elle se prête mal à la panification.

Le *Riz* (*Oryza sativa*), originaire de l'Inde, est maintenant cultivé dans toutes les parties du monde; on estime qu'il nourrit le quart du genre humain. En Europe, la culture du Riz est limitée aux régions méridionales, l'Italie principalement.

Le *Millet* (*Panicum miliaceum*), cultivé dans nos provinces méridionales, s'emploie pour l'alimentation des volatiles domestiques. Beaucoup plus généralement, on le coupe avant le développement des épis, pour l'utiliser comme plante fourragère. — On fait le même usage des graines et des tiges du *Sorgho à balais* (*Holcus sorghum*), de celles du *Sorgho à sucre* (*Holcus saccharatus*). Une variété de cette dernière espèce paraît être le *Dourra* des Arabes d'Algérie. On extrait de l'alcool du *Sorgho à sucre*, et les sommités du *Sorgho à balais* fournissent à l'économie domestique des balais d'une extrême solidité.

De nombreuses Graminées servent à la formation des

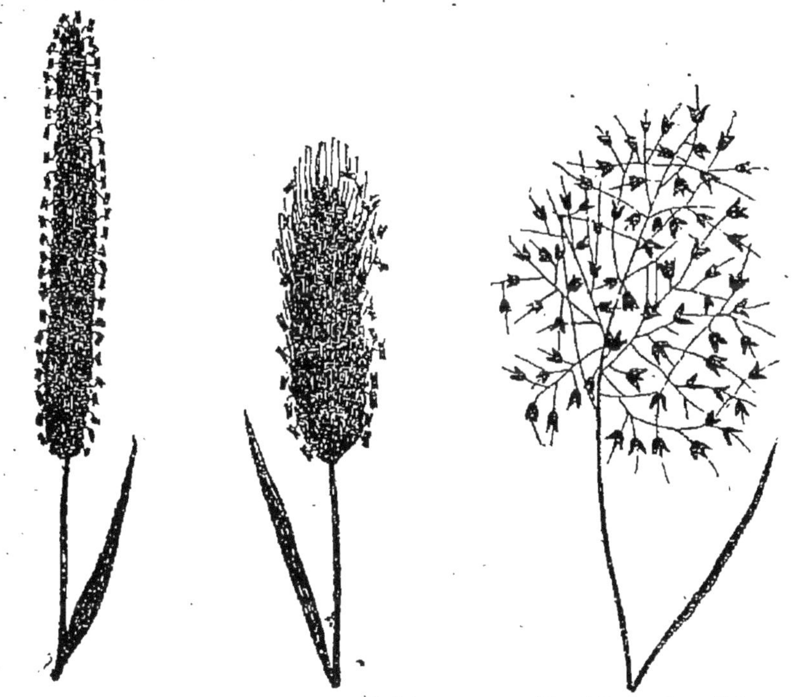

Fig. 208. — Phléole. Fig. 209. — Vulpin. Fig. 210. — Agrostide.

pâturages ou *prairies naturelles*. Telles : les *Phléoles* (*Phleum pratense*, etc.), les *Vulpins* (*Alopecurus bulbosus*, etc.) ; les *Agrostides* (*Agrostis dispar*, etc.) ; les *Pa-*

turins (*Poa*) ; les *Fétuques* (*Festuca*) ; les *Houlques* (*Holcus* divers) ; les *Bromes* (*Bromus*) ; la *Brize* (*Briza media*) ; la *Flouve*, etc.

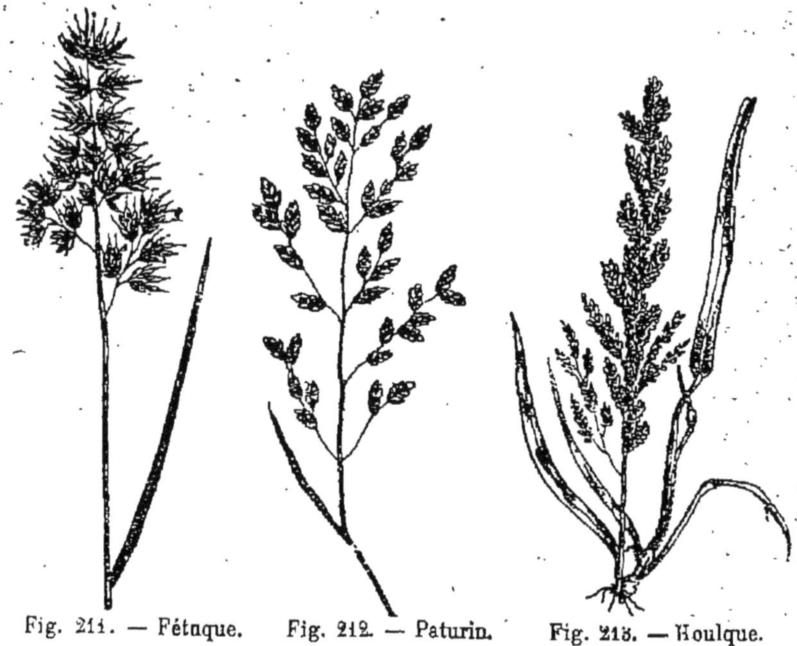

Fig. 211. — Fétuque. Fig. 212. — Paturin. Fig. 213. — Houlque.

De toutes les espèces de Graminées qu'il nous reste à passer en revue, la plus importante est la *Canne à sucre* (*Saccharum officinale*), originaire des Indes-Orientales, aujourd'hui propagée sur toute l'étendue de la zone intertropicale dans les deux continents. La tige de cette plante, haute de 3 à 4 mètres, renferme un jus visqueux, que l'on en fait sortir par expression entre deux cylindres, et dont on obtient jusqu'à vingt pour cent de sucre cristallisable. La *mélasse* est la matière rougeâtre et gommeuse, non susceptible de cristallisation, qui se trouve associée dans le sirop au sucre véritable. C'est avec cette matière que l'on prépare le *rhum* et le *tafia*.

Le *Bambou* (*Bambusa arundinacea*) atteint, dans l'Inde et en Chine, une hauteur de 25 mètres. On emploie ses feuilles pour couvrir les toits et confectionner des manteaux, ses fibres pour tresser des chapeaux, des dessus de sièges; ses entre-nœuds pour faire des seaux, des mesures de capacité; ses tiges pour construire des échafaudages, etc. — Nos deux espèces de Roseaux, l'*Arundo donax* ou *Roseau à quenouille* et l'*Arundo phragmites* ou *Roseau à balais* ne sont pas sans nous rendre quelques services. Avec les panicules de l'*Arundo phragmites*, coupées avant l'épanouissement des fleurs, on confectionne des balais doux et légers; avec les tiges, comme avec celles de l'*Arundo donax*, on fabrique des échalas, des tuteurs, des cannes. — Deux autres Graminées, le *Triticum repens* et le *Cynodon dactylon*, fournissent à la pharmacie et à la brosserie les *racines de chiendent*. — Le *Vétyver*, racine aromatique employée dans la parfumerie, provient d'une Graminée indienne, l'*Andropogon muricatum*.

Fig. 214. — Roseau.

L'*Alpha* (*Stipa tenacissima*), très commun dans les parties incultes de l'Espagne et de l'Algérie, est employé pour les travaux de sparterie, la fabrication des nattes, des paillassons, et particulièrement celle du papier.

Fig. 215. Massette.

La famille des TYPHACÉES, reliée en même temps par des caractères botaniques à celle des *Cypéracées* et à celle des *Aroïdées*, se compose d'un petit nombre d'espèces, toutes aquatiques, parmi lesquelles on distingue les *Typha* et les *Sparganium*. — Les *Typha* doivent leur nom de *Massettes* aux massues cylindriques que forment leurs fleurs femelles agglomérées en épis compactes. — Les *Sparganium* ont des tiges tantôt grêles et flottantes (*Sparganium natans*), tantôt raides et verticales (*S. erectum*). Ils se multiplient, comme les *Typha*, avec une incroyable rapidité, et contribuent puissamment à la formation de la tourbe. Leurs débris accumulés au fond des eaux stagnantes constituent un très bon engrais.

CHAPITRE XXXII

MONOCOTYLÉDONES (*Suite*).

FAMILLE DES AMARYLLIDÉES OU NARCISSÉES.

Caractères. — Plantes ordinairement à souche bulbeuse, à feuilles radicales engainantes; fleurs hermaphrodites, entourées d'une spathe; périanthe pétaloïde à six divisions, adhérant à l'ovaire ; 6 étamines ; 1 style ; ovaire à 6 loges; pour fruit, 3 capsules.

Fig. 216. Perce-neige.

Espèces principales : les *Narcisses*, la *Jonquille*, l'*Amaryllis*, le *Perce-Neige*.

Le *Narcisse des prés* ou *Fleur de coucou* (*Narcissus pseudo-Narcissus*) montre dès la fin de mars sa fleur jaune dépourvue d'odeur. On cultive dans les jardins : le *Narcisse des poètes* (*N. poeticus*) à fleurs blanches très odorantes, dont le godet intérieur est bordé de jaune-orangé; le *Narcisse de Cons tantinople* (*N. tazzetta*) à hampe multiflore, à fleurs jaunes très odorantes; le *Narcisse incomparable* (*N. incomparabilis*), à fleurs jaunes également; la *Jonquille* (*N. junquilla*), à fleurs jaunes, très odorantes; l'*Amaryllis charmante* (*Amaryllis amœna*), à fleurs pourpres, et l'*Amaryllis réticulée* (*A. reticulata*), à fleurs roses veinées de pourpre. — Le *Perce-Neige* (*Galanthus nivalis*), n'attend point pour fleurir les premières haleines du vent de printemps; ses fleurs, d'un blanc verdâtre, se distinguent souvent à peine sur le tapis de neige qui recouvre encore le sol.

FAMILLE DES IRIDÉES.

Caractères. — Plantes herbacées, à souche charnue ou bulbeuse, à feuilles engainantes; fleurs hermaphrodites, entourées d'une spathe membraneuse; périanthe pétaloïde, soudé à l'ovaire et formé de six pièces, disposées sur deux rangs, et souvent irrégulières; trois étamines; un style; trois stigmates souvent pétaloïdes; ovaire à trois loges; pour fruit, une capsule.

Fig. 217. — Iris d'Allemagne.

Espèces principales : les *Iris*, le *Glaïeul*, le *Safran*.

L'*Iris des marais* (*Iris pseudo-acorus*), à fleurs d'un jaune éclatant, est commun au bord des étangs et dans les prairies humides; L'*Iris d'Allemagne* (*Iris germanica*), à fleurs d'un bleu violet, et l'*Iris de Florence* (*Iris florentina*), à fleurs blanches veinées de jaune à leur base, sont cultivés dans les jardins. Leur racine pulvérisée exhale une odeur de violette fort agréable; on l'emploie pour parfumer le linge. — Le *Glaïeul* (*Gladiolus communis*) doit son nom à la forme allongée de ses feuilles; on le recherche à cause de ses jolies fleurs de toutes nuances.

disposées en épi. — Le *Safran* (*Crocus sativus*), à racine arrondie en forme de bulbe, à grande fleur d'un pourpre clair, avec des stigmates rouge orangé, très longs et très odorants, est cultivé en Orient et dans les régions tempérées de l'Europe; le meilleur est celui qu'on tire du Gâtinais.

Dans la famille des MUSACÉES, on range les *Bananiers* et le *Ravenala*. — Les *Bananiers*, originaires de l'Inde, se

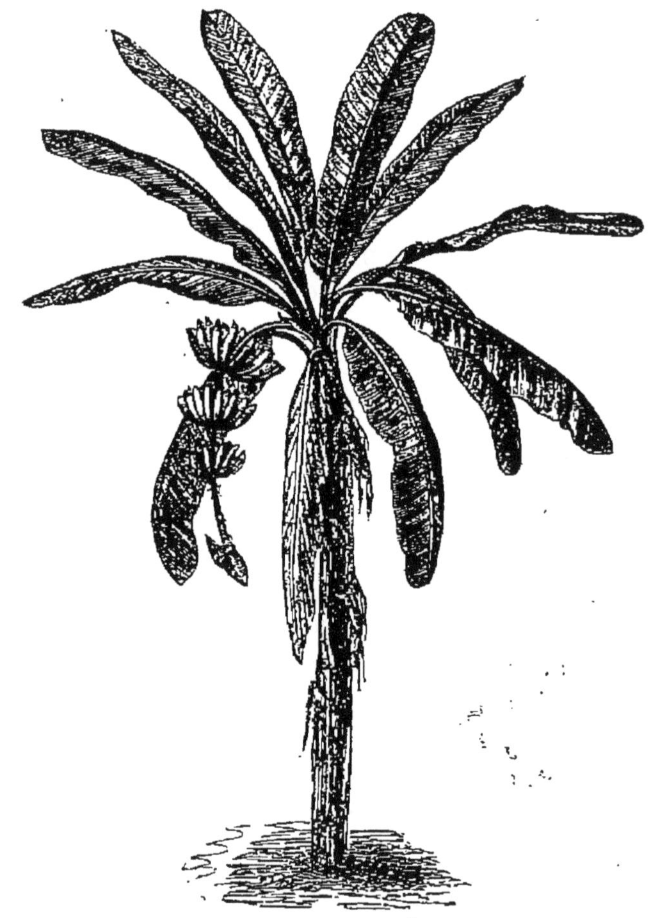

Fig. 218. — Bananier.

sont promptement naturalisés dans les parties chaudes du continent américain. L'espèce la plus répandue est le *Bananier du paradis* (*Musa paradisiaca*). La tige, haute de 5 à 6 mètres, est formée par la base dilatée des pétioles, qui s'engainent les uns dans les autres et partent d'un gros tubercule radical. Cette tige se termine par un beau faisceau de feuilles, longues de 2 à 3 mètres, et du milieu desquelles partent un grand nombre de pédoncules portant des épis de fleurs sessiles. Le fruit est une baie oblongue, de la forme d'un concombre, renfermant une pulpe sucrée et farineuse. Les feuilles du Bananier servent à une foule d'usages. On retire de leurs pétioles, notamment dans le *Musa textilis*, des fibres longues et élastiques, utilisées pour la confection des cordages. — Le *Ravenala* ou *Arbre des voyageurs* (Madagascar) offre cette particularité très curieuse que la base engainante de ses feuilles contient une eau limpide et fraîche.

La famille des BROMÉLIACÉES comprend des espèces particulières aux régions intertropicales, et parmi lesquelles nous ne mentionnerons que l'*Ananas comestible* (*Bromelia ananas*) et le *Tillandsia usneoides*. — Le fruit de l'*Ananas* jouit d'une réputation méritée. On retire des feuilles une fibre soyeuse et tenace. — Les *Tillandsia* sont des plantes parasites de l'Amérique méridionale, dont la tige sert à préparer une matière filamenteuse connue sous le nom de *crin végétal*.

La famille des AMOMÉES se compose également de plantes exotiques, dont quelques-unes offrent un certain intérêt, soit au point de vue de la médecine, soit au point de vue de l'industrie et de l'économie domestique. Tels sont : la *Zédoaire*, le *Galanga*, le *Gingembre*, la *Cardamome*, le *Curcuma*, les *Marantha indica* et *arundinacea*.

La famille des JONCACÉES se compose d'herbes à périanthe écailleux, très voisines des Graminées, et parmi lesquelles nous citerons seulement les joncs (*Juncus communis*, *glaucus*, etc.) et les *Luzules* (*Luzula campestris*, *vernalis*, etc.). La présence des Joncs implique généralement un terrain humide et marécageux.

FAMILLE DES ORCHIDÉES.

Caractères. — Plantes herbacées ou sarmenteuses, parmi lesquelles un grand nombre sont parasites ; racine fibreuse, assez souvent accompagnée de tubercules féculents ; feuilles entières, embrassantes ; périanthe pétaloïde, à tube soudé avec l'ovaire, et à six divisions irrégulières, dont cinq supérieures, une inférieure, très différente, le *labelle* ou *tablier* ; trois étamines soudées au style, et dont une seule est fertile ; un style ; un stigmate ; ovaire uniloculaire ; pour fruit, une capsule.

Fig. 219. — Orchis mascula.

Espèces principales : les *Orchis*, les *Ophrys*, les *Néottia*, la *Vanille*.

Les *Orchis* et les *Ophrys* constituent un nombre presque infini d'espèces, presque toutes remarquables soit par la beauté, soit par la bizarrerie de leurs fleurs. Les tubercules de plusieurs espèces, particulièrement ceux de l'*Orchis morio* et de l'*Orchis mascula*, fournissent une fécule connue sous le nom de *salep*, et dont la qualité la plus estimée vient de la Perse. Cette fécule, comme tant d'autres produits exotiques, ne possède aucune supériorité réelle sur nos fécules indigènes.

La vanille est le fruit de deux espèces grimpantes et parasites, assez communes dans les forêts du Mexique, et aujourd'hui naturalisées dans plusieurs de nos colonies, particulièrement à la Réunion.

Beaucoup d'Orchidées sont cultivées comme plantes d'ornement ; telles sont les *Cypripedium* (Sabot de Vénus) etc. on rencontre un grand nombre d'espèces appartenant à cette famille dans les herborisations.

MONOCOTYLEDONES AQUATIQUES OU FLUVIALES.

Ce groupe comprend des végétaux aquatiques, à structure très simple, presque entièrement formés de tissu cellulaire, et dont la substance est criblée de lacunes. Les gaz remplissant ces lacunes diminuent le poids spécifique de la plante et facilitent ses déplacements au sein du milieu liquide qu'elle habite. Un très petit nombre d'espèces sont réellement dignes d'intérêt; nous les passerons brièvement en revue, en indiquant les familles auxquelles elles appartiennent.

La *Vallisneria spiralis* (Hydrocharidées), espèce dioïque, très commune au fond des rivières et des canaux du Midi, présente un des phénomènes les plus curieux de l'histoire du règne végétal. Ses fleurs femelles sont portées chacune par un long pédoncule en spirale, qui se déroule, au moment de l'épanouissement, de manière que son sommet atteigne la surface de l'eau. En même temps, par une merveilleuse coïncidence, les fleurs mâles, portées sur des pieds très courts, se détachent, remontent à la surface en vertu de leur légèreté spécifique, et, s'approchant des fleurs femelles, laissent échapper de leurs anthères entr'ouvertes le pollen indispensable à la fécondation. Cet acte accompli, la spirale se resserre et ramène le pistil au fond de l'eau.

Fig. 220. — Sagittaire.

Le *Butome* ou *Jonc fleuri* (*Butomus umbellatus*, Alismacées) est une assez jolie espèce, à fleurs rosées, disposées en ombelle. — On retire de la racine de la Sagittaire (*Sagittaria sagittæfolia* (Alismacées), une fécule analogue à l'arrow-root.

Les *Zostères* (*Zostera*, Naïadées) habitent la mer et forment sur les fonds vaseux de véritables prairies, que l'on fauche à marée descendante. Ces plantes sont utilisées, comme les varechs, soit pour fumer les champs, soit pour confectionner des matelas très sains et très élastiques.

La *Lentille d'eau* (*Lemna minor*, Lemnacées) se multiplie parfois en telle abondance à la surface des eaux stagnantes que l'on dirait un vaste gazon flottant, composé d'une infinité de petites feuilles lenticulaires.

CHAPITRE XXXIII

ACOTYLÉDONES

Les *Acotylédones* ou *Cryptogames* sont des végétaux qui affectent en général des formes et une structure tout à fait différentes de celles que nous avons observées dans les précédents embranchements.

On peut leur reconnaître deux parties principales : un *organe végétatif* et des *organes de reproduction.*

Chez certains Acotylédones, l'*organe végétatif*, réduit à sa plus grande simplicité, consiste en une seule cellule qui se multiplie par fractionnement.

Chez d'autres, déjà un peu plus compliqués, il est formé par une agglomération de cellules, lesquelles se développent et se prolongent presque indifféremment par tous les points de leur surface et dans toutes les directions. Souvent, comme dans les *Lichens*, la forme générale est celle d'une expansion membraneuse plus ou moins découpée que l'on nomme *thalle.*

Chez ceux, enfin, des Acotylédones que l'on peut considérer comme les plus parfaits, il existe un axe formé d'une partie aérienne ou tige, et la tige elle-même porte souvent les appendices analogues aux feuilles et désignés sous le nom de *frondes*. Dans les *Chara*, les *Mousses* les *Hépatiques*, la tige est exclusivement formée de tissu cellulaire; dans les *Prêles* et les *Fougères*, la structure est plus complexe et rappelle par les éléments qui la constituent celle des tiges des Monocotylédones.

L'*appareil reproducteur* offre, comme l'appareil végétatif, des degrés de développement très divers. Les organes qui le composent n'affectent jamais la forme que nous connaissons aux diverses parties des fleurs chez les phanérogames; le plus souvent même, ces organes sont peu visibles à l'œil nu, et cette circonstance a valu aux Acotylédones le nom de *Cryptogames*, sous lequel on les désigne souvent.

Il n'est guère possible de donner des indications générales relativement au mode de reproduction des Cryptogames. Les différents groupes présentent à cet égard les plus grandes variations. On peut dire néanmoins qu'il se rencontre chez les Cryptogames deux ordres d'organes de reproduction. Les uns sont asexués et sont appelés *spores;* les autres sont sexués. Parmi ces derniers, ceux qui fonctionnent à la façon des étamines portent le nom d'*anthéridies;* ceux qui fonctionnent à la façon des carpelles, reçoivent des noms variés (*oogones*, *archégones*, etc.) suivant les espèces. La nomenclature n'est malheureusement pas encore bien fixée.

On ne devra pas perdre de vue que beaucoup de Cryptogames ne se perpétuent qu'au moyen de spores asexuées, lesquelles, en germant, reproduisent l'individu qui leur a donné naissance. La reproduction au moyen d'organes assimilables aux étamines et aux carpelles est inconnue chez ces espèces.

Fig. 221. — Spores, zoospores.

Spores. — Les spores ne sont autre chose que des cellules isolées, tantôt immobiles, tantôt mobiles. Ces dernières reçoivent le nom de *zoospores*. Elles doivent leur mobilité à des cils vibratiles qui, tantôt sont répartis sur toute leur surface, tantôt sont localisés en certains points.

Les cellules-mères des spores, c'est-à-dire les cellules du

végétal dans lesquelles ces spores prennent naissance, portent le nom de *sporanges*. A l'état de développement complet, le sporange représente un sac rempli d'un nombre de spores variable avec les espèces.

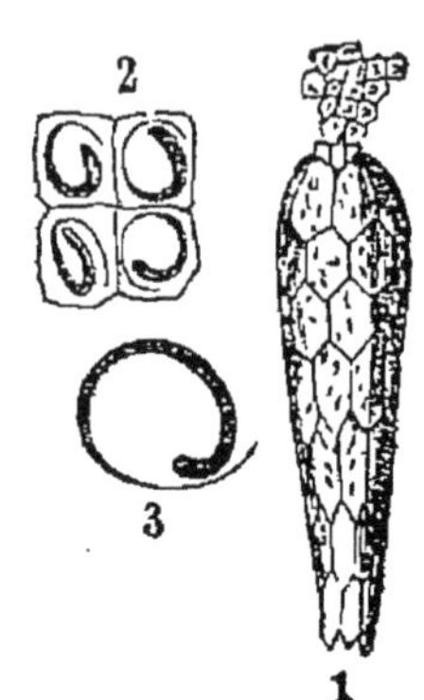

Fig. 222. — Anthéridie et Anthérozoïdes.

1. Anthéridie ouverte au sommet et laissant échapper les cellules-mères des Anthérozoïdes. — 2. Quatre cellules-mères grossies. — 3. Anthérozoïde libre.

Organes mâles ou *Anthéridies.* — Les anthéridies sont également des sacs dans lesquels se développent de nombreuses cellules renfermant chacune un petit corps ordinairement mobile, et qui porte le nom d'*anthérozoïde*. Ces anthérozoïdes sont pourvus d'un ou plusieurs cils vibratiles.

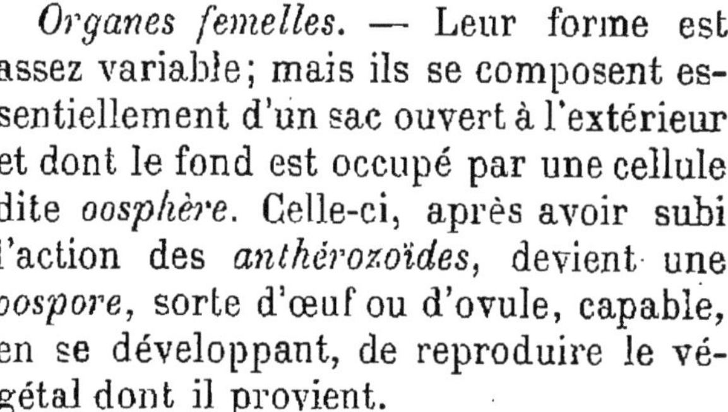

Organes femelles. — Leur forme est assez variable; mais ils se composent essentiellement d'un sac ouvert à l'extérieur et dont le fond est occupé par une cellule dite *oosphère*. Celle-ci, après avoir subi l'action des *anthérozoïdes*, devient une *oospore*, sorte d'œuf ou d'ovule, capable, en se développant, de reproduire le végétal dont il provient.

Nous diviserons les Cryptogames en deux grands groupes : les Cryptogames vasculaires, comprenant les *Lycopodiacées*, les *Equisétacées*, et les *Fougères;* les Cryptogames cellulaires, comprenant les *Mousses*, les *Hépatiques*, les *Lichens*, les *Champignons* et les *Algues*.

FAMILLE DES LYCOPODIACÉES.

On range dans cette famille un certain nombre de plantes à tige traînante, qui ressemblent beaucoup aux Mousses, et dont une douzaine d'espèces se trouvent en Europe, sur les terrains incultes et dans les grandes forêts. Citons par exemple, les *Sélaginelles*, très recherchées comme plantes d'appartement, et les *Lycopodes*.

La reproduction s'opère, chez les Lycopodiacées, au moyen de spores. Ces spores se développent dans des sporanges que l'on voit apparaître solitaires à l'aisselle des feuilles. Dans les Sélaginelles, on observe deux espèces de sporanges; les uns, dits *macrosporanges*, renferment quatre grosses spores (*macrospores*); les autres, appelés *microsporanges*, renferment un grand nombre de *microspores*, groupées quatre par quatre.

Dans les *Lycopodes*, on ne connaît que des microsporanges. Les microspores qui en naissent produisent en germant un prothalle qui porte à la fois des anthéridies et des organes femelles (archégones). — Les microspores du *Lycopodium clavatum* forment la poussière connue sous les noms de *poudre de Lycopode* et de *soufre végétal.*

FAMILLE DES FOUGÈRES.

Les FOUGÈRES sont des Cryptogames vivaces, dont le développement, dans nos climats, n'est jamais bien considérable, mais qui, dans les régions chaudes, produisent des tiges de 12 à 15 mètres de hauteur, droites et sans ramifications, comme les tiges des Palmiers, et terminées également par un bouquet de feuilles. Nos Fougères indigènes ont une tige souterraine horizontale, qui porte de nombreuses racines adventives, et qui, à mesure qu'elle s'allonge, se détruit insensiblement par sa partie extrême. Les feuilles, appelées *frondes*, sont, chez presque toutes les Fougères, roulées en crosse dans leur jeunesse. C'est sur la face inférieure des frondes que se développent les spores asexuées. Celles-ci prennent naissance en grand nombre dans des *sporanges*, qui se groupent en petits amas appelés *sores*. Chaque sore peut être nu ou recouvert d'un repli de l'épiderme de la fronde. Ce repli est appelé *indusie*, et le sore, dans ce cas, est dit *indusié*.

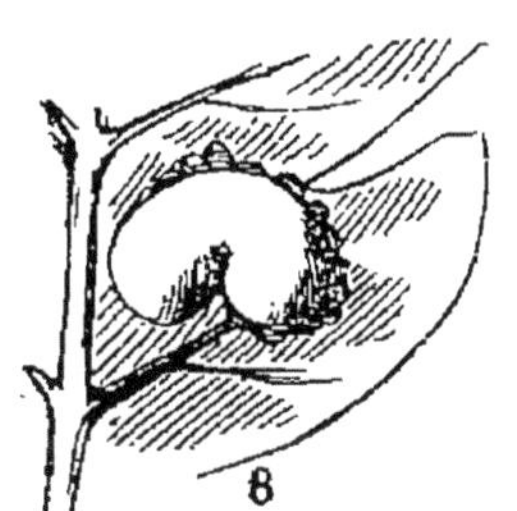

Fig. 223. — Sore de la Fougère mâle.

Le mode de groupement des sporanges et, par conséquent, la forme des sores varient avec les espèces. Dans les *Capillaires*, les sores sont linéaires et placés sur le bord marginal des frondes. Dans la *Scolopendre*, les sores également linéaires, mais très allongés, sont placés sur les nervures secondaires; ils forment ainsi deux séries parallèles de chaque côté de la nervure médiane. Ailleurs (Fougère mâle), les sores sont arrondis, à indusie réniforme, et se disposent sur les nervures des frondes en deux séries parallèles.

A maturité, la déhiscence des sporanges s'opère grâce à l'existence d'une rangée de cellules épaisses qui forment ce qu'on appelle l'*anneau*. Cet anneau n'est pas toujours complet; il occupe des positions variées à la surface du sporange.

Fig. 224. — Feuille de Fougère mâle avec les sores.

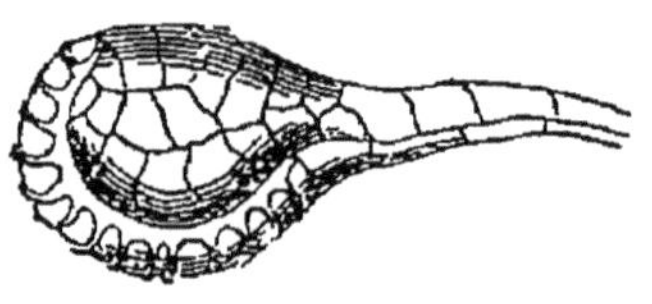

Fig. 225. — Sporange très grossie de la même Fougère.

Lorsque les spores sont sorties du sporange, elles tombent à terre et germent. Elles forment ainsi un prothalle, sorte d'expansion foliacée verte qui s'étale sur le sol. A la face inférieure du prothalle, on trouve les organes sexués, anthéridies et archégones. L'archégone a la forme d'une petite bouteille à long col. Dans le fond de cette sorte de bouteille, une oospore se développe après l'action des anthérozoïdes, et donne naissance à l'appareil végétatif tel que nous l'avons décrit au début.

Parmi les Fougères de nos pays, nous citerons : le *Capillaire de Montpellier* (*Adianthum capillus Veneris*) employé en médecine et recherché comme plante d'ornement ; la *Fougère mâle* (*Polystichum Filix mas*), la *Fougère femelle* (*Aspidium Filix fœmina*), la *Fougère impériale* (*Pteris aquilina*) et l'*Osmonde royale* (*Osmunda regalis*). Dans cette dernière, les frondes qui portent les sores sont réduites à leurs nervures. Toutes ces plantes sont abondantes dans nos forêts et plus ou moins utilisées en médecine.

La tige souterraine de plusieurs Fougères exotiques renferme une fécule susceptible de servir à l'alimentation. Les habitants de la Tasmanie, de l'Australie, de la Nouvelle-Zélande tirent ainsi parti du *Pteris esculenta* et de quelques autres espèces.

FAMILLE DES ÉQUISÉTACÉES.

Cette famille renferme les plantes vulgairement connues sous le nom de *Prêles* ou *Queues de cheval.*

Les *Prêles* sont des plantes vivaces, à tige souterraine verticale, s'accroissant surtout en profondeur. Cette tige est ordinairement creuse, avec des cloisons de distance en distance, correspondant à des articulations qu'indiquent à l'extérieur des collerettes de petits rameaux verticillés. L'appareil de fructification consiste en un épi terminal serré; c'est une sorte de cône, à la surface duquel sont implantées des écailles en forme de clous, qui portent en dessous les *sporanges* remplis de *spores.* Ces spores ont leur paroi dédoublée en deux filaments très hygroscopiques appelés *élatères*, qui, se détendant à la façon d'un ressort, servent à projeter les spores au loin et à les disséminer. Les spores, en germant, donnent naissance à des prothalles sexués.

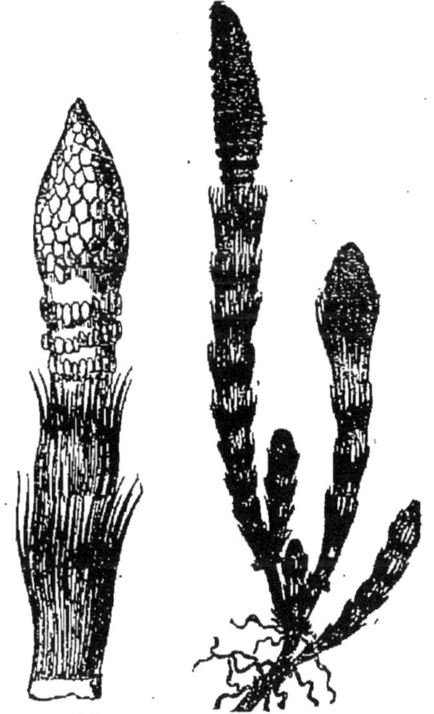

Fig. 218. Prêle fluviatile.

On distingue différentes espèces de Prêles, les unes à tige simple, les autres à tige ramifiée. La *Prêle des champs* (*Equisetum arvense*), se multiplie sur les terres argileuses et humides; elle devient ainsi pour l'agriculture un fléau qu'il est difficile de combattre autrement que par le drainage et l'assainissement du sol. La *Prêle des fleuves* (*E. fluviatile*) et la *Prêle du limon* (*E. limonum*) peuvent servir de fourrage. La *Prêle d'hiver* (*E. hiemale*), à tige rude et siliceuse, est employée sous le nom d'*Asprelle* pour polir les bois et les métaux. On a découvert, dans les tourbières, des Prêles fossiles dont la taille dépassait 10 mètres.

CHAPITRE XXXIV

CRYPTOGAMES CELLULAIRES

FAMILLE DES MOUSSES.

Les Mousses sont des végétaux en miniature, dont la plus grande espèce, le *Polytrichum dendroïdes* de la terre de Feu, ne dépasse pas 30 centimètres. Mais, d'un autre côté, il est peu de plantes qui croissent avec plus de vigueur, qui se reproduisent avec plus de rapidité, qui s'étendent plus au loin. Tandis qu'à leur partie supérieure elles offrent une verdure inaltérable, sans cesse renouvelée, leur partie inférieure se dépouille de ses feuilles, de ses vieux rameaux, et enrichit le sol d'un humus provenant de leur décomposition. Pour que les Mousses croissent avec abondance, il leur faut de l'ombre et de l'humidité. En apparence frappées de mort par les chaleurs de l'été, elles se raniment aux premières pluies, quelle qu'ait été la longueur de la sécheresse.

La reproduction, chez les Mousses, s'opère au moyen d'organes sexués *anthéridies* et *archégones*. Ces organes apparaissent au sommet des rameaux de l'appareil végétatif. Là, groupés en certain nombre, mélangés de poils colorés, et entourés d'une double rangée de petites feuilles, ils forment des sortes de *fleurs* qui rappellent un peu les fleurs des phanérogames. Dans ces fleurs, les anthéridies et les archégones ne sont pas toujours réunies. Il y a des *fleurs mâles* qui ne renferment que des anthéridies, et des *fleurs femelles* qui ne renferment que des archégones.

Fig. 219. Mousse portant deux urnes ; *u*, *u*. L'urne gauche garde encore sa coiffe.

Quoi qu'il en soit, les anthéridies sont, comme toujours, des sacs allongés remplis d'anthérozoïdes, et les archégones sont comparables à de petites outres où se forme l'*oospore*. Cette oospore en se développant devient l'*urne*, espèce de petit sac fermé par un *opercule* ou couvercle.

En même temps que l'urne s'accroît, une petite tige (*soie*) se forme à sa base. Cette tige en s'allongeant soulève l'urne au-dessus de l'archégone qui se déchire à son sommet pour lui livrer passage. Les débris de l'archégone recouvrent l'urne et portent le nom de *coiffe*. La coiffe tombe à la maturité de l'urne. A ce moment, des spores asexuées se sont développées dans celle-ci. Ces spores, en germant, donnent naissance à de nouveaux individus.

Chaque espèce de Mousse est destinée pour une localité particulière. Sur nos toits, sur nos murs, sur les sols arides, se montrent d'abord certains *Brium* et *Mnium*, à tige basse, presque sans racines, mais croissant en touffes serrées. Ce n'est que sur leurs résidus accumulés que pourront se développer des espèces plus exigeantes, par exemple les *Hypnum* aux longues souches rameuses. Les *Sphagnum* remplissent les marécages et constituent sous l'eau une espèce de trame organisée, dans laquelle se forment les éléments de la tourbe. D'autres *Bryum* et d'autres *Mnium* partagent avec les *Sphagnum* la possession des terrains inondés.

FAMILLE DES HÉPATIQUES.

On réunit dans cette famille certaines Acotylédonées dont l'appareil végétatif, parfois différencié en tige et feuilles, est représenté le plus souvent par des expansions foliacées vertes. Les *Hépatiques* croissent dans les terrains humides des régions tempérées. On trouve, sur le bord des ruisseaux et des fontaines, les *Marchantia*, jolies espèces, d'un beau vert veiné de brun, qui doivent leur nom générique au botaniste français Marchant.

Sur les thalles des Marchantia, les anthéridies et les archégones sont separées et portées sur une sorte de réceptacle pédicellé en forme de bouclier. Les boucliers qui portent les anthéridies sont festonnés sur leurs bords ; ceux qui portent les archégones sont profondément découpés en longues dents.

FAMILLE DES LICHENS.

Les *Lichens* ont la forme d'expansions membraneuses plus ou moins coriaces, plus ou moins desséchées, tantôt entières, tantôt divisées en lobes ou en ramuscules. Leur reproduction s'opère au moyen des spores qui se développent dans des sporanges ordinairement en forme de sacs allongés. Ces sporanges se groupent en amas appelés *apothécies*, de couleur variable, jaune, brune, noire, rouge etc. Ces apothécies forment de petites taches très apparentes à la surface du thalle.

Les Lichens se développent sur le sol nu, sur les rochers, sur l'écorce des arbres, partout où ils trouvent un abri contre le soleil, un air humide mais fréquemment renouvelé. Ils ne prennent point leur nourriture aux dépens des corps sur lesquels ils vivent fixés ; cependant on ne les tolère point sur les arbres des promenades ; car on considère leur présence comme nuisible aux fonctions de l'écorce.

Il existe dans cette famille un grand nombre d'espèces alimentaires, médicales ou tinctoriales. Les Islandais pulvérisent le *Lichen d'Islande* (*Lichen islandicus*) et le mangent, soit bouilli, soit panifié avec un mélange d'orge et de seigle. — Le *Lichen des rennes* (*Lichen rangiferinus*) couvre les steppes immenses de l'Europe septentrionale. Il

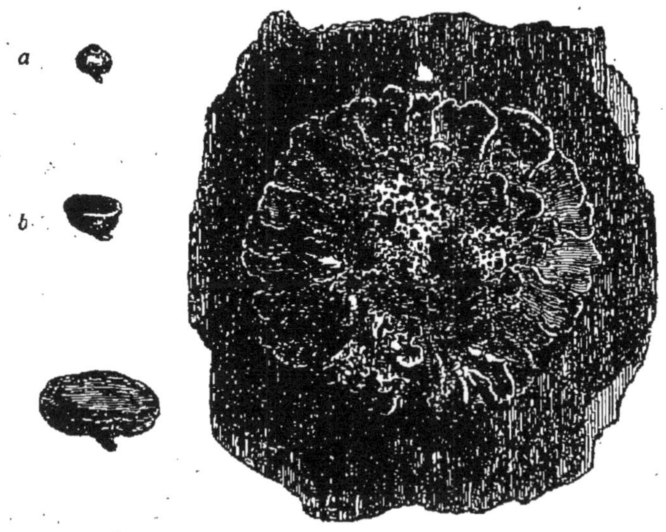

Fig. 220. — Lichen sur une écorce; *a, b, c,* apothécies à différents états.

résiste aux froids les plus rigoureux, et, pendant l'hiver, les rennes ne connaissent point d'autre nourriture. — Il est peu de Lichens dont on ne puisse extraire quelque matière colorante susceptible d'être utilisée. Le *Lichen islandicus*, le *Lichen crocatus* et le *Lichen candelarius* donnent une teinture jaune; le *Lichen rangiferinus*, une teinture violette; le *Lichen rocella* ou *Orseille des Canaries* fournit l'*orseille des îles*; le *Lecanora parella*, l'*orseille d'Auvergne*. On retire différents rouges des *Lichen tartareus, cocciferus*, etc. Les couleurs provenant des plantes de cette famille sont en général plus brillantes que solides.

FAMILLE DES CHAMPIGNONS.

Les Champignons, constamment dépourvus de matière colorante verte, vivent aux dépens des matières organiques sur lesquelles ils se développent.

Leur appareil végétatif est parfois très simple et consiste en une seule cellule plus ou moins ramifiée (thalle filamenteux des *moisissures*). Ailleurs, par cloisonnement et union de plusieurs filaments, on voit se former une sorte de feutrage, variable dans sa consistance et sa forme, et qui reçoit le nom de *mycelium*.

Souvent l'appareil reproducteur se trouve réduit à un simple filament qui porte des spores. Dans les formes les plus élevées, cet appareil montre fréquemment une consistance solide, acquiert un développement considérable et constitue le *chapeau*. Les sporanges se développent alors sur un tissu particulier appelé *hymenium*. Tantôt l'hymenium est à la surface du réceptacle (*Champignon de couche*, *Morille*, etc.); tantôt il est à l'intérieur (*Truffes*, etc.). Dans tous les cas, les spores produites par les sporanges sont asexuées. Il est bon de noter que les sporanges des Champignons sont souvent désignés dans les livres sous les noms de *thèques* ou *asques*.

On peut partager la famille des Champignons en cinq groupes principaux, 1° les *Basidiosporées*, 2° les *Thécasporées*, 3° les *Urédinées*, 4° les *Mucédinées*, 5° les *Bactériens*.

Basidiosporées. — On donne ce nom aux Champignons chez lesquels les sporanges qui naissent sur l'hymenium développent les spores à leur surface ; les sporanges sont appelés *basides* dans ce cas particulier.

A ce groupe appartiennent les nombreux Champignons à chapeau dont le *Champignon de couche* est le type. Dans l'espèce de parasol que figure le réceptacle fructifère, on distingue un pédoncule ou *stipe* et une portion élargie ou *chapeau*. Au début du développement, le chapeau est fréquemment enveloppé dans une sorte de sac ou *volva*. En s'accroissant, il déchire ce sac, dont on retrouve la trace sous forme d'une membrane déchirée constituant autour du stipe une *collerette*.

Dans la *Morille*, l'hyménium tapisse des anfractuosités de la surface supérieure du réceptacle ; mais, dans l'*Agaric comestible*, il tapisse des lames rayonnantes, à la face inférieure de ce réceptacle ; dans les *Bolets*, des tubes dont on voit les orifices sur cette même face.

Fig. 221. — Agaric comestible.

Outre les Champignons comestibles. nous citerons dans

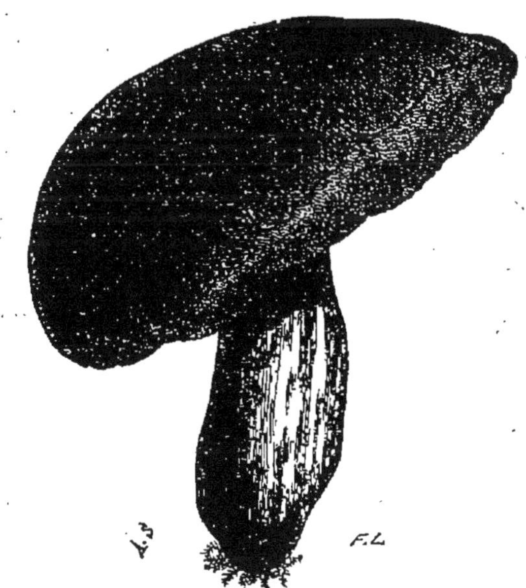

Fig. 222. — Bolet.

ce groupe : l'*Amadouvier* (*Boletus igniarius*), commun sur le tronc des arbres forestiers, et qui présente la forme d'un fer à cheval; le *Bolet du Bouleau* (*Boletus betulinus*); le *Bolet de Sologne* (*Agaricus soleniensis*). Toutes ces espèces servent à fabriquer l'amadou. — L'*Agaric à bouchons* (*Agaricus suberosus*) s'emploie en Suède pour confecti nner des bouchons. — Le *Bolet du Mélèze* (*Boletus Laricis*) peut remplacer la noix de galle dans la teinture en noir et la préparation de l'encre.

THÉCASPORÉES. — On réserve ce nom aux champignons dont les spores se développent à l'intérieur de sporanges ou *thèques*. L'appareil fructifère de ces espèces consiste

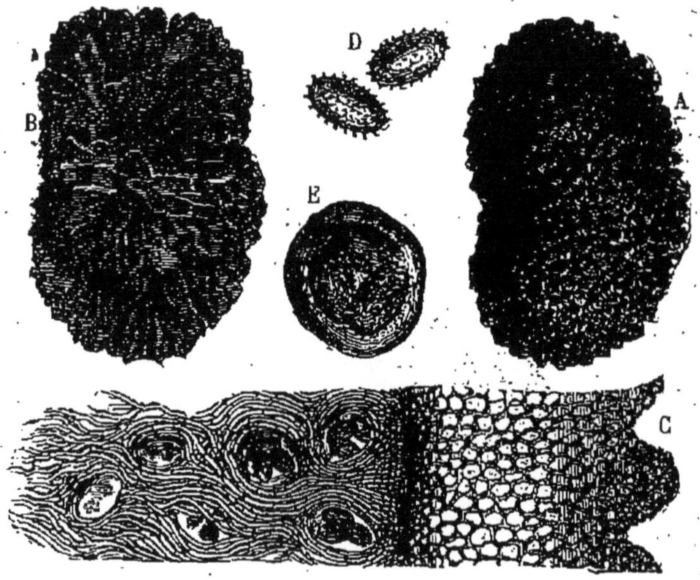

Fig. 223. — Truffe.

A, truffe entière. — B, coupe verticale de la même. — C, tranche vue au microscope. — D, spores très grossies, isolées. — E, groupées dans le sporange.

en une enveloppe globuleuse, à paroi plus ou moins épaisse, renfermant la *gleba*, tissu creusé de cavités que tapisse l'hymenium.

Dans le genre *Lycoperdon*, la gleba se désorganise à maturité; le Champignon n'est plus alors qu'une sorte de vessie, pleine d'une poussière formée des débris de la gleba et des sporanges remplis de spores. Quand on comprime cette vessie, elle éclate et laisse échapper un nuage de poussière. — Dans les *Truffes*, le tissu de la *gléba* ne se désorganise pas ainsi. Il est formé de cellules remplies d'air; ce sont les traînées blanches ou marbrures qui sillonnent le fond noir constitué par les sporanges et les spores à paroi très brune.

Urédinées. — Les Urédinées sont des Champignons à mycelium filamenteux qui se reproduisent au moyen de spores. Tous sont parasites; les uns vivent sur les végétaux, les autres sur les animaux. Leur reproduction est extrêmement active.

Pour la plupart, ces espèces sont remarquables par les changements de forme qu'ils présentent dans le cours de leur évolution. En voici un exemple : l'*Œcidium Berberidis* est une Urédinée qu'on trouve au printemps sur les feuilles de l'Epine-Vinette (*Berberis vulgaris*), où elle forme des taches jaunes. Ce n'est encore que le premier état du Champignon. Des spores de cet *Œcidium* venant à être transportées sur les feuilles et les tiges de Graminées (blé, orge, etc.) y donnent naissance à une seconde forme, qu'on nomme l'*Uredo* ou *Puccinia graminis*, et qui est vulgairement connue sous le nom de *Rouille des Blés*. Ce sont des taches rouges qui envahissent les Graminées et les font dépérir. Plus tard, l'Uredo produit des spores spéciales qui germent au printemps, développent un thalle et, en même temps de petites spores aptes à reproduire sur l'Epine-Vinette l'*Œcidium Berberidis*, c'est-à-dire la première forme du champignon.

La maladie du seigle qui produit le *Seigle ergoté* est également déterminée par un champignon, le *Sclerotium clavus*, qui revêt plusieurs formes très différentes. — Aux Urédinées appartiennent aussi le *Tilletia caries*, qui détruit l'ovule des Graminées et constitue la *Carie des céréales;* l'*Ustilago carbo* et l'*Ustilago destruens*, qui s'attaquent à la fleur des Graminées et produisent le *charbon;* le *peronospora infestans*, parasite de la Pomme de terre, qui pénètre à travers l'épiderme des tubercules et produit la *maladie de la Pomme de terre;* enfin, l'*Oïdium Tuckeri*, qui s'attaque à la Vigne.

Parmi les champignons parasites des animaux, nous citerons le *Botrytis Bassiana*, qui se développe dans le corps des vers à soie et produit la maladie connue sous le nom de *muscardine*. Vingt-quatre heures après l'introduction du parasite, le ver devient dur, d'une teinte rosée; il blanchit bientôt par suite de la sortie des filaments sporifères du *Botrytis*. Ces filaments se couvrent de spores, dont la rapide dissémination entraîne la ruine des magnaneries.

De nombreux champignons s'attaquent à l'homme et déterminent les diverses maladies du cuir chevelu connues sous le nom de *Teignes*. — Le *Muguet* si fréquent chez les enfants est également causé par un champignon

Les champignons parasites des animaux que nous venons d'énumérer peuvent prendre aussi bien place dans le groupe suivant, qui est celui de Mucédinées.

Les Mucédinées ou Moisissures se montrent sur les substances animales ou végétales à l'état de fermentation ou de décomposition, souvent même sur certaines parties des animaux vivants. Les botanistes ont déterminé et classé spécifiquement un grand nombre de Mucédinées que l'on confond assez habituellement sous le nom de *Moisissures*. Tout le monde connaît ces végétations que l'humidité développe si rapidement à la surface du pain, des légumes, des confitures. Observées avec des instruments amplifiants, elles nous apparaissent sous forme de touffes plus ou moins étendues, dont la base est composée d'une multitude de filaments blanchâtres, entrelacés, desquels part une quantité non moins considérable de longs pédicules très fins, portant à leur extrémité les organes de fructification. Les spores contenues dans ces organes sont disséminées au loin par les courants d'air, et leur petitesse infinie leur donne souvent accès dans les vases qui nous semblent le plus hermétiquement fermés.

Quant aux Bactériens, ce sont des organismes végétaux très inférieurs qu'on désigne communément sous le nom de *microbes*, et qui paraissent jouer un rôle important dans les fermentations. Nous renvoyons, pour leur étude, au chapitre des Microbes que, suivant les indications du programme, nous avons intercalé dans notre volume de Zoologie.

Famille des Algues

Les Algues sont des végétaux d'une organisation parfois très simple, qui se reproduisent au moyen de spores ou de zoospores et chez lesquels il existe aussi des organes sexués, anthéridies et oogones. Nous parlerons seulement des espèces les plus répandues.

Les *Conferves* habitent les eaux douces, courantes ou stagnantes; on en rencontre jusque dans les sources thermales. Ce sont des filaments gélatineux et gluants, d'une structure très simple, tantôt formant, à la surface des eaux, des touffes floconneuses plus ou moins étendues, tantôt adhérant aux roches du fond par un véritable empâtement. La multiplication de ces plantes est extrêmement rapide, lorsque les circonstances sont favorables. Diverses espèces ont été employées pour la fabrication du papier.

Fig. 224. — Fucus vesiculosus portant 5 tubercules fructifères.

Les *Fucus*, souvent désignés sous les noms de *Varechs*, de *Goémons*, d'*Algues marines*, habitent tous la mer. Ils présentent une variété infinie sous le rapport de la forme, de la grandeur, de la coloration. Un grand nombre d'espèces renferment des matières sucrées et mucilagineuses et entrent dans l'alimentation des populations maritimes. C'est avec des Fucus ramollis par une première digestion que les hirondelles salanganes construisent les nids si recherchés par les gastronomes asiatiques. — Le *Fucus tendo* fournit aux Chinois des cordes d'une extrême solidité; le *Fucus tenax*, une glu excellente. — Le *Fucus helminthocorton* est employé comme vermifuge sous le nom de *Mousse de Corse*. — Le *Fucus serratus*, très abondant sur toutes nos côtes, est recueilli comme engrais ou fourrage, ou bien pour l'extraction de la soude. — Le *Fucus natans* étale sur les eaux des tapis flottants qui, par l'aspect et par l'étendue, ressemblent à des îles. Les marins appellent *raisins du tropique* ses vésicules aériennes réunies en grappes. — Le *Macrocystis pyrifera*, le plus gigantesque des végétaux aquatiques, dépasse en longueur 500 mètres.

Fig. 225. — Fucus serratus.

Les Ulves, assez voisines des Fucus, habitent comme eux la mer ; Plusieurs espèces sont comestibles, l'*Ulva latissima* et l'*Ulva lactuca* en particulier. Sur les côtes où les plantes de cette famille sont abondantes, on les recueille pour en faire des engrais ou en extraire de la soude.

FIN.

TABLE DES MATIÈRES

7035-90 — Corbeil. Imprimerie Crété.

www.ingramcontent.com/pod-product-compliance
Ingram Content Group UK Ltd.
Pitfield, Milton Keynes, MK11 3LW, UK
UKHW021924230726
13925UKWH00007B/491

9 782013 574013